聚焦任务的
学习设计

作业改革新视角

张　丰 / 著

教育科学出版社
·北　京·

序 言

教学改革实践呼唤学理支撑

本书是面向有一定理论兴趣的中小学教师和研究中小学教学的专业工作者的，希望能“雅俗共赏”的一本书。它来自十余年的对教学改革实践的观察，以“学习任务”为切入点，通过比较丰富的案例来说明课堂教学的道理；又尝试以“学习设计”为关键词，构建以学习为中心的教学逻辑，以作为进一步推进教学改革实践的理论与方法指导。《义务教育课程方案和课程标准（2022年版）》发布后，人们关于学与教的理解有了很大的进步，基本认同了“以任务承载学习”的观点，这也让致力于这一专题十余年的我倍感欣慰与鼓舞。

一、为什么要写这本书

我是从2009年开始关注课堂教学改革的。一方面受余文森教授等学者的影响，认同那些变革学教关系的实践探索；另一方面也被基层学校的改革努力感染，老师们致力于“让教于学”，需要我们教研人员的协助参谋。于是，我加盟到研究中来，成为老师们的朋友，也时常将自己的观察与思考整理表达出来。当时我关于课堂变革的核心要素及其策略的一些主张影响了不少教师。

2011年，浙江省政府启动教育体制改革试点工作，“中小学教学改革试点项目”的任务落实在省教育厅教研室。作为分管该项目的副主任，我深信这一项目的意义与价值，全身心地投入其中。也正是这个新起点，让我从课堂教学改革的研究者转变为推进者，在继续进行课堂教学微观研究的同时，进一步思考学校实践与区域推进的中观研究。此后的几年，浙江课堂教学改革“星火燎原”，“学为中心”

渐成共识。我们以积极和理性的态度回应课堂教学改革的“模式之辩”，推动教师从实践本质去理解课堂教学改革，从变换教学模式走向转变学习方式。

随着教学改革实践的推进，一些机制性问题也进一步凸显。一是改革的实质与方向。“学为中心”教学改革的实质是什么？如何处理“学生中心”“学习中心”“学科中心”的关系？二是实践路径的综合性。教学改革仅指课堂改革吗？如何让作业、学科实践与综合实践活动等学习活动也发挥其促进“学为中心”的作用？三是改革行动的内驱力。可持续的进步必须源于行动者的内驱力，如何激发学校与教师的教学改革内驱力？如何让教研员认同并成为区域性教学改革的引领者与促进者？四是教学改革实践的科学性。如何让教学改革实践与学习科学等理论相契合？如何借学理思考促进教学改革的持续深入？教师的教学设计活动因为学生立场的强调，会不会出现新的范式？……

教育实践探索与教育学术研究必然是互动的。改革实践亟待学理支撑与指导，而教育学术研究的新进展需要实践诠释。

作为试点项目的具体负责人，我亲历了项目发展，也体会过实践困惑。在区域性教学改革进入高原阶段的2014年，我在呼吁加强教学改革的学理思考的同时，申请到浙江大学教育学院在职攻读课程与教学论的博士学位，师从刘力教授，希望通过理论学习与研究，形成基于实践的理论，以更好地指导实践。本书正是当时留下的“心愿的种子”在9年后所结的“果实”。

作为一名“野战”出身的教育研究者，我较擅长思考实践问题。但我希望通过学位课程丰富自己的学养，通过学位论文的撰写修改过程经历专业的研究范式。45岁读博士，年龄已不小，但入学时，我就有一个信念，要以课堂教学改革的学理阐释作为学位论文的方向。在刘力教授、盛群力教授、刘徽教授等的指导与帮助下，我于2020年完成博士学位论文。

二、本书的定位与特点

在学位论文的首页，我以美国印第安纳大学罗斯（H. Ross）教授的一句话作为题记，“学术研究的最终目标并不在于华丽的理论，而在于明智的实践，借以创造更美好的世界”（杜祖贻，2012）。作为实践取向的教育研究工作者，我自然应该对真实的实践问题做出建设性的响应。

本书基于浙江中小学教学改革的真实实践，尝试构建旨在体现“学习中心”思想的、聚焦学习任务的学习设计模型，帮助教师转变备课范式，回应教学改革实践中的问题，推动“学习中心”教学论的发展与建构。希望本书所体现的以下五个方面的特点，能对读者有所帮助。

一是以教学设计研究的发展为背景，进行学习设计模型的本土建构。在博士课程学习中，我对安德森（L. W. Anderson）、梅里尔（M. D. Merrill）、范梅里恩伯尔（J. J. G. Van Merriënboer）等学者的教学设计理论很有共鸣。我们的许多实践思考与当前国际教育理论走向已相当吻合，他们也在追求“学习中心”，也已在聚焦任务，这让我们更有信心。本书在学习借鉴的同时，结合本土实践，构建了学习设计基本模型（课堂学习活动的简明设计与课堂教学过程的系统设计）和学习设计模型迭代发展的三个框架（学习任务的变式设计、课内外学习任务的整体设计、项目化学习任务的综合设计）。将课堂学习活动与课堂教学过程的设计分开来考虑，能更清晰地看到学生“学”的设计与教师“导学”与“助学”的设计，并在三个迭代模型中体现变式思想、整体思想与综合思想。这是全书的明线。

二是基于浙江教学改革的实践进展，体现从反思到对策的研究逻辑。我亲历浙江推进“学为中心”教学改革的十余年实践。那段颇有历史纵深感的探索，是我们应对问题与挑战，努力克服困难并超越自己的“螺旋式进步”。面对“重教轻学”的惯性、教学改革“模式之辩”、作业与课堂学习相脱节等问题和素养导向学习的挑战，那个思考、探索与突破的过程成为本书的暗线。我曾以“从问题到建议”作为中小学教师开展教育研究的通俗概括。所以在写作本书的过程中，我也立足实践，勇于反思，以解决实践问题为理论旨趣，根据实践工作者寻策的需求，构思与表述研究成果。

三是以“学习设计”为核心概念，帮助教师形成基于学生立场的新备课范式。本书结合典型课例，例议结合地探寻学习的发生机制，形成关于学习发生的标志、承载与成效期待的基本观点，提出“学习中心”课堂中的新学教关系模型和教师行为模型，从而构建了学习设计的基本模型，提出“学习活动设计先于教学过程设计”的原则。将学生学习活动与教师教学过程区别开来，并不是两者的割裂，而是为了更好地体现学生立场，看到“教为学服务”理念在实践的落地。希望以之为基础的新备课范式和后面三个迭代模型中包含的分析框架与实践策略能成为教师改进教学的“脚手架”。

四是聚焦学习任务设计的深入研究，重新定义“作业”，促进作业与课堂学习的沟通。本书从“任务”的视角来看作业，将作业视为承载学习内容、体现学习方式、实施过程性评价的自主学习任务。全书展开了丰富的研究视角：从学生独立学习的任务，到组织合作学习的任务，以及促进学习的课堂评价任务；从促进知识理解的任务到推动问题探究的任务，再到深化体验感悟的任务；从预学任务、随堂任务，到课后任务；从同步作业、周末作业，到单元作业和假期作业；从即时完成的作业，到项目化的长程学习任务。特别是关于作业功能的研究、整体研究课堂学习设计与作业设计的思路、根据不同学习时段设计功能适切的学习任务等建议，回应了作业与课堂学习相脱节的问题，为推动有效学习、转变学习方式提供了可行路径，成为当前作业改革的新视角。

五是面向素养发展导向的新时代，重新定义“学习”，试图以项目化学习再启学习变革之门。2014年时，我们曾对教学改革方向有过研判，今后的探索重点可能是从以知识积累为主的学习转向基于理解的思维发展和面向实践的问题解决，从而展开真实的探究。浙江2016年启动的STEM教育与项目化学习探索应验了前期的分析，它既是“学为中心”教学改革的迭代，也是迎接《义务教育课程方案（2022年版）》落地的前瞻实践。当前我们正处于学习被重新定义的时代，如果继续以原来对学习的理解来组织教学，是无法帮助学生适应未来的。学习应是学生思维发展的过程，是学生自我教育能力形成的过程，是学生社会性成长的过程。本书也从“任务”的视角，介绍了项目化学习的设计方法，引导学习变革突破课时与教室的时空之限，以灵动的学习促进学生完整的成长。

我非常认同李政涛教授关于“理实相生”的观点，也以本书的写作作为“理实相生”的实践。希望本书能以基于实践的学理思考，揭示教学改革推进中的方向与方法问题，同时扎根实践，发展基于实践的理论。

三、致谢

这是一本基于丰富实践的书。始于2009年的课堂教学改革是本书的主要实践基础，包括后来的STEM教育与项目化学习。正是这些年积累的案例与思考成为本书的基础。感谢一直以来关心支持我的领导和一起并肩努力的各位同仁，特别是在研究中有深度交流和重要贡献的方凌雁、管光海、朱德江、张志伟、韩月红等同志，和所有被本书收录案例的实践原创者。

这是一本体现学术攀登的书。本书的写作始于2018年元旦，学位论文定稿于2020年3月。面对9章30多万字的文稿，所有艰苦都化成微笑，我终于完成了“心愿中的战役”。感谢刘力教授、盛群力教授、顾建民教授、刘正伟教授、刘徽教授在那段艰难前进的日子里给予我的鼓励与指导。在研究中还参考了余文森教授、陈佑清教授等专家的相关成果，在此一并致谢！

这是一本为读者而写的书。2021年，教育科学出版社池春燕老师两次就如何将学位论文改造成“读者友好型”的书提出详细的修改建议。2022年暑假，我将论文从30多万字压缩到20万字，删减了一些纯理论的论述，以更好地关注对实践的指导性。从2020年3月论文杀青到今天终于出版，这本书确实迟到了。不过又逢各地中小学高度关注作业改革，希望本书能雪中送炭，成为老师们的朋友。

这也是一本以生命来写作的书。因为日常工作的满负荷，我只能利用业余时间来写作。2020年初，因为疫情而延长的居家时间，刚好成为我安静写作的时光，但连续一个多月的睡眠不足拖垮了自己，我因现场昏厥而住院。其实在写作和实践中，何止这几十个深夜的笔耕。但我无悔，父母那代人留下的“坚定信念”与“奋不顾身”已深入骨髓。令人欣慰的是记录自己教育人生的又一本书出版了，这也是对自己从事教研工作二十余年的一种纪念。

最后想说，“聚焦任务的学习设计”只是“一棵小草”，也希望能是教学理论发展的“一抹风景”。让我们一起向未来！

张　丰

2023年2月5日

目　录

第一章　学习是如何发生的

如何让“讲台上的学习”变为“课桌上的学习”？其关键不是教师为课堂准备的精彩言辞，而是教师为学生策划的学习任务。是任务承载着学习，让学习发生在课桌上；是任务承载着问题，促进思考的真正发生。

第二章　指向学习的教学设计理论的发展

国际上正倾向于用 learning（学习）来表达 education（教育）的真谛，以体现教育活动的“学习”本质。历经百年发展的教学设计研究已进入“学习中心”的新时期，从学科本位的教学设计向学生本位的学习设计靠近。

第三章 聚焦任务的学习设计

学习任务是学习的支架与组织推进工具；学习目标是任务的方向说明，同时也是学习意义的体现；学习资源是任务的具体承载，呈现学习内容与要求。学生往往是依着资源，循着任务（问题）而奔向目标。

第四章　学习任务的变式设计

要达成不同的学习目的，实现不同的学习机制，学习任务也有许多变式设计的思路。如何从功能的视角指导学习任务的设计，促进知识理解、推动问题探究、深化体验感悟、探索评价引领，赋予学习任务明确的目的。

第五章 课内外学习任务的整体设计

当作业的功能得以拓展后，作业不再是狭义的“练习”，而是广义的“任务”，它成为学生有效学习的体现。就像均衡饮食的道理一样，学习设计应该兼顾各种功能类型的作业，善于综合运用各种功能类型的作业，促成有效学习。

第六章　项目化学习任务的综合设计

项目化学习可以被视为“长程作业”，是突破课堂时空的素养导向的学习，促进学生认知学习与社会性成长的结合。

第一章

学习是如何发生的

如何让“讲台上的学习”变为“课桌上的学习”？其关键不是教师为课堂准备的精彩言辞，而是教师为学生策划的学习任务。是任务承载着学习，让学习发生在课桌上；是任务承载着问题，促进思考的真正发生。

有一则耐人寻味的故事，讲述一个植物人在沉睡三十年后，苏醒过来的见闻。他走到马路上，发觉这与过去大不一样；他走进一家饭店，菜品服务也很陌生；他想去看电影，没有当年的电影院；而当他走进校园，走到一个教室时，他连忙进去坐下，一副恍然的样子，说："这个我认识，三十年前也是这样上课的。"

在故事冷冷的幽默里，折射出的是在社会发展日新月异的今天，教育教学活动模样依然。

近二十年来，中小学的课堂教学确实发生了一些改变。但从整体看，课堂并没有出现真正触及学生学习机制的实质性的变化。课堂上，依然以教师的讲为主，学生仍旧被动地听着。当然，教育实践工作者已在反思这种"重教轻学"的教学传统的负面影响，探寻学习的发生机制，以促进学习的真实发生。

探寻学习的发生机制有多种路径。美国学者申克（D. H. Schunk）曾提出一个分析支架：学习是怎样发生的？哪些因素在影响学习？记忆起什么作用？动机起什么作用？迁移是如何发生的？哪些过程涉及自我调节？（申克，2012）[21] 这些问题试图从学习心理的视角及影响因素来讨论学习活动的机制与条件。

本书则借亲历的典型课例来讨论以下问题：学习发生的标志是什么？学习的发生以何来承载？教师在课堂中的作用应该是什么？学习的成效应该体现在哪里？

一、学习的发生机制——基于课例的思考

在中小学课堂调研中，我们发现课堂常常就是教师与学生的问答。在这种"接力问答"的课堂中，教师借一问一答的形式将学习内容一点点展开、呈现出来。学生主要以"听中接受"或"听中思考"的方式实现学习。如果对课堂中的学生学习行为做一个调查的话，"听中接受"、"听中思考"与"似听非听"的学生的比例，并不令人乐观。师生的"接力问答"，可能只是让教室的空气中弥散着"学习的元素"而已，而教室里，学习是否在较大范围真的发生了呢？

（一）学习发生的标志是什么

我们先从一个真实课例来看学习是如何发生的。

案例 1.1

蒸发

——关于学习发生的标志的讨论

在一节关于“影响液体蒸发快慢的因素”的初中科学课上，教师课前布置给学生两道思考题：一是“晾衣服时，哪些方法可使湿衣服尽快变干？（请尽可能多地写出）”；二是“请根据各种可使湿衣服尽快变干的方法，猜测影响液体蒸发快慢的因素有哪些”。

在第二天的课堂上，第一步，教师先让各小组学生交流各自想到的“可使湿衣服尽快变干的方法”，分组汇总写到各组的黑板上。第二步，请学生走动起来，看看其他小组都有哪些更为高明的方法。第三步，学生回到座位，拿出纸笔，独立思考三分钟，将自己从各种方法中推测的影响液体蒸发快慢的因素一一写下来。第四步，小组交流，汇总大家分别想到的影响因素……

第三步的“沉默的三分钟”成为这节课的亮点。因为每一种“可使湿衣服尽快变干的方法”的背后必然有一种影响蒸发快慢的因素，不同的“可使湿衣服尽快变干的方法”的背后可能是同一种影响因素。教师没有让学生简单地阅读教材来预习，而是引导学生“绕道”方法去思考影响因素。教师没有以课堂提问与应答的方式“诱引”结果，没有让学生简单地以听的方式获取结论，而是为课堂思考设置了具体的任务，并借小组交流的机制督促每位学生经历思考与交流。

之所以“沉默的三分钟”成为这节课的亮点，是因为此刻，学习真的发生了。

“学习真的发生了”，我们想，难道学习有“假的发生”吗？其实，在今天的很多课堂上，学习貌似在发生，但其实未必真发生！那种长期以来持续存在于学生中的，徒有形式而缺少思考过程，致使学习效果不佳的“假性学习”（丁萍萍 等，2019），已受到越来越多的重视。

学习是如何发生的呢？有的学生主要通过听来学习，有的学生依靠阅读来学习，有的学生需要通过讨论深化学习，有的学生擅长在实践中实现学习。从学生个体看，从学习内容看，学生的学习方式应是多样的、具体的。但现实中我们选择的，是运行成本最低、对教师专业要求最低的教学方式。

学习发生的标志是什么？是学生听到教师讲述的内容，还是学生亲历思考的过程呢？答案显然是后者。但是，现实中的常态课堂却以“以讲代教，以听代学，以练补学”为特征。这正是当前课堂变革所面对的问题的关键表现。

（二）学习的发生以何来承载

找到了课堂问题的关键，我们继续讨论，课堂上的学习以何来承载？

在“蒸发”一课的课后讨论中，我问其他教师：“在学生经历第二步后，大家会否像这位教师一样采用‘沉默的三分钟’呢？”教师们摇头。我追问：“大家最可能出现的教学行为会是什么呢？”有教师表示会及时告知结论，但更多的教师表示会采用提问的方式。

“哪位同学说说看，影响液体蒸发快慢的因素有哪些呢？”教师提问。此时的课堂会怎样？肯定有若干学生举手要回答。教师会请举手的学生回答，还是请未举手的学生呢？显然，教师会选择一位举手的学生，在一问一答的对话中一一“吐出”结论，让课堂顺利进展。

然而，这些举手的学生是在今天的课堂上学会的吗？他们是本节课上最需要帮助的人吗？恰恰相反，这些举手的学生可能去年就知道那些影响因素了，现场中未举手的学生恰恰是最需要帮助的人。

其实，在与举手的学生一问一答的过程中，多数教师会觉得课堂学习已然正常进展。但此刻的课堂现场其实正处于“三分学习，七分观望”的状态。三成已知的学生与教师一起在学习，七成未知的学生却在一旁观望。

在教师们长期习惯的“讲讲听听”“问问答答”的课堂中，反应迅速的学生与教师形成“回路”，而尚未弄懂的学生却被“短路”。教师们默认的最常见的课堂教学方式可能是最低效、最浅表的学习方式。

其实，在“讲讲听听”“问问答答”的课堂中，学生的许多回答是一些迎合性的“课堂猜测”。表面上，学习内容在课堂上都已“飘”过，但学生是否已理解，是否能接受，还存在很大的变数。于是，心存顾虑的教师便把重复操练视作补救。

当然，与小学、初中较为常见的“接力问答”课堂相比，高中的“自言自语”课堂则更糟糕。在学生随年龄增长，回应不再积极后，一些教师可能会将这种知识传递式的课堂做到极致，而无视学生是否真参与，忽略思考是否真发生。

我们认为，学习的关键在于思考，而推动思考的是具体的问题。如何让“讲台上的学习”变为“课桌上的学习”？其关键不是教师为学生准备的精彩言辞，而是教师为学生策划的学习任务。是任务承载着学习，使学习发生在课桌上；是任务承载着问题，促进思考的真正发生。

从课例“蒸发”看，教师围绕简明的任务而展开学习，而每一项任务又都蕴含着不同类型的有意义的思考。它们体现了从“言语中心的课堂”向“任务中心的课堂”的转变，这一从关注“教”向关注“学”的转移，是当前课堂教学改革的实质所在。

教师备课备什么？未必是你在课堂上的流畅台词，而是学生需要的“学习设计”——那个指向本质学习的学习活动的设想。“学习活动设计先于教学过程设计”是教师备课的基本原则。教师的课堂语言不是备课的核心，而是指导学生完成课堂任务的“穿针引线”与反馈指导。

在“蒸发”一课中，教师设计了预学任务，并以预学任务为线索，引导学生的课堂思考。任务之中体现了教师对学习目标的深刻把握，对学习任务功能的准确把握，以及促进学生学习方式转变的方向。我们视之为学习设计的最重要的部分。

学习设计是教师课前准备的关键，但教师还需对如何运用学习设计促进学习有所构思。这相当于“教”的设计。提出学习设计的概念并不是对教学设计的否定，而是想纠正忽略学生立场的单一的“教”的设计。突出学习设计的地位，意在调整人们对于学教关系的理解，进而将“教”视作学习设计的运用之法。

（三）教师在课堂中的作用应该是什么

调整学教关系，并不是弱化教师的作用。在课堂中，教师起着怎样的作用？其最重要的作用应该是什么？合理分寸如何把握？面对不同学生应有怎样的差异化策略？我们再通过一个课例来讨论。

案例 1.2

二次函数的单元复习课

——作为学习组织者的教师

在初中数学的一次单元复习课上，教师的预设非常简单。没有预习学案，只有根据本单元作业情况选编的由5道典型题组成的课堂学案。不过，教师特意在每道题目后加了一个思考题，并用黑体字突出显示，如“画实际问题函数图象应该注意哪些问题”“交点坐标的求法”“面积的多种求法”等。教师希望学生在完成该题目时，同时思考该题目背后的题理。

上课后的第一个环节是“课堂学案板板练”，大约20分钟。教师让学生们独立完成这5道题目，并演算在自己的白板上。教师只在课堂中巡视观察，了解学生独立思考的情况，没有具体的介入。（该学校有一个特殊做法，即在教室中为每四位学生配备一块2.4米长的大白板，呈现学生学习过程的思考。）

第二个环节是“四人小组讲题理”，大约17分钟。班内按照学生学业基础，好差搭配分成若干四人小组。学生在小组中按能力强弱，分工讲解难易不同的题目。在解题的同时，每名学生还要根据提示的思考题，讲解为什么这样思考。这一引导学生思考题理的设计是重要的预设，它要将题理思考变成学生数学学习的基本习惯。在这一环节中，教师同样是从容地巡视观察，偶尔也会介入小组讨论，做些精要的指点。

第三个环节是“典型问题再研究”。在仅剩8分钟时，教师招呼学生们聚拢过来，围绕刚才各组讨论中争论较多的两个典型问题，请刚才曾出错的A学生反思讲解，教师在一旁追问，在师生对话基本弄清问题后，教师没有结束这一环节，而是再请另外的学生尝试进行简洁概括。即便B学生概括得还不是很清楚，教师也不着急说出自己的结论，而是沉着等待再一名学生来概括和讲解……

与教师精心设计、完全把控的课堂不同，在这节课中，37分钟是学生的独立思考与合作讨论，8分钟是在教师组织与指导下的聚焦研讨。教师在课堂上“让教于学”，让学生的学习充分展开。教师只是预设了几道典型题以及引导题理思考的提示，其他就是基于学生充分学习后的生成性指导。

我们认为，教师在课堂中最重要的任务，不是讲课，而是组织学习。衡量一堂课是否成功，并不看教师讲得漂亮不漂亮，而要看学生的独立学习、合作学习有无有效、有序地组织起来，学生的学习意愿有无被发动和点燃。教师的专业功底除了体现在如何达成学习目标的“学习设计”外，还体现在课堂现场的“组织学习”能力，以及面对学有困难学生的精准的“帮助学习”。

教师的学习组织主要反映在学习社群的调动与学习进程的控制两方面。学习进程的控制包括预设性的设计与生成性的指导。预设性的设计是指教师在理解分析教学目标的基础上，设计以问题为线索的任务组合来承载学生的学习。它往往与前置性的预习任务相配合，一般包含对核心问题的有意义的思考，蕴含体现学科特点的方法学习的线索，是一组“展开”知识形成过程的学习台阶。

如案例 1.2 中的课堂学案就是一个简明的预设，特别是习题后面的提示，就是引导学生思考题理的重要设计。而到最后的“典型问题再研究”环节，预设性的设计向生成性的指导转化。教师采用学生阐述讲解与自己追问挖掘的方式，引导学生自己理解与概括，从容等待学生自己学会，显现了教师生成性指导的智慧与信心。

重视学生的学，并非忽略教师的教，而是调整教师的“站位”，调整学教关系。在传统的认识中，教师往往是面对学生而站立的“知识的播放者”。但今天，我们倡导的是“站在学生身后的老师”。教师与学生的关系应由“面对面”变为“肩并肩”。在学生能够自主学习时，教师应甘于隐身，默默地鼓励学生的努力；而当学生碰到学习困难时，教师应及时出现在学生身后，让他们感到安全，有帮助者的存在。这就是我们期待的“学习中心”的课堂中的师生关系。

（四）学习的成效应该体现在哪里

学习发生之后，将会留下什么？学习的成效应该体现在哪里？如何评估学习的成效，以更好地促进学习？我们再品析一个课例。

案例 1.3

新航路的开辟

——课堂学习的真正期待

在人教版初中《历史与社会》教材中，有一节关于欧洲航海家开辟新航路的内容。教师在前一周的周五布置了4项预学任务：(1)请整理开辟新航路的主要史实，包括时间、人物及航线等；(2)思考“为什么新航路开辟出现在这个时候的欧洲”；(3)思考“因为哪些条件的具备，促成了新航路的开辟”；(4)思考“新航路开辟后，对世界经济、文化、军事等方面的影响”。教师将学生分成4个大组，每个大组又分成2个小组。每个大组负责一项预学任务，其中的2个小组分别思考、独立研究，并在课上分别做阐述展示。

在四人小组的讨论中，学生们在分别独立思考的基础上进行讨论，或分享、或求教、或协商、或争辩、或采纳、或折中、或分工、或协作，共同进行汇报准备。

课堂上，教师请各小组分别汇报他们的思考。在汇报后的讨论中，教师常说“请同学们找证据分析概括……”“请同学们分析以下材料，谈谈……”，引导学生基于实证开展思考，并发出多元的声音。

在这节课中，对具体史实的了解、联系实证的分析，渗透分散在学习活动中。但这节课的最重要的学习目标是让学生更好地理解历史问题的背景分析方法，逐渐形成从主要史实、必要性、可能性与历史影响等四方面进行历史背景分析的思维方法与习惯。

这节课也是“学习中心”教学改革的典型课例。除了传统课堂比较关注的知识目标外，这位教师更注重学生的思维方法与学习习惯。让学生在具体问题的讨论中，逐渐形成认识与思考的方法。根据学习理论的定义，学习是指促使学习者的行为或行为能力发生持久改变的过程。(申克，2012)[3]那些能够持久的改变才是学习的期待。

在早期的课堂教学改革中，人们比较在意教学形式的显性变化。然而随着改革的深入，大家的关注点逐渐从“形变”走向“质变”。教学改革的目标，是转变学生的学习方式，帮助学生学会学习，促进学生思维方法、学习品质以及价值观的进步，进而转化为学生解决真实问题的能力。

此外，教师特别关注学生在讨论交流与汇报展示环节中的表现，鼓励学生在合作、沟通、展示的锻炼中反思如何有更优的表现。这些实践与思考在学生的学业成绩中一般不会有反映，但这恰是学生真切的进步，是学生社会性成长的体现，是从仅仅的认知学习走向认知学习与社会性成长的结合。叶澜（2009）教授认为，人的发展是一种开放的生成性的动态过程，它只有在人的各种关系与活动的交互作用中才能实现。裴娣娜（2009）教授认为，课堂教学是在实践与活动基础上通过合作与交往促进学生差异化发展的过程。社会性成长是学习的目标，社会交往学习则是重要的学习机制。这正是课堂教学改革一直将合作学习作为重点的原因。

我们尝试着突破课堂的边界，关注因某一堂课而展开的，却没有发生在具体教室里的丰富而多样的学习。在案例 1.3 中，4 项预学任务以及需要学生独立担当的展示，驱使学生课前展开充分的学习，在搜索、整理、思辨、讨论、综合的基础上，学生们走进教室。因为有某方面的先行思考，使得学生们对其他同学的展示饶有兴趣。因为某一方面均有两个小组的陈述，使因补充与争论而引发的思考更为深刻。这样的综合问题讨论不会止步于课堂，部分有兴趣的学生还会有课后的延伸学习，从而成为项目化学习的萌芽。

在推进“学习中心”教学改革的过程中，还有一个值得关注的视角，那就是如何构建促进学习的学习评价。它包含两层含义：一是“什么样的课是好课”，这是关于课堂学习过程的评价；二是“学生经历学习后，发生了哪些持久改变”，这是关于学生学习进展的评价。

学习评价的改变比学习行为的改变更为困难。今天，传统的好课与转型后的好课交相辉映，“知识立意”的学习目标与“能力立意”“素养立意”的学习目标可能同时成为学习的要求。如何从关注教师的课堂表现转向关注学生的有效参与？如何从仅仅关注认知发展转向对认知发展与社会性发展的共同关注？如何站在学生的立场，观察知识的获得、方法的掌握、思维的激活、能力的锻炼以及学习意愿的激发？如何不再追求课堂的精致，而将教学目标多维、教学设计简约、教学过程开放、学生参与充分的课堂视为有效课堂的标准？这些将是推进教学改革不容忽视的课题。

基于以上三个课例的分析和关于“学习”的追问，我们对学习的发生机制有了更深刻的理解，对于如何促成有效学习，需要思考的问题也进一步明晰。

学习发生的标志是什么？——学习的实质。

学习的发生以何来承载？——学习的设计。

教师在课堂中的作用应该是什么？——学习的组织与指导。

学习的成效应该体现在哪里？——学习的评价。

二、学习设计的基本模型

当我们就“学习是如何发生”展开讨论时，教师的备课便悄悄发生改变。备课的重点可能不是教师教的行为的预设，而是学生学习活动的策划。于是，一个新的术语脱口而出——学习设计。

（一）学习设计的意义：相对于教学设计的讨论

提出学习设计，主要基于三方面的思考。一是遵循学习之道。教学活动的目的是促进学习，学习必然发生在学生身上。教学设计应进一步强调学习者的立场，将“教为学服务”的理念落实到常态课堂。二是重建体现“学习中心”的备课新范式。教师应重新理解“学习”与“教学”，教师在课堂中最重要的任务未必是讲课，而是组织学习，因而要改变角色定位，调整备课要点和流程。三是发展教学设计理论。教学设计理论已发展到聚焦“学习”的新时期，提出并研究学习设计，也是教学设计理论发展的需要。

提出学习设计，并不是摒弃传统的教学设计，而是从学习活动本质的角度深化对教学设计的认识，纠正忽略学习者立场的单一的教的设计，引导教师从重视“教”的设计转移到重视“学”的设计。突出学习设计，意在调整人们对于学教关系的理解，进而将“教”视作学习设计的运用之法。学习设计与教学设计是两个本质相通的概念，表 1.1 是两者之间的比较。

表 1.1 学习设计与教学设计的比较

	学习设计	教学设计
教学假设	学生主要依靠自主学习达成学习目标，所以教师的帮助应在学生自主学习的基础上进行，并以促进学生学会学习为目标	学生主要依靠教师的帮助，达成学习目标，所以教学设计的重点在于“教师如何帮助”
学教关系	强调学生的学习主体地位，将教师的课堂行为定位为支持与促进	突出教师在课堂活动中的主导与控制作用
设计内容	学习活动设计先于教学过程设计，重视通过学习资源（包括情境）与学习任务（支架）促进学习的真实发生	以教学过程设计为线索，落实教师课堂教学行为的事先策划，以及促进学生学习进步的条件与情境的安排
学习评价	强调学生立场，尊重学生之间的差异与学情诊断，把学习差异也作为学习设计的资源	容易将学生假想为相同的起点，采用整体的、同步组织的课堂活动来达成共同的教学目标

（二）“学习中心”课堂中的新学教关系

研究学习设计，首要的问题是学教关系的转变。在本章第一节的三个典型课例的分析（见表 1.2）中，我们寻找“学习中心”课堂中师生学习行为的主要类型与特点，描述新的学教关系，构建学习设计的基本模型。

表 1.2 三个课堂案例中的师生活动

课例	蒸发	二次函数的单元复习课	新航路的开辟
学科	初中科学	初中数学	初中历史与社会
教师活动	1. 事先设计预学单 2. 以简明指令组织多样的课堂学习 3. 点评指导	1. 课前设计任务单 2. 明确任务要求 3. 巡视中临场指导 4. 组织学生讨论重点疑难问题并讲解	1. 设计布置预习任务，让各组分工准备 2. 组织汇报交流 3. 现场点评指导
学生活动	1. 思考完成预学单 2. 小组分享“方法” 3. “从方法到因素”的独立思考 4. 分享探究思考	1. 分头完成任务单 2. 四人小组讲题理，分别讲述解题思路 3. 参与讨论听辅导	1. 课前完成预习任务 2. 分别准备汇报 3. 各组合作汇报 4. 参与其他组汇报的讨论

根据表 1.2 的梳理，教师行为主要有三类：一是课前准备学习资源，设计让学生独立或合作完成的任务；二是通过指令引导学生或组织讨论；三是在必要处进

行评价与指导。这三类行为可分别概括为设计学习活动、组织学习活动、评价与指导学习。

第一类行为可视为“课堂学习活动的简明设计”，教师根据学习目标，选择或制作学习资源，为学生设计预学任务与随堂任务，形成一堂课的简明框架。这是教师关于学生学习活动的预设，是外延最小的学习设计。后两类行为其实是这一预设的实施，教师在“课堂学习活动的简明设计”的基础上，策划课堂上的教师“助学行为”，具体包括如何应用学习任务组织学习活动，以及进行指导与评价的思路与方法。这一过程可称为“课堂教学过程的系统设计”，它扩大了学习设计的外延，从核心的学习任务的设计到包含学生的学与教师的教的课堂实践的设计。这两者共同构成学习设计的基本模型。（见图 1.1）

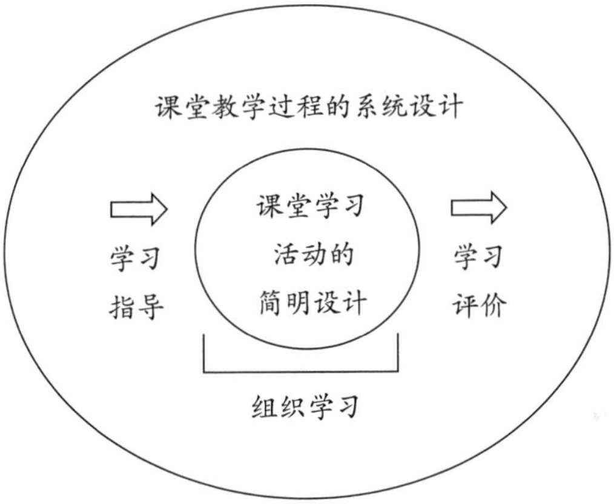

图 1.1　学习设计的基本模型示意图

根据表 1.2 的梳理，学生行为主要有四类：一是独立思考，完成预学任务或随堂任务；二是小组分享交流；三是参与大班讨论，听取教师讲解与辅导；四是汇报展示。这些行为可以概括为：独立学习、合作学习、接受指导与帮助、展示学习。

在课堂中，学生的独立学习是学习有无真实发生的标志。合作学习虽有独特的育人意义，但它同时是促进学生独立学习的一种方式。教师在课堂中的主要任务是组织学习，组织学生开展独立学习与合作学习。因为学生之间自然存在差异，对于不同的学生，需要教师适切地帮助学习。这构成了体现“学习中心”思想的课堂中的新学教关系。

学生的独立学习并不等同于自主学习，但它是自主学习的一个方面。学习者可以根据教师要求进行独立学习，也可以自主确定学习目标展开学习。主动地独立思考，自主辨析学习内容的意义，是独立学习的要义。有些时候学生随着课堂进展在无意间进行独立学习，有些时候学生按照教师的明确指令进行独立学习（如案例 1.1 中的“沉默的三分钟”）。所有的认知学习，都必然要经过学生的独立思考，才算学习已经发生。独立思考的深刻与否，与原有知识的联系的强弱，是影响学习的有效性和持续性的因素。事实上，课堂中存在形形色色的伪装的独立学习，如跟从学习、陪同学习、依赖学习、被学习等。区别就在独立思考的主动性、深刻性与独立程度上。

对于学生来说，虽然学习是一个别人无法替代的过程，但这并不是他“一个人的战斗”。合作学习是学习者与同伴共同开展学习活动，以促进自己以及同伴更好学习的学习方式。学习同伴可以是两人（对学），可以是小组（群学），也可以是全班（如展示学习）；可以是固定搭配的，也可以是临时组合的。合作学习可能是合议共生的，也可能是以强援弱的。即使是援助式的合作学习也是双向促进的，一方面被援助者得到帮助，解决了疑难；另一方面援助者在展示或阐述中经历“将知道的说出来”的高级学习过程。因为成员间的信任互赖与合理组合是影响合作学习质量的重要因素，所以将合作学习作为常态方式的教师会采用相对稳定的小组合作学习。

从表面上看，合作学习与独立学习是相对的概念，其实两者却是内在统一的。合作学习除了提高沟通能力、促进合作性等自身的教育意义外，促成独立学习也是合作学习的一个目的。

在“学习中心”的课堂中，教师的功夫在课前的学习设计，他在课堂中最重要的任务未必是讲课，而是组织学习。教师是学生学习的策划者、组织者与促进者。教师对学生学习的作用方式主要有三方面：对学习活动的设计与策划，依托学习社群组织展开学习活动，对学习进展的把握与临场指导。这便是学习设计、学习组织、学习指导（包括学习评价以及面向集体与面向个体的指导）。

在课堂中，如何构建教师指导下的学生自主学习体系，教师如何通过指令说明、任务设计、问题引导、直接辅导、释疑点拨、激励调控、评价拓展等形式，组织学生开展独立学习与合作学习，是教师课堂教学的基本能力。教师既要把握好全班集体学习的组织与指导，还要关注学生个体的差异，在其学习进展的关键处或学有困难时，适时予以指导与帮助。

（三）促进学习的教师行为模型

在“学习中心”教学改革的背景下，关于学习的研究、关于学生学习行为的研究肯定会被重视。但教学活动是教师为促进学生学习而对学习环境加以操控的过程。梅耶将教师的任务设计、资源准备、组织指导等统统归为广义的“学习环境”，所有对学习环境的操控都称为“教学方法”。（梅耶，2016）[52] 教学活动是以教师为主语的活动，是教师为促进学生学习，而对学生的学与自己的教而进行的策划与构思的过程。所以，“学习中心”的教学研究也要构建教师行为的模型。

从教师的角度，要在课堂学习中践行“学习中心”的学教关系，其教导行为的要点有一些变化。具体是：（1）学习活动设计（即“课堂学习活动的简明设计”），教师根据学习目标，为促进学生的学习做事先策划，如学习任务与学习材料的准备等；（2）学习组织，因为学习最终发生在学生身上，所以教师主要是学习活动的组织者，组织学生开展独立学习与合作学习；（3）学习指导，虽然教师只是间接作用者，但也要介入学习活动，指导与帮助学生实现学习，达成学习目标；（4）学习评价，这是教师对照学习目标，评估学习进展，对学生的学习发出引导与干预信息的过程。上述四方面构成教师行为模型（见图 1.2）。

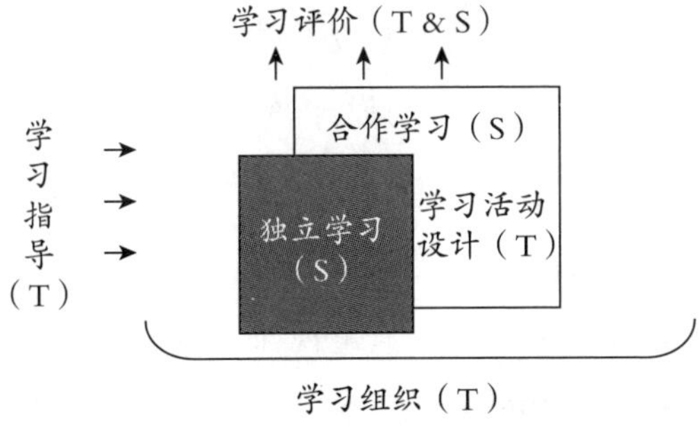

图 1.2 “学习中心”课堂的教师行为模型示意图

（图中括号内的“S”代表学生行为，“T”代表教师行为）

教师行为模型也可以视为嵌入新学教关系的学习设计基本模型。学生的独立学习与合作学习仍然处于中心位置，教师对此的设计是课堂学习活动设计的核心。“学习组织”依然是一个“托盘”，这是教师之于课堂的“支持性行为”。“学习指导”是伴随着学生学习的临场干预，可能是直接辅导，也可能是释疑点拨，它体现的是教师的促进性行为。“学习评价”是对学习进展的“俯视”，包括对学生个体的诊断与整体的评估，意在形成渗透到课堂的关于学习的形成性评价系统，是学习促进系统的一部分。

所以，学习设计不能仅仅着眼于学生学习活动的设计，还应包括教师如何运用课堂学习活动设计，开展包括学习组织、学习指导和学习评价等“助学”行为的系统设计。课堂教学过程的系统设计与日常的“课时备课”更加相近。

“学习过程现在正趋向于代替教学过程”（联合国教科文组织国际教育发展委员会，1996），当前，国际上正倾向于用 learning（学习）来表达 education（教育）的真谛（曾文婕 等，2013），以体现教育活动的“学习”本质。教学活动是一个整体的系统，教师与学生在其中都应有所作为。但教师行为须基于学情，围绕学生的有效学习来组织资源，促进学习的真实发生。因而教学设计过程应把重点放在学习活动的设计上，“学习设计”成为意在影响教学设计取向的新词语。

结合课堂学习活动的简明设计与课堂教学过程的系统设计，学习设计是指教师基于学生立场，指向学习目标，设计学习任务，并对教师的支持性行为与促进性行为进行构思的过程。它是教师促进学生有效学习的一种行为，也是教师的一种专业实践活动。学习设计既可以理解为一个过程，也可以理解为一类结果。它指的是教师所设计的学生学习活动方案以及教师组织实施该方案的预案，如课时学习设计、单元学习设计、项目化学习设计等。

美国著名心理学家加涅（R. M. Gagne）等人曾说：“教学设计必须以帮助学习过程而不是教学过程为目的。”（加涅 等，2007）我们提出学习设计，可以视为教学设计的发展。很多教师在备课中，只重视课堂台词的准备，却忽略了学生学习活动的策划。这一现象的实质就是“教师中心”或“讲授中心”。朴素的话语变换试图引导教师从“备教”转向“备学”，引导教师重视学生立场，确立课堂“以学习为中心”的观念，将学生学习活动的设计作为教师课堂准备的核心。我们将学习任务作为学习设计的要点，作为学习活动的承载与体现，并以“学习活动设计先于教学过程设计”作为学习设计的核心原则。

（四）从课堂学习活动设计到课堂教学过程设计

作为一个完整的、可实施的学习设计，课堂教学过程的系统设计必不可少。教学过程其实就是学习设计的课堂运用。“学习中心”课堂的教学过程应体现教师行为的变化。图 1.2 概括了学习活动设计、学习组织、学习指导和学习评价等四方面课堂教学实施中的教师行为，揭示了教师在学生课堂学习中的作用方式的改变。

从课堂学习活动的设计到课堂教学过程的设计，是学习任务设计与其课堂运用的结合，是从“静态的设计”发展为“动态的设计”，是从学生如何“学”的设计发展为包括教师如何“助学”“导学”“促学”的“学”与“教”的系统设计。所以也称为“课堂教学过程的系统设计”。它是包含了“课堂学习活动的简明设计”的“大设计”。我们称结合起来的“大设计”为学习设计的基本模型。教师在把握学习目标，初步完成学习任务与学习资源的设计后，思考课堂学习的组织与指导，设计如何运用评价促进有效的学习。

重视“学”并不是忽略“教”，而是调整“教”。在“学习中心”课堂上，教师的主导作用未必是教师对学习过程的绝对操控，而是教师对学生学习的策划、组织与指导，教为学服务。教师的专业能力，除了体现在如何达成学习目标的学科专业把握外，还体现在课堂现场的“组织学习”，面对学有困难学生的“帮助学习”，以及运用评价促进学习的能力上。

巴班斯基（1980）认为，教学方法是师生之间一种相互联系的活动的路径与方式。任何一种教学活动都要求组织、刺激和检查。这与我们的模型基本一致。在课堂教学过程中，要求教师基于学习目标，设计学生学习活动（学习活动设计）；利用个体、小组与大班的不同机制，依托学习社群，进行促成学生独立学习与合作学习的组织与运筹（学习组织）；根据学习进展对学生施予引导与帮助（学习指导）；对照学习目标，设计评价工具，在诊断学情的同时，融入教学过程，促进有效学习（学习评价）。从教学过程的整体看，这些都需要事先有预案。

在学习设计基本模型中，学习任务设计始终是要点。学习活动主要体现在学习任务的设计中，以任务承载学习。在教学过程中，如何组织学习，如何评价学习，也包含合作学习任务、学习评价任务等的设计与运用。因此，“聚焦学习任务”是课堂学习设计的重要原则。

不过，课堂固然是学习的主战场，但学习不只发生在课堂上。随着课程改革的深入，我们发现，学习设计不能只是课堂学习设计，还要重视更宽视域的学习活动的设计。因为，我们正处在一个“学习”被重新定义的时代。

三、学习任务设计：作业改革新视角

在人们的一般认识中，作业就是课后巩固训练，作业就是练习，学习就是熟能生巧。但在从关注“教”转向关注“学”的今天，我们对作业的认识有了很多的发展。

（一）作为自主学习任务的作业

国外关于作业的系统研究很少，主要在教学论研究中有所提及。早期苏联的教学论专家曾对作业的方法与策略有过论述。凯洛夫（1951）指出，家庭作业是教学工作的有机组成部分，它具有以独立作业的方法来巩固学生的知识，并促使学生的技能和技巧熟练完善的使命。斯米尔诺夫把学生的独立作业看成是教学论研究的六大内容之一，并详细论述了学生家庭作业的意义、种类、组织作业的教学要求和家长在作业中的作用等，同时对课堂作业做了说明和论述。（段鸿 等，1999）美国心理学家库珀（H. Cooper）于1989年出版专著《家庭作业》，对课外作业问题进行了系统研究，其研究是国际上作业问题研究的经典。

我国教育理论界对于作业问题的系统研究也很少，上海市教委教研室王月芬团队自2010年起开展“提升中小学作业设计与实施品质”的研究，并于2013年开展了一次规模达30000人的关于作业的系统调查。（王月芬 等，2014）[1]我们于2000年起关注作业问题，基于实践从作业设计、作业功能、作业的操作运用等角度展开过研究，并提出以任务承载学习的主张（张丰，2002），探讨作业与课堂学习的关系。

如果说课堂教学是教师组织学生来学习，那么作业便是学生自己主持的学习；如果说课堂教学是教师现场组织学生开展的集体学习活动，那么作业便是教师在隐身状态下，引导学生开展的自主学习活动。作业是承载学习内容、体现学习方式、实施过程性评价的自主学习任务。它是与课堂学习同等重要的学习活动，其对学生产生影响的时空比课堂学习更广泛。

首先，作业应是一种任务，是体现学习意义的任务。

其次，作业应是学生在自主状态下愿意完成、能够完成的学习任务。在作业中，教师不是当事人，而是策划者。好的作业策划，应该让学生有主动参与的意愿和积极的体验。

最后，教师在设计作业时不仅要注重与学习内容的联系、与整体学习进度的配合，更要关注其所体现的学习方式的意义，以及过程性评价功能的发挥，让作业成为学生学会学习、进一步深入学习的过程与经历。

我们说，学习发生的标志是学生亲历了思考的过程，学习的发生常由任务来承载。作为自主状态下的学习任务，作业的本体与性质逐渐清晰。我们再从任务的视角进行作业外延的辨析。

（二）任务的视角：作业与相近概念的辨析

依据《现代汉语词典》第 7 版，“任务”是指定担任的工作，指定担负的责任。它是要求完成的具体事项，强调承担者在其中的主体责任。

从学习的视角，首先，学习任务是一种活动。活动的形式多样，涵盖很广，可以是纸笔形式、会话交流或实践操作等；活动规模可大可小，时间可长可短；可能是个人独立的活动，也可能是团队合作的活动。

其次，学习任务是注重认知、交往或实践过程的活动。学习活动主要包括认知活动、实践活动与社会交往活动等方面，以承载学生的认知学习、技能学习与社会性学习等。“任务”一词含有注重过程与责任的积极意义。由于注重过程，因而应具有一定开放性。

再次，学习任务是有目标的活动。目标可能是一个确定性的结果，也可能是开放性的方案；可能是事先明确的、有预期的变化，也可能是临时确定的、期待学习者发生的变化；可能是体现学科特点的教学目标，也可能是指向综合性能力的目标。

最后，学习任务是一种问题指向型的活动。这是揭示任务驱动与承载学习的机制的定义。问题是任务中的重要元素，它可大可小，是促使有意义学习发生的关键。

在学校教育中，与学习任务相近的概念还有不少，如问题、练习、作业、项目、活动等。提出“学习任务”一词，将推动人们对“作业”的重新定义，拓展作业功能的分析视角。

我们将学习任务视为承载有意义学习的广义的作业。狭义的作业指的是纸笔形式的练习，主要指课后作业（或称家庭作业）。但广义的作业不只是课后的巩固练习，而是伴随着学习全过程的学习任务，包括课前的预学任务、渗透于课堂学习中的随堂任务、课后的形式多样的实践性任务，以及跨时段的项目式的学习任务等。其实质是教师引导学生开展的自主学习任务。所以，作业基本上是学习任务的“子集”。不过，我们强调任务须是有意义学习的承载，将人们通常视为作业的机械性、重复性的练习排斥在外，以示对指向被动学习、低阶学习的无意义操练的反对。

课堂学习中常见的问题有事实性问题与探究性问题之分，学习者在问题回应与问题解决的过程中实现学习。问题应视作学习任务的“子集”，即便课堂提问通常不被视为作业，但它也是驱动学习的一类任务。最近几年活跃起来的项目化学习也可以视为一类基于任务的学习。

项目也是广义的作业，是指向真实问题解决的学习活动，所以将之视为问题的“子集”。它可以被视为一类特殊的作业，但项目与练习是互斥的，不存在两者的“交集”。

这些概念之间的关系如图 1.3 所示。它们之间组合而形成的不同的“集合”有助于我们展开关于“作业”的分类分析。从“作业 1”到“作业 4”隐藏着一个渐进的线索，尽管图中标注的词语未必确切。

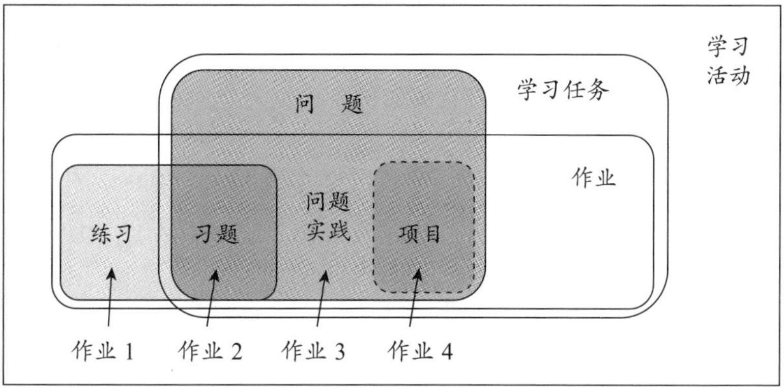

图 1.3　作业与相近概念的辨析

如何从学习任务设计的视角切入，推动定位于课后巩固训练的狭义的作业，走向融于“学”“教”全过程的广义的作业，克服经验主义的重复训练，加强作业与课堂学习的沟通、与课内外学习实践的结合，是当前作业改革的重要突破方向。

（三）作业改革的进阶思路

在深化教育教学改革和落实“双减”政策的实践中，作业改革已成为一个焦点课题。我们引入学习任务的视角，重新审视整个学习活动中的作业，可以看到作业改革的实践进阶思路。

图 1.3 中的“作业 1”与“作业 2”指的就是通常的纸笔练习。这是当前作业的常态。其定位主要是课后巩固训练，包括课堂上的学后练习或随堂检测，它以考查回忆再现的题目为主，兼有部分迁移应用的任务。多数的练习定位于帮助学生达成应试目标，所以是否与试题相像接近，是不少教师评价练习设计的标准。但试题无限多，仿真无尽头，这样的作业设计思路便会让学生陷入题海无法自拔。长此以往，特指机械性、重复性练习的“作业 1”就会扩大，强调思考性的“作业 2”就会渐渐过渡为训练性的“作业 1”，学生渐渐以为押题、“刷题”是学习中天经地义的事，题海战术就会泛滥。这是我们不愿意看到的，也是作业改革试图阻止的“滑坡”。

图 1.3 中的“作业 3”与“作业 4”是作业的广义发展。从学习任务的视角，作业不只是学后的巩固再现，而应是伴随“学”“教”全过程的、促进理解以及

基于理解而实现迁移的任务，包括课前的预学任务、渗透于课堂学习中的即时任务、课后的形式多样的任务，以及跨时段的项目化学习任务等。课堂教学改革中出现的“导学案”也是一类特殊的作业。它可能是沟通作业与课堂教学的“实践之钥”。尽管现实中错误的导学案比正确的导学案还要多，但它试图建立基于预学任务的、以课堂思考与讨论为主的新的课堂范式，使传统的关注事后巩固的作业向课堂上促进理解的学习载体转型，其意义是积极的。正如案例 1.1“蒸发”所展现的那样富有启示。

所以“作业 3”逐渐从割裂的辅助环节融入“学”“教”全过程，从类试题的纸笔练习走向形式与功能丰富的学习实践，以克服作业与课堂学习的脱节。“作业 4”特指项目化的作业，它是可能超越课堂时空限制的、指向问题解决的、促进高阶学习的、相对复杂的学习任务。它也可称为“长程学习任务”，以示其与一般的即时 / 次日完成的作业的区别，因为它所承载的是主动的探究学习、持续的深度学习、综合的实践学习、项目化的问题解决的学习。

作业是教师引导学生开展的自主学习任务。如何引导学生多经历有意义的、高阶的学习任务，减少机械性、重复性的操练任务？上述四类作业的进阶分析给出一条思路，这既是作业改革的方向和对作业改革要领的概括，也是学习设计中最重要的学习任务的发展。

本书第三、四、五章主要围绕“作业 3”，从学习设计基本模式、课堂学习任务多样变式、课内外学习任务系统配合三方面做理例结合的讨论。第六章则围绕“作业 4”，专题研究项目化学习设计。聚焦任务的学习设计研究并不是孤立的、横空出世的课题，在第二章关于教学设计理论发展的讨论中，我们能看出向学习设计转型和聚焦任务也是教学理论研究的方向。

四、学习设计为何要聚焦任务

本书以“聚焦任务的学习设计”为研究方向，主要特点有：关注学习的发生机制以及学习过程的设计，关注在任务中所体现的学习方式的特点，关注具体学习任务在学习中的功能。之所以将聚焦任务作为本研究的重点，主要基于以下一些思考。

（一）学习任务是推动有效学习、转变学习方式的抓手

在实践中发现，学生学习活动中存在着形式丰富的学习任务。这些学习任务是推动有效学习、转变学习方式的重要抓手。但现实教学活动中普遍存在两个问题：一是过于重视课堂中的授受活动，忽略了学习任务的多样功能；二是只将作业视作附属性的训练，而听凭课堂学习与作业相脱节。许多教学改革实践都选择从学习任务（如导学案、前置性任务、学历案等）切入。我在20年前提出的“任务学习”以及后来发展的作业功能的研究，可以视为对学习机制的初步揭示。聚焦学习任务的学习设计，是我们经验的选择，也是研究积累的心得。

（二）聚焦学习任务设计已是教学设计领域的共识

20世纪90年代开始，随着梅里尔的首要教学原理、赖格卢斯（C. M. Reigeluth）的精细加工理论的发表，聚焦完整任务逐渐成为教学设计领域的热点。正如安德森所主张的“任务统筹教学”一样，很多教学设计理论积极探索如何基于真实情境任务促进学生的学习与迁移，并有关于“任务中心”教学与学习的系统阐述。以任务为中心，有助于克服零散的知识技能教学所可能导致的知识、技能与态度的分割化、碎片化的问题。聚焦学习任务设计，是推动教学设计走向学习设计的重要切入点。

（三）在学习任务的丰富变式中体会面向未来的学习

21世纪以来，世界历经瞬息万变的发展。人们对于学习的理解以及学习的具体方式也在发生很大的改变。从核心素养培养的角度看学习，原本我们熟悉的练习、作业有了新的拓展，问题、项目、实践活动，反映学习任务的多样形态已是教育的现实。学习任务的丰富与演变，承载着学习的时代发展。基于问题的学习、基于项目的学习、基于设计的学习、基于工作的学习……，层出不穷的变化之线索仍然在于学习任务的变式，以及由之带来的机制创新。聚焦学习任务，是要把住学习设计发展的主脉。

聚焦任务的学习设计也是作业改革的新视角。它提出了伴随学习全过程的"新作业"的主张，积极探索课堂学习与作业的融汇配合，在撬动学习方式变革的过程中呈现更多广义作业的智慧；同时也在探索作业的嬗变，以突破课堂，呈现广义的学习的图景。

第二章

指向学习的教学设计理论的发展

国际上正倾向于用 learning（学习）来表达 education（教育）的真谛，以体现教育活动的“学习”本质。历经百年发展的教学设计研究已进入“学习中心”的新时期，从学科本位的教学设计向学生本位的学习设计靠近。

近年来，“学习设计”一词，已为越来越多的学者和实践工作者所接受。

学习设计研究其实是教学设计研究发展的自然转型。本章简要回顾教学设计研究的发展，分析在“以学习者为中心”教育思想和建构主义学习观等的推动下，教学设计研究的嬗变，着重介绍聚焦学习任务设计的三个著名的教学设计理论，以及“任务中心”教学理论的发展，讨论其启示与借鉴意义。

一、教学设计研究的发展与嬗变

教学设计是与教学论紧密联系的研究领域。它同时也是心理学科学与教育实践之间的“联系科学”（linking science）。（Reigeluth，1983）桑代克（E. Thorndike）在《基于心理学的教学原理》一书中明确表达了“心理学科学可以被应用于改善教育实践”的信心。教学设计作为一个实践领域，已有很长的历史。但教学设计成为一个独立的研究领域，大致始于 20 世纪 60 年代。但在近半个世纪的时间中，教学设计研究发展很快。

（一）作为“联系科学”的教学设计理论

在教学设计理论的前科学发展阶段，行为主义心理学将学习视作“刺激—反应”（S–R）的过程，霍尔（G. S. Hall）从学习者的角度提出“刺激—有机体—反应”（S–O–R）模型，强调学习者的原始动力、激励动机、抑制因素以及原有的训练等对行为的重要影响，对行为主义心理学做了“学生立场”的修订。（高文，2011）[3]

斯金纳（B. F. Skinner）为主推动的程序教学运动是教学设计成为一个研究领域的初始，他们形成了运用行为主义心理学理论解决教学问题的基本范式。因而，行为主义心理学在 20 世纪 60 年代的教学设计领域占主导地位。如何为程序教学准备目标？布卢姆（B. S. Bloom）等人的《教育目标分类学》推动了有关行为主义目标的研究与普及。加涅等人关于学习结果的分类（Gagne，1965）、9 大教学事件以及智慧技能的层级分析（Gagne et al.，1992）等成果促进了教学设计学科的发展，以及关于学习和学习规律的理解的深入。20 世纪 80 年代，认知主义逐渐取代行为主义在教学设计领域的主导地位，认知的信息加工模式成为当时教学设计研究的重要理论。

教学设计作为一个独立的专业领域出现后，便被视为理论与实践之间的联系科学。一方面，实践中的问题迫切需要解决，呼唤教学设计领域的兴起；另一方面，教学实践又为心理学提供了具有挑战性的课题，有助于心理学理论更好地接近真实世界。作为关于最优教学方法的研究，教学设计理论糅合了基于心理学研究的学习理论与教学理论，探讨如何为更好地帮助学生的学习与发展提供清晰的指南。赖格卢斯认为，教学设计在系统方法基础上，成为连接关于学习的心理过程的基础研究与具体教学问题解决的“处方式科学”。（高文，2011）[14]

厄兹彻纳尔（Ozcinar）给出的教学设计的定义也很好地反映了教学设计作为“联系科学”的特点。他认为教学设计是对教学的具体要求进行系统安排，从行为主义、认知主义和建构主义三大理论来诠释课堂教学。它包括学习需求分析、学习目标设计、教学资源的开发、教学策略的实施和教学活动的评估。（帕斯 等，2015）

事实上，学习理论与教学理论之间也是需要沟通的。布鲁纳（J. S. Bruner）认为，描述性的学习理论构成了处方性的、规范性的教学理论的基础，教学理论是学习理论的推衍。（Bruner，1966）但如何基于学习理论完善教学理论，也是需要操作性的技术与支架的。教学设计研究便又成为两者的“联系科学”。但这里，教学设计更多地表现为一种技术与方法。这正如梅里尔等人所认为的，教学设计是建立在科学基础上的技术。（Merrill et al.，1996）

（二）西方“以学习者为中心”教育思想的发展

在近百年的西方教育史中，出现过三次“以学习者为中心”的教育思潮。第一次是 20 世纪前叶，以杜威为代表的“儿童中心”思想；第二次是 20 世纪 50 年代，基于罗杰斯（C. R. Rogers）的人本主义教育思想而提出的“以学习者为中心”的教学理论；第三次是 20 世纪最后 10 年，在建构主义学习观传播过程中，再次兴起“以学习者为中心”的教育思潮。美国心理学会教育事务局 1997 年提出“以学习者为中心的心理学原理”（learner-centered psychological principles，简称 LCPs），1998 年出版《学生如何学习：通过学习者中心教育改革学校》一书，就 LCPs 实施中的问题进行了讨论。（美国心理学会教育事务局专门小组，2006）[113] 应该说，21 世纪以来的“以学习者为中心”的含义与当年相比有许多新的发展。

在西方，较早就有关于“儿童中心”的教学的倡导与实践。“历来的教育不去探求并充分顺应自然发展的儿童身上的人类本性的力量，单纯地向儿童呈示他人的知识、观念、感情，借以规范化的行为习惯；……儿童的最珍贵的力量便在不活动之中衰弱下去”（佐藤正夫，1996），裴斯泰洛齐（J. H. Pestalozzi）当时曾这样批判“教师中心”的教学。到杜威时期，“儿童中心”的教学曾风靡一时。“教学应实现对儿童经验的改造，让儿童从自身经验出发，通过丰富、扩展儿童直接经验的方式来学习人类文化。”（杜威，1981）从儿童的自身经验出发，通过丰富儿童直接经验的方式来学习是当年“儿童中心”的要义。它强调经验，特别是直接经验的学习意义。“儿童中心”要求教育工作者更加重视基于实践的学习，更加尊重个人化的学习，这是有积极意义的，但将“日常情境中的学习成长”与“教学过程中的学习成长”相混淆所带来的消极影响也是客观存在的。（吴亚萍 等，2011）[186]

20 世纪 50 年代，教学论发展史上又出现“科学主义”与“人本主义”的论争。“人本主义”心理学强调研究人的心理不应从第三人称的角度进行，而应该从第一人称的角度来考察行为。由此形成新的“以学习者为中心”的教学理论。他们认为，学习即成为（becoming），教学即促进，教育的任务就是促进学生成为一个完善的人。罗杰斯的非指导性教学是这一流派的代表。他认为，教师是一名“促进者”，其在教学过程中的作用主要是：帮助学生澄清自己想要学习什么；帮助学生安排适宜的学习活动与材料；帮助学生发现他们所学东西的个人意义；维持着某种促进学习过程的心理氛围。（施良方 等，1999）学习应是学生认知与情感共同参与的、自我发起的、渗透性的、由学生自我评价的活动。罗杰斯对于学习的理解以及对学习活动中的学习者的描述与今天的主张接近了许多。

LCPs 中描述的 14 条心理学原理重点关注学习者内在的心理因素，并描述了成功的学习者的特征：“是积极主动的、有明确目标指引的、善于作自我调节的以及对学习承担起自身责任的人；是能够将新信息与现有知识以有意义的方式联系起来，创设及运用一系列思维与推理的策略以完成复杂的学习任务的人；是依赖于内部学习动机，学习中积极付出努力和有很强学习承诺感，能够选择和监控心理运作的人；是充分考虑身体、智力、情绪和社会交往领域不同的发展阶段内和发展阶段中的特点，视多样性为重要财富，充分发挥自己的特点，重视社会交往，创建学习共同体的人。”（美国心理学会教育事务局专门小组，2006）[114]

在传统的学习活动中，学习者经常被剥夺发展决策、自我监督、注意力调整等技能的机会。但这些技能对于学生优化学习经验十分必要。如果学习者将任务看成是使自己的意义同外界对自己的期望相匹配的过程，那么他们在学习中就会越来越顺从。相反，成功的学习者会发展出多种策略来规划和追求目标，整合新知识与现有知识，确切地阐述问题和推断结果，不断地重组他们的思维。（乔纳森等，2015）

“以学习者为中心”的意义是要保障学习者在界定他们自己的意义时的中心地位。（Hannafin et al.，1997）其价值在于学习的赋权，在于确立学生在学习活动中的主体地位，强调其学习责任感对于整个学习的重要性。这不像我们通常理解的“以 ×× 为中心”的那种围绕感和自由感，而是对学习者的人性尊重与发展尊重，是一种责任感和主持感的确立与强化。这一思想对于我国当前教育改革有重要的启示。但这一思想在明确学生对于学习的主体意义的同时，在解决学生学习动力机制与教师有效指导方面还有进一步完善的空间。

（三）建构主义学习观推动教学设计研究方向的转移

20 世纪 90 年代，伴随着信息技术的发展，建构主义思潮对教学设计研究产生重要影响。建构主义学习理论认为，学习活动并不是由教师向学生传递知识的过程，而是学生根据外在信息，依托自己的背景知识，建构自己知识的过程。“学习者只有通过对自己经验的解释，才能建构自己对真实的理解；学习者只有通过广泛的社会协商，才能创建具有社会意义的新知识；学习者只有浸润于人类文化的脉络之中，才能获得具有完整意义的知识。”（高文，2011）[22] 在这个过程中，学生不是被动的信息吸收者和刺激接受者，而要对外部的信息进行选择与加工。所以，学习并不简单是信息的量的积累，它同时包含由于新旧经验的冲突而引发的观念转变和结构重组；学习过程并不简单是信息的输入、存储和提取，而是新旧经验之间双向的相互作用过程。

这些关于“学习”的观点，成为20世纪90年代出现的众多学习理论的共同的认识基础。“学习必须以学习者的主动参与为原则”成为一种共识。这便是“学习中心”教学思想的重要假设。于是，传统的教学设计范式向聚焦学习的范式转变，教学设计逐渐从关注教材的呈现转向关注学习者的需求，从着力于内容的灌输转向促进学习者理解。

于是，人们对于学习的隐喻发生改变。从学习是反应的强化、学习是知识的获得，转变为学习是知识的建构、学习是意义的社会协商、学习是实践的参与。全新的学习理念使教学设计研究进入更加重视回应学习者的需求，更加关注发掘学习者的潜力，更加重视学习现象的社会性、实践参与性，更加面向真实性、多样性和复杂性的宽泛的研究领域。（高文，2011）[23]

因为工作机制的局限，理论研究的转型发展并没有很好地转化为对教学实践的指导。应该让直接面向学习者的教师掌握教学设计技术，成为自己教学的设计者和开发者。裴新宁（2005）分析了“面向学习者的教学设计”的思路与特征，强调为学习者策划学习资源与学习活动的过程；并以化学学科为例，着眼于学校学习的情境，尝试了构建教学系统与培育学习者共同体两条路径，形成了包括学习者准备、动力、学习环境、学习活动和媒体传输等5个子系统的面向学习者的教学系统，总结了学习者共同体培育的10个要素（目标、任务/主题、学习活动、角色分工、中心性/边缘性和身份认同、资源、对话/话语、知识、产品/过程、评价）与相关策略。

高文教授在《教学设计研究的昨天、今天与明天》一文中评述：20世纪90年代涌现出的建构性的学习观之所以重要，是因为它们具有一致性、共同性和连贯性。对于人的学习，他们都做出了根本上相同的假设，共享着有关学习的相似的信念。这是继20世纪初学术界达成有关行为主义的共识之后，在世纪末又一次形成有关知识建构性、意义协商性、认知的情境脉络性的学习观的共识。这对教学设计领域研究的拓宽与深化产生了重大影响。（高文，2011）[23]

20世纪90年代以来，教学设计领域已经发生了从关注教学到关注学习的研究基点的战略性转移，从教学设计研究与学习心理学的互动联系拓展至教学设计与有关学习科学的跨学科研究的互动联系、从关注教学场景中的教学大纲的制定到广泛关注学习场景与日常生活中非教学的干预等意义深刻的变化。

（四）学习转型呼唤“以学习者为中心”的教学设计理论

在当前的知识经济时代，科学知识以前所未有的速度剧增，人类学习面临转型。美国学者邦克（C. J. Bonk）在《世界是开放的：网络技术如何变革教育》一书中描述了“指尖知识（fingertip knowledge）时代”的学习，“网络上的资源与内容非常丰富，只要学习者有问题，就直接将问题或关键词键入网络，就可以找到答案”（邦克，2011）。

因此，知识经济时代的基础教育学习，重要的未必是具体内容，而是寻找答案的方法、解决问题的能力、体现学科本质的思维方法、独立思考的习惯和在团队中工作和沟通的能力。学校学习不能以掌握知识为唯一目的，而要让学生学会不依赖教师的自主学习。于是，传统的教学范式将转变为聚焦学习的范式。如何从关注教材的呈现改变为重点分析学习者的需求？如何从内容的灌输改变为帮助学习者理解？如何从标准化流程改变为基于学习者需求的定制？要促进被动学习向主动学习演化，促进教师主导向学生主导（或二者的结合）转变。

赖格卢斯并不认为教学设计范式的转变是对已有的教学设计理论的否定抛弃。他主张兼容并蓄，对已有的理论进行总结，更为重要的是要改变传统范式的“独白”性质，促进教学设计过程中所有相关人员之间的“对话”，并使教师所提供的指导更具灵活性。2009 年，赖格卢斯在探讨教学设计的性质时指出，“教学”是为学习者做事（be done to learners），学习者处于比较被动的状态；“建构”是学习者自己做事（be done by learners），体现积极主动作用。教学设计就是如何帮助学习者学习，确定帮助学习者建构知识的途径。因此，构建面向学习者的教学设计理论是教学设计理论的变革方向。（盛群力，2010）

在赖格卢斯等人所著的《教学设计的理论与模型（第四卷）》中，副标题即为“以学习者为中心的教学范式”（the learner-centered paradigm of education）。这反映了教学设计研究的学者们的认识与主张的悄然变化。尽管东西方教育的课堂形态风格迥异，但教学改革的内在价值异曲同工。

以学习者为中心的教学范式的焦点是如何面向真实情境任务开展学习。于是，各种以任务或问题为关键词的学习模式层出不穷，例如基于问题的学习（problem-based learning）、聚焦问题的学习（problem-centered learning）、发现学习（discovery learning）、任务中心学习（task-centered learning）、任务中心教学（task-centered instruction）、基于任务的学习（task-based learning）等。学习任务设计成为教学设计研究的新焦点。

二、学习任务设计：教学设计研究的新焦点

"任务"较早就是教学设计的常用词汇。20 世纪 90 年代，安德森的有效教学模型、梅里尔的首要教学原理、范梅里恩伯尔的综合学习设计模式等教学设计理论不约而同地移向学习者的视角，聚焦学习任务的设计。此后，任务中心教学、任务中心学习、基于问题的学习、基于项目的学习（project-based learning）等概念如雨后春笋般出现，教学设计理论在"任务中心"的主张下越来越重视学习的研究，与学习科学研究形成交汇。以下选择介绍国际影响较大的三个聚焦任务的教学设计理论。

（一）安德森的有效教学模型

主持修订教育目标分类学的美国心理学家安德森于 1991 年出版《提高教师教学效能》。他从教师角色与行为的角度展开关于教学设计的论述，提出聚焦任务的有效教学模型。他认为，聚焦任务是学校教育改进的中心任务之一。专注记忆的任务自然得到的是死记硬背的本事，分析性和评价性任务则能促进批判性思考。（安德森 等，2018）[1] 在 2003 年出版的该书修订版的引言中，他对作业（assignment）与任务（task）两个术语做了精辟辨析，并提供八项原则帮助教师理解、设计、选择和使用任务。

他认为：任务 = 布置的作业 + 特定的目的，对于具体学习任务应从目的、定向、主题、范围、形式和复杂性等六方面进行分析。他从提高经济不利地位学生的教育质量的角度，提出了关于学习任务的八项原则。（安德森 等，2018）[2–15]

1. 精心选择任务

要采用真实的、相关的和有意义的任务，帮助学生重视学习，并在学习与真实生活间建立联系。真实性和相关性与学生的动机和参与学习有关，有意义是鼓励学生将学习迁移到新情境，而不只是简单记忆与再现。

2. 任务统筹教学

在教学指导前，应先明确学习任务，并在完成任务前先落实评估任务。向学生分配任务有三个目的：一是以“学习任务”促进初始学习，帮助学生从无知转向已知；二是以“评估任务”确定学生是否或能否达到学习期望；三是以“练习任务”加深记忆力（例如概念或事实）、熟练度（例如阅读或计算）或自主性（例如打字或乐器演奏）。

3. 做好“俯身指导”

教学准备要有场景（scenario）的把握，而不仅仅是课时计划（lesson plan），要重在完成任务并达成目标时学生应该说和做什么，而不是教师传递教学时应该说和做什么。教师应从“讲坛圣贤”(sages on the stage）转变为“俯身指导”(guides on the side)，多数课堂时间应用来督促学生的学习、听取讨论汇报、澄清模糊之处和引发探究问题。

4. 关注学习策略

教师要从传播内容向提供策略转变。当学生接到学习任务时，必须独立或合作地决定如何完成任务，必须事先回忆有利于目标达成的相关知识，特别是如何学习的知识。

5. 明确学习期望

在开始学习之前，要让学生完整理解任务的要求（评估任务是否完成的表现标准），清楚了解完成任务时对行为的、认知的和社会交往的期望。要尽可能将行为期望（过程的努力）与学业期望联系起来，分别明确。

6. 整合课时安排

要采用一些需要多天或数周完成的任务（单元学习或项目化学习），促进“零散片段学习”变成“综合整体学习”。要提供更多的弹性学习时间，帮助学生整合知识体系并应用技能群组。

7. 善用合作任务

合作任务能使学生获得实现成功人生的社会交往人际技能和元认知技能。要选择需要协作的任务，阐明任务的性质和共同完成任务的重要性，安排好小组活动与分工，使得学生明确职责与任务要求，示范协作与解决争议的办法，帮助学生学习进行过程性评价与结果性评价，让每位学生在团队中展现自己的优势，并从小组其他成员的长处中受益。

8. 直面学生差异

应提供更为广泛的任务，以适应学生的多样性，允许学生从有限的、不同的活动、作业和材料中做出选择。在任务的实质（如内容和认知需求）相同的情况下，允许任务的形式（如何学习和如何证明学习已经发生）不完全相同。

基于学习任务设计与运用的研究，安德森从课程、教学、课堂、学习、教师特征、学生特征等六方面构建了理解和改善教师效能的概念框架（见图 2.1），并提出若干建议。

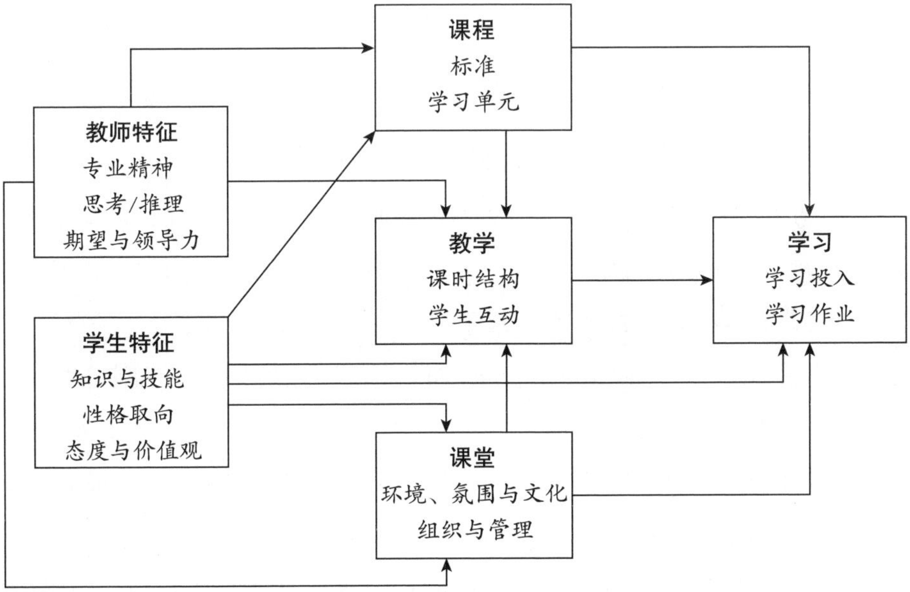

图 2.1　理解和改善教师效能的概念框架（安德森，2018）

安德森关于任务与作业的辨析，与我们从任务的角度思考作业，关注作业的目的与功能不谋而合。他就任务的特征与功能切入，提出以“任务统筹教学”“学习先于讲解”的基本观点；就教师如何“俯身指导”，如何善用合作任务组织学习，如何以评估任务明确期望、引导学习提出系列建议；通过学习任务的延时（项目型或问题型学习）和多样化等思路，使这一聚焦任务的教学设计模型有更强的适应性。虽然安德森没有采用“学习设计”一词，但该模型已较好地体现了“学习中心”，是与本研究的理念与构思最为接近的成熟成果。

（二）梅里尔的首要教学原理

2001 年，梅里尔发表《首要教学原理》，总结众多教学设计理论和模式背后的共同的基础性原理。他将该原理表述为：有效的学习通常都聚焦任务（或问题），包含激活旧知、示证新知、应用新知、融会贯通等四个阶段。（见图 2.2）

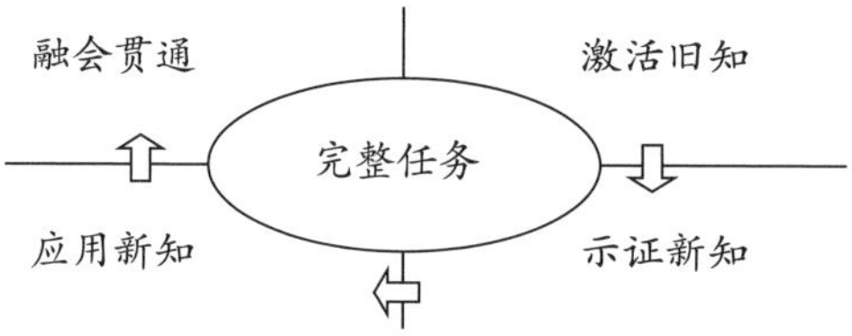

图 2.2　首要教学原理的概念框架

首要教学原理的五个关键词各为一条教学原理。它们所组成的整体可以视为一种教学模式，也称五星教学模式。（梅里尔，2016）[19-21]

（1）面向完整任务原理（task-centered principle）：当学习者主动参与到面向完整任务的教学中时，才能促进学习（盛群力 等，2015）[273]；当学习者在现实世界问题的情境中掌握知能时，才能促进学习。

（2）激活旧知原理（activation principle）：当学习者回忆已有知能作为新学习的基础时，才能促进学习。

（3）示证新知原理（demonstration principle）：当学习者观察将要学习的新技能的示证时，才能促进学习。

（4）应用新知原理（application principle）：当学习者运用新掌握的技能来解决问题时，才能促进学习。

（5）融会贯通原理（integration principle）：当学习者反思、讨论和巩固新习得的知能时，才能促进学习。

五星教学模式的实质是具体的教学任务应置于循序渐进的实际问题解决情境中完成，即先向学习者呈现问题，然后针对各项具体任务展开教学，接着再展示如何将学到的具体知识运用到解决问题或完成整体任务中去。（盛群力 等，2015）[53] 当学习者经历了体现完整任务不同难度的序列之后，能够增强面向完整任务的效果。

在首要教学原理中，“任务”与“问题”是通用的。在梅里尔的理解中，问题解决后会得出一个解决方案；完成任务后会得到一个人工制品（任务相当于“项目”）。他关于“任务”的定义有些狭窄。我们通常理解的“学习任务”包括他所指的“问题”与“任务”。“问题”常常包含在“任务”中。

他在阐述“面向完整任务原理”时就“基于主题的教学策略”“基于问题的教学策略”与“面向完整任务的教学策略”的区别做了讨论。“基于主题的教学策略”一般采用层级方式，按讲解 / 示证和应用的基本模式来教具体知识与技能，一组接着一组，一章接着一章，直到掌握全部技能为止，最后才向学习者布置任务，作为学以致用的检验。“基于问题的教学策略”则是先向学习者提供一个求解的复杂问题，再确定能用于解决这一问题的资源，要求学习者通过寻找资源和解决问题来掌握技能。“面向完整任务的教学策略”其实是“直导教学”的一种形式，只是将学习置于真实的、联系生活的问题或任务中。（盛群力 等，2015）[279-281]

基于首要教学原理，梅里尔于 2002 年开发了“波纹环状（pebble-in-the-pond）教学设计模式”。该模式的第一步就是“聚焦解决问题 / 完整任务”，以具体的、复杂的真实任务，作为对学习者完成学习活动后的期望。第二步是“形成任务序列”，根据任务所需的技能，按照由简到繁的顺序，确定一组真实任务的先后序列。第三步是“教学成分分析”，明确各任务中包含的知识与技能（信息类知识和描述类技能）。第四步是“教学策略适配”，以任务为中心，采用适切的教学策略，并加强任务之间的相关性。第五步“教学互动界面设计”与第六步“产品定型设计”，是对课程产品的外观与交互性等方面的设计的讨论。（盛群力 等，2015）[20]

首要教学原理关注原理的普适性，希望原理能适用于任何知识传递系统，以及包括直接教学法、指导教学法、体验教学法和探究教学法等的学习活动；它定位于关于教学的原理，讨论如何通过教学的设计更好地促进学习，但未将支持学习者自主开展学习的活动设计与环境设计包括在内；它将是否面向而且落实完整任务开展教学作为衡量教学成效的重要标准，探索从有序（systematic）设计走向有序设计和整体（systemic）设计的结合。因而，它是“以任务为中心”的教学设计理论的代表。

（三）范梅里恩伯尔的综合学习设计模式

1997年，荷兰教育技术专家范梅里恩伯尔出版《掌握综合认知能力》，提出四元教学设计（four-component instructional design）理论。这是运用系统方法分析、设计复杂认知技能的教学设计模式，也称综合学习设计（complex learning design）模式。2007年，范梅里恩伯尔等人又出版了《综合学习设计：四元素十步骤系统方法》，进一步丰富和完善了综合学习设计理论。

综合学习设计模式认为教学应“整体化设计”，“把理解现实生活中的真实性任务作为学习和教学的驱动力”（范梅里恩伯尔 等，2015）[2-3]，将学习任务、支持信息、程序信息和子任务操练作为综合学习的四个要素，并据此细化为教学设计的十个步骤。（见表2.1）

表2.1 综合学习设计模式的四个要素与十个步骤（范梅里恩伯尔 等，2015）[9]

综合学习的四个要素	综合学习的十个步骤
学习任务	1. 设计学习任务 2. 开发评估工具 3. 排序学习任务
支持信息	4. 排定相关知能 5. 厘清认知策略 6. 确定心理模式
程序信息	7. 设计支持程序 8. 明晰认知规则 9. 弄清前提知识
子任务操练	10. 安排专项操练

在该框架中，“学习任务”指学习者要学习的案例、要实施的项目、要解决的问题等。其共同特点是，依据来自现实生活的任务提供真实、完整的任务体验，整合学习者的知识、技能与态度。在学习活动中，要避免学习任务的碎片化，按

照从易到难的任务类别组织好任务序列，并按从扶到放的原则逐步减少各任务的支持力度，形成变式度较为充分的学习任务系列。“支持信息”是帮助学习者形成领域层面的学习智慧，掌握学习任务中的解决问题、推理和决策层面的知能。“程序信息”是帮助学习者掌握具体学习任务的常规的前提知识，一般采用直接的、按部就班的指导方式。“支持信息”侧重在创生性的技能，而“程序信息”侧重在再生性的技能。“子任务操练”则是为帮助学习者熟练掌握学习任务中某些常规要求而进行的额外练习。（范梅里恩伯尔 等，2015）[9-10]（见图 2.3）

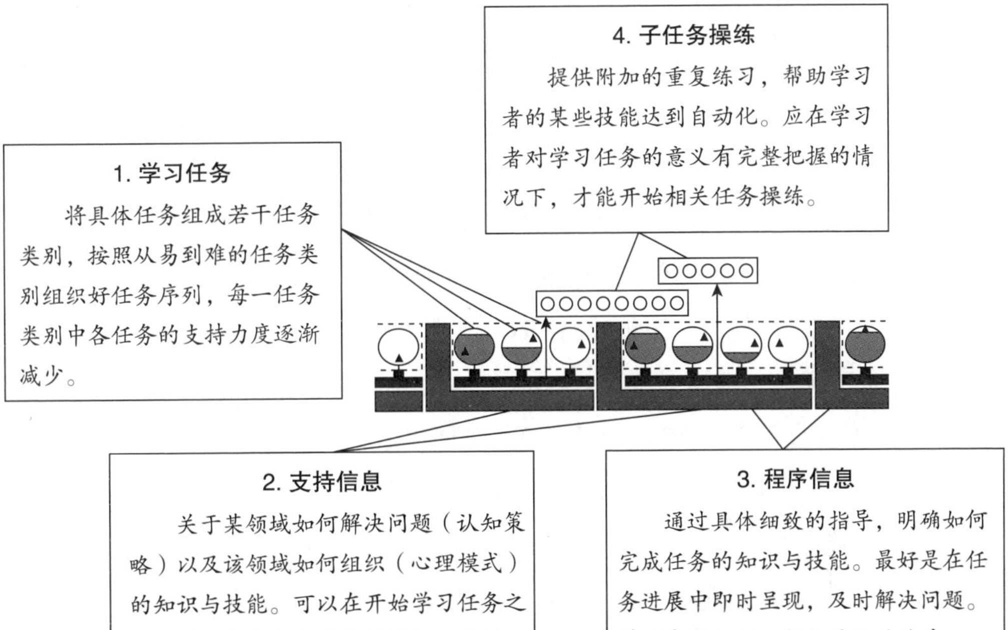

图 2.3　综合学习设计模式的四个要素（范梅里恩伯尔 等，2015）[13]

与前述几大教学设计理论一样，综合学习设计模式也聚焦“真实学习任务”，反对传统教学先呈现学习内容，再添加学习任务的思路，主张一开始就面向有意义的完整任务，使其成为连接其他设计要素的主干，让学习者围绕着学习任务开展学习。范梅里恩伯尔等人系统研究了任务设计、任务环境，以及根据任务类型不同的多样的任务支持和问题解决指导，强调学习任务的变式以及随着学习进展“从扶到放”的原则。（范梅里恩伯尔 等，2015）[12-20] 综合学习设计模式也是从学习的角度讨论教学设计的方法与策略，是一种“以学习者为中心”的教学设计思路，只是这种模式所关注的学习活动相对复杂，具有更强的“自导”倾向。

（四）任务中心教学与基于问题的学习

梅里尔最早提出“任务中心教学”（task-centered instruction，简称 TCI）的概念，他主张基于真实生活的任务促进学生的学习与迁移。（Merrill，2008）他所创立的首要教学原理引导人们的关注点从“局部任务”移向“完整任务”，以克服碎片化、分割化与迁移悖论。赖格卢斯的精细加工理论也被视为教学设计领域整体任务方法的先驱。该理论的基本原理是教学应该被组织成从学习领域或任务的最简单表征到逐渐复杂的、细化的表征。（Reigeluth et al.，2017）[425-453]

对于 TCI 的界定，学术界有两种观点。一种观点是赖格卢斯等学者所主张的将 TCI 定义为一个通用术语，包括基于问题的学习、基于项目的学习、探究学习（inquiry learning）、做中学（hands-on learning）、创客学习（maker learning）和其他面向真实任务的学习方式。（Reigeluth et al.，2017）[65-92]另一种观点是弗兰卡（G. M. Francom）等学者所主张的“纯粹 TCI”，即先出示完整任务，再激活旧知、示证新知、应用新知，继而促进学生融会贯通的教学模式。（Francom et al.，2014）

两种观点的分歧在于 TCI 是否包括那些同样聚焦真实任务的“‘基于问题的学习’们”。弗兰卡撰文就“纯粹 TCI”做了综述（弗兰卡，2018），并将任务中心学习与基于问题的学习进行了比较评析（弗兰卡 等，2018）。

1. 弗兰卡关于“任务中心”教学理论的综述

TCI 是一类具有共同特征的教学活动的集合。源于科林斯（A. Collins）与布朗（J. S. Brown）的认知学徒制、赖格卢斯的精细加工理论、梅里尔的首要教学原理和范梅里恩伯尔的综合学习设计模式等，弗兰卡整合论述了“任务中心”教学理论。他基于首要教学原理的分析框架，提出 TCI 的处方性原则：学习任务、激活旧知、示证新知 / 建构模型、应用新知、融会贯通 / 深入探究。

（1）“任务中心教学”的要素

TCI 中的学习任务是根据真实情境构建的，学习者需要完成精心设计的、由易到难的、序列化的学习任务。教师要注意激活旧知，将学习任务与学习者的现有知识相匹配。要为学习者提供如何完成学习任务的示证，提供支持信息与程序信息，帮助其学习如何完成任务。学习者要积极应用知识来完成任务，同时获得辅导和反馈。最后，要鼓励学习者融会贯通，反思实践，积极探索使用知识和技能的新方法，将知识迁移应用到新情境。

从学习目标看，TCI 所指向的通常是可迁移到日常生活的实用技能，通过具体学习任务引导学习者专注于可迁移到真实世界的因素的学习。当获得具体、可迁移的知识和技能很重要时，教学设计者常会选择 TCI。而当学习目标只是记忆、术语与想法的具体应用、常见问题的解决时，TCI 可能不是最佳的选择。

（2）“任务中心教学”是以学习者为中心的教育范式的核心方法（Reigeluth et al.，2013）

TCI 是一种以学习者为中心的方式。它强调做中学，而不是通过教师的示证，并强调自主学习而非教师主导；注重利用学生的内在动机，学生的进步源于自我吸收的逐步积累而非学习时间的长短。这一教育范式的一些特征能够通过 TCI 的实践来实现。

TCI 可以用来支持“基于目标达成的学习者进步”（attainment-based learner progress）。因为学习任务都是精心设计、逐层递进、有所区分的，所以学生会在完成任务的过程中逐步达成预期成果。标准参照式评价与 TCI 兼容良好，“应用新知”是检测学生是否熟练达标的有效方式。

TCI 有利于实现个性化教学。教师可以根据学习者个体的需要提供脚手架。对于学习能力较强的学习者，学习任务的难度可高些，指导和辅助相对减少；对于能力弱一点的学习者，学习任务相对简单些，多一些指导和辅助。可以设计合理的任务让有能力的学习者尽量单独完成，这样教师可以有时间为基础薄弱的其他学习者提供辅导和反馈。

TCI 有助于学生以多样的角色更深度地参与学习活动。在以学习者为中心的教育范式中，学生既是学习者个体，同时还是自我管理者以及合作学习者。在 TCI 的学习活动中，学生完成任务时，需要自我管理学习进度，逐步提高学业责任感。TCI 给合作型学习活动提供了一个天然的框架，包括讨论、小组合作、演讲以及同伴互评等。在这样的机制中，学生们自然地融入教导他人并互相学习中。

（3）适用“任务中心教学”的情境原则

任何方法都不可能为所有可能的学习情况提供处方。在一些特殊情境下，TCI模型有一些变通原则。如：

• 任务的真实度取决于教育情境中可获得的设备和资源有多少。

• 每个任务的复杂性应与学习者的前提知识和技能的水平相匹配。

• 保持任务的“整体性”或真实性。对于特别复杂的任务，可以将任务合理分解为子任务，与知识和技能学习穿插进行。

• 不同的学生需要有差异化的学习支持。教师应该增加对学有困难的学生的帮助，尽早减少对困难不大的学生的支持。

• 不同类型的学习运用不同的激活旧知的方法。身体技能学习可通过肢体活动或视觉方法来激活；智力技能可通过可视化演示、讨论等方法来激活；情感态度可以通过共享案例研究、经历和个人经验来激活。

• 情感领域中的任务的示证方法可以使用角色扮演、案例研究或真实情境的观察，并结合视觉呈现的支持信息与程序信息，帮助学生成功完成任务。

• 学习者需要为不同的、全新的任务执行或问题解决方式进行讨论或辩护，作为反思活动的一部分。（Merrill，2009）

• 融会贯通 / 深入探究包括向他人展示新技能、反思新的技能和知识，以及基于新学的知识和技能创造新的想法和项目。（Collins et al.，1991）

任何一种方法都会有一定的局限性。TCI的困难与局限主要在于：设计既提供真实情境的活动，又涵盖所有必要的知识和技能，且匹配学习者的技能水平的适当的学习任务非常困难；激活旧知与辅导反馈需要较为充分的时间，在班额较大的情况下，难以有足够的教与学的时间来完成学习任务；TCI不擅长帮助学生进行记忆学习，涵盖范围更广泛的概念和技能有困难；在合作活动中，很难确保所有学习者都能掌握目标概念和技能。

2. 弗兰卡关于“任务中心学习”与“基于问题的学习”的比较

在另一些文章中，弗兰卡等人采用“任务中心学习”一词表达其观点。任务中心学习模式是以学习任务为中心，要求学习者通过完成一组精心选择的真实任务在特定的领域应用所学（Francom et al.，2013）[33–37]，通过选择和现实生活紧密相关并且具有较高变式的任务来促进知识的迁移（Van Merriënboer et al.，2008）。词汇与定义的变化，反映了从教的视角转向学的视角是大势所趋。

基于问题的学习也是一种以学习者为中心的方式。它以问题为驱动，聚焦于学习体验，学生在自导式解决问题的过程中获取知识。在基于问题的学习中，教师只是充当一个促进者，并不能为了帮助学生获取知识而提供直接的信息或答案，学生必须自我主导信息收集和学习过程。（Barrows，1996）当一项任务完成后，学习者将接受新的任务或问题，但自导学习和小组合作的方式将贯穿始终。

弗兰卡认为，任务中心学习和基于问题的学习表面上非常相似。两者都聚焦基于现实世界的任务或问题，都要求学习者应用知识来完成任务或者解决问题。两者涉及的任务或问题都需要贯穿学习体验始终。但是，两者之间的区别也非常明显。

任务中心学习和基于问题的学习背后的认识论差异导致两者在学习目标和各种方式的应用原理上都迥然不同。任务中心学习的总体目标是支持知识的有效应用和迁移，但基于问题的学习的总体目标是构建学生的问题解决、自导学习、互助合作技能。在基于问题的学习中，要求学习者在问题或任务中自己去发现、评估和应用知识，教师尽可能提供最少的支持和辅导。而在任务中心学习模式中，教师提供精心选择的任务序列，并且只向新手学习者提供帮助，然后逐渐撤除这种支持。在基于问题的学习模式中，小组合作是经历学习和问题解决的关键步骤。而在任务中心学习中，是否组织小组学习取决于任务的本质和复杂程度。（Francom et al.，2013）[33–37]

面对基于问题的学习等多种教学模式，弗兰卡认为影响教学设计决策的关键问题，在于如何确保完成真实情境任务和给学习者提供充足的支持两者之间效率的平衡。（Francom，2017）尽管大家认同基于问题的学习有利于知识的建构，并为学生提供有意义和针对性的学习经验（Jonassen，2011），但其学习效率不高，学生难以迅速达成知识与技能目标（Reigeluth，2012）。任务中心学习处在认知心理学的信息加工理论和建构主义之间的实用主义中间地带，一方面主张教师可以运用增加学习效能的方式来向学生提供知识，另一方面又认为学生必须解决复杂的问题来达到建构知识的目的。

（五）任务学习的丰富变式

弗兰卡的分析有助于我们理解不同实践形态背后的理念差别。在学习科学研究中，常将基于问题的学习（problem-based learning，简称 pbl）、基于项目的学习（project-based learning，简称 PBL）与基于设计的学习（design-based learning，简称 DBL）并列作为探究性学习方式来推广。（哈蒙德，2010）

这些探究性学习方式的前身与基础，可以追溯到克伯屈（W. H. Kilpatrick）的设计教学法与布鲁纳的发现教学法（discovery learning）。发现教学法是一种基于探究式学习和建构主义理论的教学方法。教师向学习者提出问题，引导学习者学习、搜集有关文献资料，学习者通过自己体验，最终发现概念、原理等知识。自我发现的实践能够促使学习者更好地运用所获得的信息来解决问题。（Bruner，1961）

按照通常的定义，pbl 是让学生围绕真实的、结构不良的问题，主动学习相关知识，进行有针对性的、实践性的、旨在解决问题的学习。（Torp 等，2004）[21] PBL 是以真实而有意义的制品（artifacts/products）的开发，驱动学生主动发现问题并协作确定解决问题的方案，经历仿效专家（科学家、数学家、作家、工程师等）所从事工作的学习活动。（赵楠 等，2019）DBL 是指学生基于项目探究的方法，在完成设计型挑战性任务的情境下，学习科学知识和技能的路径。（Kolodner，2002）这些体现建构主义思想的典型学习方式，是主动学习的代表，它们都较为注重学习的情境性、问题与任务的开放性、解决路径的多样性，以及知识学习的迁移性与应用取向。

pbl 的内核是探究模式，其依凭的是科学思维，学习者在寻求问题解决的过程中，获取知识，探寻原理与规律，完成学习者“需要知道”的任务。其中的问题可能被加工过，与真实生活有一定的距离，以诊断问题、设计问题、战略问题、决策问题等形式出现。这些可能是良构问题，或是介于良构与劣构之间的半良构问题。它较多出现在单一学科的教学活动中。

PBL 与 DBL 的内核都是产品模式，学生面对真实而且劣构的问题，主要依凭工程思维或设计思维来解决问题。PBL 更加注重专业实践情境的模拟，映射学科和跨学科的核心概念和原理，为学生提供真实应用知识与技能的机会；而 DBL 与创客学习有些接近，它指向创造新事物，围绕制品的功能、标准和结构等，进行旨在迭代发展的反思探究活动。（曹东云 等，2017）虽然 PBL 侧重于知识在新情境中的应用与创新，而 DBL 重在寻找适合当前特定情况的解决方法，但它们都关注学习者在迭代反思中的创造性思维的发展。所以实践中，DBL 常被作为 PBL 的“子集”或“变式”。

在 pbl、PBL 和 DBL 渐为人们所接受时，大家已经自然而然地从“教”的话语方式转换为“学”的话语方式。它们与其他相似的学习方式一样，都以真实任务为学习进展的主要承载，甚至是驱动因素。因而，从教学实践的角度，我们将这些都归为“任务学习”的丰富变式。这与本研究对学习任务的界定相符。

三、聚焦任务的教学设计模式的启示

通过对典型的教学设计模式进行分析，我们有两个认识：一是学习任务的设计已成为教学设计的聚焦点；二是在聚焦任务的探索中，教学设计越来越突出“学习中心”。在这些教学设计模式的综合讨论中，我们有以下启示。

（一）聚焦任务有何意义

20 世纪 80 年代以前，教学设计的主流方式是以具体的教学目标来统筹教学设计过程，先对综合的内容和任务进行分析，将其分解到能够用教学行为目标加以描述，再依据每一个具体教学目标的性质选择相应的教学方法。这种目标驱动的“原子论方法”的教学设计思路延续了很多年。

聚焦任务的教学设计的出现，是教学设计研究的重要发展。从以学科目标为中心来构思教学过程，到以落实学习目标的任务为中心来构思教学过程，教学设计理念已悄悄前进了一步，从学科本位的教学设计向学生本位的教学设计靠近了一步。正如安德森的有效教学模型所主张的“任务统筹教学”“学习先于讲解”一样，任务就好像是一个“宿主”，将学习内容（相关知能）寄存在完整任务中，成为落实学习的重要介质。以任务为中心，有助于克服零散的知识技能教学所可能导致的知识、技能与态度的分割化、碎片化的问题，不再局限于孤立的教学目标的达成，而是基于整合的学习目标，形成一定的目标结构。

尽管学习目标的背后较多的仍然是学科目标，但将学科目标与学习者结合，并从学习者成长的角度考虑后，教学活动的性质已悄然发生改变。

（二）聚焦什么样的任务

在这些教学设计模式中，都强调应选择真实的、完整的任务，来驱动学生的学习，促进有意义学习的发生；认为在学习开始时，应完整呈现与告知目标任务；提到“直面学生差异”，注意任务与学生水平相适配；关注完整任务是若干子任务的有机组合，重视子任务序列对有效学习的影响。这些认识揭示了学习任务的特征，成为后继学习设计的原则。

如果我们进一步穿透任务的特征看问题的话，聚焦任务的学习的另一面是还原真实性学习。让学生以真实世界的问题为载体，通过多样化的实践共同体的参与，在解决实践问题的过程中获得相关知识。（项洋洋，2018）放眼未来，聚焦任务也许是学习设计发展的一个重要阶段。

（三）如何理解任务并透视学习的机制

“任务”一词很通俗，有许多相近的词语，如作业、问题、项目、活动、课程等，各有侧重的意义，都与任务有似是而非的交集与关联。安德森的公式“任务 = 布置的作业 + 特定的目的”，一目了然地揭示了作业功能可能是解决作业有效性问题的重要研究视角。梅里尔将任务分为基于问题与基于主题两大类型。范梅里恩伯尔的任务的外延比较宽，案例、问题与项目都包含其中。而弗兰卡却坚持他的纯粹。在现代学习中，任务的外延有所扩大。任务可能是我们运筹学习活动的一个视角。

梅里尔关于完整任务的主张与我们试图将课内外学习任务融合设计的想法是一致的，预学任务、随堂任务和课后任务既是任务序列中的一部分，又从不同功能的侧面推动学习（将在第五章中讨论）。梅里尔在波纹环状教学设计模式中，约定了任务的体例，一个完整的任务应包括给定的任务、目标与解决方案三部分。而安德森则从任务的目的性出发，将完整学习活动中的任务分成供学习的、用来评估诊断的、用以强化练习的三类，简明地表达了他对学习机制的理解。

不同的教学设计理论所指向的学习活动并不相同。安德森的有效教学模型主要针对以课时为单位的课堂学习，不过他特意提到“整合课时安排”，希望老师们重视 PBL，增加长程学习任务。首要教学原理（包括弗兰卡的任务中心教学模式）也是立足于课堂教学改进，不过梅里尔后来发展的波纹环状教学设计模式可以作为课程设计的指导。综合学习设计模式更多地反映了如何进行课程学习或项目化学习的设计方法与步骤，意在培养学生的复杂认知能力，这与近来越来越受关注的形式丰富的 PBL 共同成为学习设计的新重点（将在第六章中讨论）。

（四）教师如何运用任务指导学习

任何教学设计理论，包括正在构建的学习设计理论，都不能回避关于教师教导行为的设计。教师如何运用任务指导学习也是这些教学设计模式的研究要点。

首要教学原理以学习的条件的口吻提出五个要素。完整任务自然是第一条件，激活旧知、示证新知、应用新知和融会贯通是有时序的其他重要条件，构成基本的学习结构、指导和支持。在建构主义已成为主导理论的背景下，梅里尔仍在探索“授受主义和建构主义融为一体”的理论。他对直导教学的坚持应该有他自己的道理。他也有“从扶到放”的策略考虑。

不过，范梅里恩伯尔的综合学习设计模式则关注学生的“自导学习（self-directed learning）方式”，鼓励学生自己发现学习机会，规划自身的学习任务，并且监控和评估自身的学习表现。（范梅里恩伯尔 等，2012）[226] 综合学习设计的四大元素可以分别转换表达为四方面的教师指导策略：注重任务驱动、重视领域思维、及时具体指导、部分专项操练。特别是将解决问题的具体指导（程序信息）与领域思维方法的指导（支持信息）区分开来，分别施策的建议，将在很大程度上激活实践。

不同于首要教学原理与综合学习设计模式采用从环节到模式的结构化表达方式，安德森采用相对平实的原则加建议的方式，阐述他关于常态课设计与实施的要点。首先是聚焦学习任务的设计，以八项原则帮助教师理解任务，提高教师运用任务的意识。而后从学习目标、学习单元、课时结构、课堂环境、课堂组织与管理、师生交流、学生在听课与作业中的投入等角度提出若干提高教师效能的建议，指导教师改进教导行为。这样的围绕一条主线（任务），再辅之以系列建议（教导行为）的研究思路与本研究的构思十分相近。

安德森的有效教学模型已在很多方面注重体现学生立场，从“学”的角度思考“教”的方法。如将课堂中司空见惯的“讲解—活动”顺序调整为“活动—讲解”，就是我们在探索的“先学后教”；主张开展通识性的学习指导，帮助学生形成有效学习策略，包括如何规划、过程管理、进度监测、自我评估等；承认学生多样性，强调平等主义规范，充分参与以及彼此尊重所有课堂参与者。（安德森 等，2018）[5-16] 因而，安德森的理论框架可以视作聚焦任务的学习设计的海外母版。

教学设计研究，已越来越重视关于学习的研究。但现实中，在教师们经验式的教学设计（备课）中注重的往往只是“教”的设计。因为忽略了“学”的设计，或者没有基于“学”来考虑“教”，影响了教学活动的有效性。正是现实中的教学设计与应然的教学设计的差距，促使我们尝试用“学习设计”的新定义来矫正教师的行为。这就是本研究的意义。

第三章

聚焦任务的学习设计

学习任务是学习的支架与组织推进工具；学习目标是任务的方向说明，同时也是学习意义的体现；学习资源是任务的具体承载，呈现学习内容与要求。学生往往是依着资源，循着任务（问题）而奔向目标。

学习设计是教师基于学生立场，指向学习目标，设计学习任务，并对教师的支持性行为与促进性行为进行构思的过程。它是教师的一种专业实践。如何帮助教师从原来的备课习惯转向基于学生立场的新的备课范式将是一个循序渐进的过程。

一、课堂学习活动设计的基本要素

学习设计所要解决的是如何利用和创设学习条件，帮助学习者达成学习目标的问题。这些条件与学习目标共同构成学习设计的基本要素。因为这是定义不完善（ill-defined）的问题，可能有多种解决方案或解决路径，因而要求设计者基于一般的法则，综合具体情境的特点，探究说明达成目标或引起有效变化的方法与途径。（罗伦德，1997）学习设计的成果应是一个关于学习活动动态发展进程的解决方案。

先从一个课例来解析学习活动的基本要素。

案例 3.1

德国史

——“资源 + 支架”的简明设计

在美国高中考察时，我曾看到过一节历史课。在前面的半小时，就是教师和学生一起看电影，后面只剩十多分钟是师生的讨论。当时，我们很诧异，就这样看看电影也算上课?

学生观看的这部经过剪辑的纪录片记述的是从 1945 年第二次世界大战结束到 1989 年“柏林墙”倒塌期间发生在德国或与德国有关的重要事件。学生在看电影的同时，还被要求在三张纸上做记录，偶尔教师会穿插一个问题，或是一点解释，学生也会简单地讨论几句。

我坐在一位男生的边上，对他们的记录纸有些感兴趣。借过来一看，我明白了教师的意图。

第一张纸是让学生开放性地记录电影中的事件以及主要信息，何时何地发生了什么，何时何人做了什么。第二张纸是让学生将第一张纸记录的在德国发生的事件，按时间顺序整理到一个时间轴上，发生在联邦德国与民主德国的各项事件分列在时间轴的上方与下方，同时再将当时美国、苏联、英国等国对德外交政策的变化发展也整理到这张时间表上，以梳理其中的逻辑与线索。第三张纸上印有若干政治家的演讲词，在每段演讲词后教师设问：这是谁的演讲？何时发表的？他为什么这样说？这一演讲的意义是什么？……

在整堂课的大部分时间里，学生边看电影，边记录思考。在余下的十多分钟，先是学生展示说明第二张纸的整理，然后大家一起讨论第二张纸与第三张纸上的任务。

在课堂上，没有听到教师的娓娓相授，没有看到师生精彩跌宕的追问与对话，有的只是他们默默地观看、记录、整理和间或讨论。教师的课堂言语所占的时间可能 10% 都未必有，但学生的学习是怎么发生的呢？教师该怎样支持与促进学生的有效学习呢？其实，教师的功夫不全在课堂上，而是在课前的构思与准备。

这位历史老师并没有把具体的历史事件作为核心的学习目标，而更在意经历观看、记录、思考、整理的过程将对学生的历史观与方法论的影响。他的课前准备主要有两方面：一是他提供的学习资源——纪录片视频资料，供学生“阅读”；二是他所设计的三张记录纸上的不同类型的任务，成为课堂学习的支架，成为促使学生从一般意义的阅读走向学习意义的阅读的关键设计。学习目标、学习资源、学习任务是学习设计的核心要素，也是我们在第一章中提到的课堂学习活动的简明设计的三大要素。

从这一课例看，高明的教师往往以核心的、简明的学习设计，来促成本质意义的学习的发生。三张记录纸上的不同类型的任务，让学生分别经历了记录性的学习、整理性的学习以及基于理解的综合表达。是任务承载着问题，驱动思考的发生，让学习发生在课桌上。

将这一课例与案例 1.1“蒸发”一课进行比较，两节课有着惊人的相似之处。两课都围绕简明的任务而展开学习，而每一项任务又都蕴含着不同类型的、有意义的思考。它们共同体现了从“言语对话为中心”向“任务实践为中心”的转变，这一从关注“教”向关注“学”的转移，是当前课堂教学改革的实质所在。如要分析两课的区别，“蒸发”一课的任务属于预学任务，它支持的是学生课前的核心思考；而“德国史”一课的任务属于随堂任务，它承载的是学生在课堂上的多样的、独立的思考。应该说，这两节相距千里的课，体现的却是同样的教学理念，这说明我们今天的努力并不孤独，这是世界教育改革的共同方向。

进一步赏析“德国史”这一课例，第一张纸的记录任务是铺垫，第二张纸的整理任务是促成学生思考的关键。教师巧妙地设计了时间顺序与不同国家立场两个维度，让学生将第一张纸上的一条条记录，整理为第二张纸上的一个个坐标点，其间学生所经历的“时空观念”的思考，也是我国高中历史课程要培养的学生核心素养之一。

在这个课例中，作为观察者的我们，首先看到的是作为“学习资源”的电影，然后发现学生课桌上的三张“学习任务”记录纸。随着教学流程的进展，特别是到了第二张纸的学习任务时，我们恍然体会到本课精心设计的深层次的“学习目标”。这便是课堂学习活动的策划——教师根据学习目标，选择或制作学习资源，为学生设计预学任务与随堂任务。这是外延最小的“学习设计”，指的是如何形成促成学习者思考的基础设计。

以下从学习目标、学习资源和学习任务三方面来分析课堂学习活动设计的基本要素。

（一）学习目标

以往的教案中，常会看到“使学生……”“培养学生……”“提高学生……”等表述，因为教师在备课中不由自主地站在自己的立场来思考与表达。如何从“教学目标”到“学习目标”，如何帮助学生明确学习目标是学习设计的要领。

1. 学习目标的取向

我国传统教学论在认知领域的目标包括掌握知识、形成技能、发展能力（智力）三方面。21 世纪以来，教育目标被界定为包括知识与技能、过程与方法、情感态度与价值观的“三维目标”。2016 年，中国学生发展核心素养体系正式发布。它从文化基础、自主发展、社会参与三方面界定了学生应该具备的人文底蕴、科学精神、学会学习、健康生活、责任担当、实践创新六大素养。教学活动的目标的内涵有了很大的发展。《义务教育课程方案（2022 年版）》更是明确提出“坚持素养导向”，要“准确把握课程要培养的学生核心素养，明确教学内容和教学活动的素养要求，培养学生正确价值观、必备品格和关键能力，设定教学目标，改革教学过程和教学方法，把立德树人根本任务落实到具体教育教学活动中”。

尽管教学活动目标的内涵在丰富，但“必须始终把培养和发展学生学习能力当作教学的重要目标”（王永，2012）。余文森教授认为,“能力”应是“剩下来的东西”、“带得走的东西”和“可再生的东西”。他将学习能力分为所有学科都通用的阅读能力、思考能力和表达能力，支持课堂教学活动的三个基本环节；认为只有经过阅读、思考、表达这三个环节的学习，知识获得过程才能同时成为一个能力发展的过程，从而真正实现能力导向的课堂有效教学。（余文森，2018）[21–28]

李松林（2012）认为，课堂教学改革需要教师重新认识知识与能力以及二者的相互关系。课堂教学对学生能力的关注点应从通用的学习能力深入到学科能力及其内核，扭转以往知识学习重记忆、轻理解的倾向，启发知识与能力相沟通的新的知识观。

与“哲学取向的教学论”将知识与能力分别界定进行讨论不同，“科学取向的教学论”将知识与能力视为整体。依据修订后的布卢姆教育目标分类，认知目标分为四类知识（事实性知识、概念性知识、程序性知识与元认知知识）和六级水平（记忆、理解、运用、分析、评价和创造）；采用广义的知识概念来解释学生的能力，没有关于能力目标的单独分析。（安德森 等，2008）

从“双基”“三维目标”到“核心素养”，课程教学目标的表述的变化，体现了教育活动逐渐从“知识本位”转向“素养本位”的趋向。教学的重心真正从学科转向学生，从原先以灌输、训练为主要方式的“以知识点为核心”的教学，转变为基于真实情境、指向思维品质的素养导向的教学。

钟启泉（2016）教授认为，落实核心素养的关键在于学生运用知识技能、解决现实课题所必需的思考力、判断力与表达力及其人格品性。学生主要是在自己的思维活动中发展自己的思维品质，而不是以听教师讲思维知识或自己阅读思维学书籍为主要路径。如案例 3.1“德国史”一课指向体现历史学科本质的“时空观念”，但教师不是以概念传达的方式来促成学习，而是让学生真切经历思维过程，继而体会、理解和形成“时空观念”。

学习目标取向的深化反映了对课堂教学价值的认识。叶澜（1997）教授强调课堂教学应体现促进学生全面发展与生命成长的价值，将一般教学价值观落实在学科教学活动中，要求教师在教学设计时认真分析本学科对于学生而言的独特的发展价值，在常态的课堂里关注学科教学的多重育人价值。

2. 分析与确定学习目标

学习目标的取向是对教学活动的方向的指引，落实到具体课堂上，学习目标是课程标准的具体化。它具有方向属性与水平属性，既是对教学活动方向的指引，同时又表示对学生将达到的学业水平的期待。

在教学活动的学习设计中，应指向核心知识与具有良好结构的知识，学习目标须简明准确。分析与确定学习目标时，需要以对照课程标准、分析学习内容、把握学情为基础。

案例 3.2

“一次函数的图象”学习目标的确定[1]

（一）对照课程标准

课程标准对一次函数的内容要求：（1）结合具体情境体会一次函数的意义，能根据已知条件确定一次函数的表达式；（2）会利用待定系数法确定一次函数的表达式；（3）能画出一次函数的图象，根据图象和表达式 $y=kx+b$（$k \neq 0$）探索并理解 $k>0$ 和 $k<0$ 时图象的变化情况；（4）理解正比例函数；（5）体会一次函数与二元一次方程的关系；（6）能用一次函数解决简单的实际问题。

（二）分析学习内容

“一次函数的图象”一课是画函数图象的起始课，既是常量与变量、认识函数、一次函数的延展，又是研究一次函数的性质、学习反比例函数、学习二次函数图象

---

① 案例引自：褚水林 . 初中数学导学式思维课堂实践指南［M］. 杭州：浙江教育出版社，2018：25-27. 有改动。

与性质的重要基础。学生在经历动手画一次函数图象的过程中，将体验学习函数图象的重要性，理解一次函数图象是如何反映自变量与函数之间的关系的，并知道利用图象解决问题的策略，在解决问题的过程中体验数形结合思想与函数思想。

（三）把握学情

学习一次函数图象之前，学生已经学习了函数的三种表示方式，知道图象法是其中之一，对利用图象表示变量之间的关系已有所认识，并能从图象中获取相关的信息；学生对一次函数的概念已有初步认识，但对其图象并不清楚，对怎样画函数图象缺乏实际操作经验。所以学习画函数图象是本节课的重点。教学的重点应该在于突破函数与图象的对应关系。

（四）确定课时学习目标

（1）借助实际情境，学生能用自己的语言表达函数图象的概念；

（2）学生经历“描点法”画一次函数图象的过程，能用“描点法”画函数图象，并获得画函数图象的经验；

（3）学生通过画图、观察、分析、归纳得出一次函数图象的特征，探索 k、b 等符号与一次函数图象位置的关系；

（4）学生会求一次函数的图象与坐标轴的交点，能用“两点法”画一次函数的图象；

（5）学生在一次函数图象学习过程中，体验数形结合思想和函数思想，体会函数图象的重要性，感受一次函数图象的简洁美。

案例 3.2 呈现了一节数学课的学习目标的拟制过程。课时学习目标是指学生通过学习活动预期达到的结果或标准，须明确、具体地表述学生完成该课时学习后能够做什么，即行为目标。因此，第一步是对照课程标准，明确课程标准关于本节学习内容的具体要求。第二步是分析学习内容，理解教材编写意图，分析知识间的逻辑联系，挖掘核心学习内容所蕴含的数学思想方法与学习价值。第三步是把握学情，联系教学进度分析学生相关知识基础，并做学习诊断的设想。在这样扎实的三个步骤的基础上，教师站在学生的角度，阐明学生会做什么、能做什么、能做到什么程度，以及达成这些目标的基本方式。

在确定学习目标时，还应有学习目标的长程设计与层次设计。（吴亚萍 等，2011）155-157

关注长程设计要求教师在重视课时具体学习目标时，还要注重一些未必能在本课时落实的，但却十分重要的思想方法或大概念的积累思考，以及对于学生成长有价值的潜移默化的学习目标。如案例 3.2 中的数形结合思想，以及对自变量及因变量的因果关系思考。

关注层次设计要求我们在分析与确定学习目标时，还要考虑学习者群体的差异，考虑学习者个体的发展空间。譬如，学习目标与教学目标应是一致的。教学目标所关注的是作为群体的学习者，而学习目标突出学习者个体，要在“预设—生成”关系中把握学习目标的底线。因为通常预期的学习目标，应是教学的最低要求，而非教学结果的全部。真正的教学结果应是预设的目标加上生成的目标。（崔允漷，2009）学习设计所关注的主要是预期的目标，守住底线，再考虑发生在不同个体上的可能的生成的目标。

3. 关注学生学习起点

分析与确定学习目标还要关注学生的学习起点。维果茨基的最近发展区理论对于如何把握学习起点和学习目标有指导意义。（张丰 等，2021）

维果茨基认为，学生在学习过程中有两个发展水平。一种是当前发展水平，指学生通过自己的独立活动能达到的解决问题的水平；另一种是学生的潜在发展水平，即学生不能独立完成任务，但经过学生间的交流或教师的指导帮助后能够达到的水平。这两个水平之间的空间则为最近发展区。（见图 3.1）

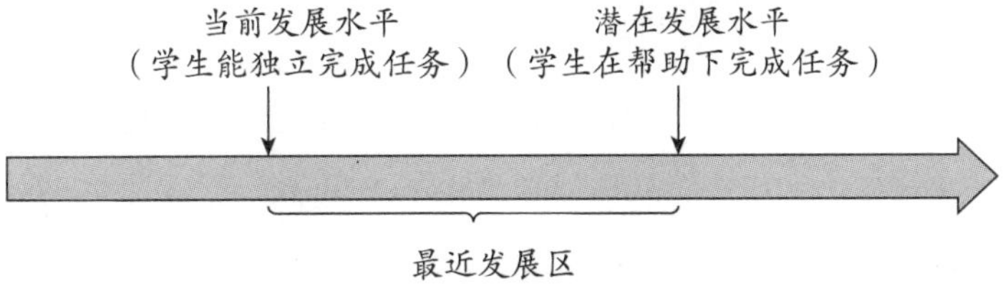

图 3.1 “最近发展区”示意图

潜在发展水平应是课堂学习活动的结果目标，最近发展区反映的是学习过程的进步空间。当前发展水平不只是学习基础与学习经验，而是指学生独立完成任务的水平。这不应是教师对学习起点的简单估计，而是教师基于对学情的分析与教材的研究，在教学过程中安排学生独立完成先行学习任务（预学任务）；然后，通过学生完成预学任务的情况，分析学生独立预学所能达到的水平与差异情况，了解学生真实的当前发展水平。（见图 3.2）

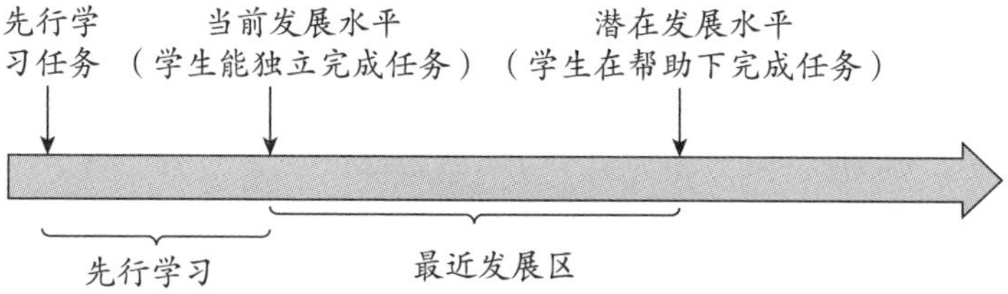

图 3.2　先行学习与“最近发展区”

由此可见，预学任务是学习设计的关键之一。它可以视作教师对学生学习的第一步引导。当然，除了学生自主状态下的先行学习外，还有在同学互助下的合作学习，本质上也属于学生自主实施的学习活动。两者相近且互为关联。

重视“先行学习”所倡导的是：学生自己能够学的，就让学生自己学；学生自己能够解决的问题，就让学生自己解决；当学生在学习中暴露出问题或碰到困难时，再寻求同学或老师的帮助。因为教师教会的“会”与学生自己学会的“会”是两个不同性质的“会”，也是两个不同水平的“会”。

当然，上述的“会”可能还只是具体知识、具体学习内容的“会”，而学习的本质，那个真正的“会”应该是学会如何学习的“会”。因此，学习设计还应以“促进学生学会学习”作为核心目标。

之所以强调以学生独立完成任务的水平为学习起点，重视先行学习与预学任务，以“还学于生”，是因为这正是“学习中心”课堂的特征，是由其核心学习目标所决定的。这既是情意上的鼓励，又是方法上的锻炼。

以上分别从教育功能（学习目标的取向）、课程内容（分析与确定学习目标）、学生学情（关注学生学习起点）三方面讨论了从教学目标到学习目标的转化。不过，只有学生理解学习目标，并能感知学习目标的达成，学习目标才能深达学生学习层面，促进学生有效学习。学习者不仅要知道“我要学什么、要做到什么”，更要建立学习认同感。（曾文婕，2018）明白为什么要学习，才能让表层的认知学习，深入为知其源又知其去的“活”的学习。

（二）学习资源

学习资源是基础的学习的条件，它指的是教师提供给学生的学习材料。相对于很多教师在课堂上大量投放习题，以求学生熟能生巧，我们主张教师在课堂上提供真实的学习资源供学生阅读，让学生在阅读中发现、梳理与思考。供学生自学的材料可以来源于教材，但又不是教材内容的简单复制。教师须充分利用教材，以教材中的例题或文本引导先行学习；也可以在教材梳理的基础上，进行多角度的反思，创编“学材”，设计更有启发性的学习任务。

从学习资源的介质看，最传统、最朴素的学习资源就是纸质的教材；而后有了作业本、教辅书、学具、音像资料等；随着信息技术的发展，许多纸质的、物化的学习资源迭代升级为视频资源，出现“微课”（mini course）；随着互联网的出现，学习资源的形式与来源更加丰富，数字化学习资源不胜枚举，其引入学习的机制也更为开放；近年来，学习空间也被视为一类特殊学习资源，包括实验室、专业功能教室以及学习场馆、学习区角等物理学习空间，以及基于网络的虚拟学习空间。它们成为支持学生学习的丰富多彩的载体。

在学习设计中，学习资源是承载学习内容的直观的载体，可供学生阅读预学。好的学习资源往往潜藏着教师对学习活动的引导，所以也称“导学材料”。这种导学功能通常通过任务来实现。所以，嵌入引导学生思考的任务的学习资源相当常见。

1. 教材——最常见的导学材料

教材是依照课程标准而编制的、最权威的学习资源，是最常见的导学材料。在我国，教材相对简明精练，学生人手一册，不少学生通过自主阅读教材实现学习。而在美国等一些国家，教材很厚，容量很大，只配备在学科教室中，更像是基础的学习资源。

如何让教材有更好的导学功能？20世纪80年代就有变“教材”为“学材”

的探索。中科院心理所卢仲衡主持“中学数学自觉指导教学法实验”时，上海教育学院项目组曾按照人民教育出版社的《初级中学数学课本·代数》编写了《初级中学数学自学课本（试用本）·代数》，“应用心理学与教育学原理对每一个基础知识做了小步子和及时反馈的引导性处理，突出基础知识的发现过程和知识结构。在课本形式上创用了‘看’与‘做’相结合的新方式，促使学生自学时动脑、动手，发现知识，完成感知、顿悟和推理的认识过程”①。这是我国教材学习化设计的较早案例，当时的学习任务设计很有特点，注重学习者立场，注重自学任务与课堂任务的配合。

2. 导学案——第二代的导学材料

教师在进行学习设计时，在用好教材的同时，还会引入丰富多彩的课外学习资料，来扩大学生视野，帮助学生理解。但在引入资料时，应服务于核心学习内容，并简明精练地呈现。

案例 3.3

光合作用的发现

——基于阅读材料的探究思考

古希腊学者亚里士多德认为植物体是由“土壤汁”构成的，植物生长发育所需的物质完全来自土壤。

【实验 1】17 世纪上半叶，比利时医生海尔蒙特设计了一个巧妙的实验：他把一棵称过重的柳树种植在一桶事先称好重量的土壤中，然后只用雨水浇灌而不供给任何其他物质。5 年后，他发现这棵柳树的重量竟是刚栽种时的 33.8 倍，而土壤的重量只减少了 62.2 克。因此，他认为构成植物体的物质来自水，而土壤只供给极少量的物质。

【思考 1】你认为绿色植物生长发育所需的物质来自哪里？________________

海尔蒙特实验的结论是：________________

【实验 2】1771 年英国化学家普利斯特利用实验证明绿色植物从空气中吸收养

① 材料引自上海教育学院 1985 年编写的《初级中学数学自学课本（试用本）·代数》（第二册）第 3 页。

分。同时，他还证明植物能“净化”因燃烧或动物呼吸而变得污浊的空气，使空气变好。这就是人们后来知道的植物在光合作用中释放氧气的缘故。然而他却把这种现象归因于植物缓慢的生长过程，而没有认识到光在此过程中的重要作用。

【思考 2】普利斯特利实验的结论是：________________

猜想：普利斯特利没能从光合作用消耗二氧化碳释放出氧气的角度解释植物“净化”空气的原因，可能是________________

【实验 3】1864 年德国科学家萨克斯做过这样的实验：把绿叶放在暗处数小时，消耗叶片中部分营养物质，然后把叶片的一部分暴露在光下，另一部分遮光。经过一段时间后，用碘蒸气处理叶片，结果遮光的部分叶片无颜色变化，而照光的部分叶片呈深蓝色。科学家们已经证实，只有淀粉遇碘呈现蓝色，淀粉燃烧时能够生成二氧化碳和水，因而它是一种有机物。萨克斯的实验使人们认识到，绿色植物在光下不仅能够释放氧气，而且能够合成淀粉等物质，供给植物生长发育等生命活动所用。

【思考 3】萨克斯在实验前先将绿叶进行数小时“暗处理”的目的是：________

萨克斯实验的结论是：________________

案例 3.3 是一篇由三个科学家实验故事组成的学习材料，其中还设计了对应的三个思考任务，让学生通过阅读有关光合作用的发现史，体验知识的形成过程，初步了解科学家探究光合作用的基本方法，领悟科学家的思维方式。

这样的支持推动学生课堂思考的补充材料就是一例导学案。它是以材料为主体、任务为“点睛”的，主要支持阅读思考的导学材料。阅读思考是独立学习的常见形式，也是最传统的学习方式。但在现实中，许多应该阅读的时候，却被教师讲解与作业训练替代了。训练性学习资源替代思考性学习资源，使许多教师对“未理解就熟练”见多不怪。这也是实际教学中的导学案设计典型问题。

导学案的出现与成熟是有价值的。它强调从“备教”转向“备学”，是教师为支持学生自主学习而研制的，包含学习任务的学习资源。它使从“学”的角度来设计课堂教学有了操作化的形式。不过，要正确处理导学案与教材的关系。导学案是教材的学习化设计，是从有利于学习活动的角度，对教材的丰富与发展。如果没有更好的学习设计，就没有必要重新编制导学案。不过，因为教材较为浓缩与简洁，因而从学与教的角度看，专家设计的课程与教师实践的课程还是存在一定的差距，还有较大的补充空间。

不过，导学案与教材一样，也是静态呈现的纸质材料，不够生动形象，其在帮助学生理解方面有一定的局限。随着媒体技术的发展，导学材料进一步迭代升级，开始出现视频形式的导学材料。

3. 学习视频与微课——第三代的导学材料

从媒体呈现看，视频形式的学习资源的出现是一大进步。如案例 3.1 中的德国史电影就像是一本有声的书。虽然它只是视频资料原始素材的剪辑，并没有学习性的加工，但给学生提供了充分的、形象的、连贯的视听信息，有助于激发更全面、更深刻的学习。很快地，为学习目的而专门制作的视频出现了，这就是“微课”的源起。

随着运用微课的成功范式“翻转课堂”（flipped class）的出现，教学模式发生了颠覆性变化。原来我们课上学习知识，课后巩固练习。而在翻转课堂中，教师让学生课前先基于视频自学知识，课堂上组织操作与讨论，解决自学中的遗留问题，实现知识内化，以让学生课后能展开更高层次的探究。

基于对学习者注意力的特点的研究，人们建议学习视频的合理时长在 10 分钟左右。这类教学目标明确、内容短小聚焦、具有教学功能的微课通常用作学生课前预学的自主学习资源，有时也用作课后补偿学习。它能够形象生动地呈现知识形成的过程，更好地体现多种介质的学习资源的组织，带来了全新的课程教学资源的组织方式。

与其他教育技术应用模式一样，微课的发展升级较为迅速，以直接传递教学信息为主的第一代微课，很快就向鼓励学生通过自主参与主动探究活动，以自主建构知识的第二代微课发展。（孙卫华，2006）

4. 真实实践活动——另类的导学材料

在学习设计中，纸质的或数学化的学习资源主要供学生阅读，通过视觉阅读促进思考与学习。但我们认为增加真实的实验实践活动，让学生经历与体验，也是一种称为“具身学习”的“阅读”，一种另类的导学实践。

在强化学科实践的素养导向学习时代，实践先行的学习将会越来越多地出现。将实践视作一种导向可能是具有前瞻性的。面对真实实践问题的思考是一种学习，阅读中的思考也是一种学习，它们在社会科学与自然科学的学习中都自然存在。实验是一种自然科学的实践，也是需要纳入学习设计视野的课题。

在导学案、微课以及导学实践中，都已将学习任务的设计结合其中，“学习任务”是本研究的核心词汇。

（三）学习任务

面对学习资源，人们并不一定就处于学习状态。如何促使一般的阅读，变成有学习意义的阅读，变成基于阅读的思考？学习任务设计是其中的关键。

1. 设计有思考意义的问题

学习任务的核心在于问题的设计。一是要围绕核心内容设计问题，二是问题须与学习对象的经验和认知特点相适切。问题一般是学生日常生活中面临的或是在此前学习中迫切希望解决的矛盾焦点。它最好能涵盖重难点，体现某单元或某节课内容的根本关联，同时又源于学生的雏形问题，与学生的原有经验密切联系。某个内容的学习常可以一个问题一以贯之，伴随知识获得过程的始终。问题的设计要照顾到不同能力水平的学生，可把先学任务分层，也可以设计一些有思维含量的开放型、思辨型、创新型问题，让所有学生都有话可讲。

前文已对案例 1.1 与案例 3.1 中的学习任务做了细致分析。学习任务是一种问题指向型的学习活动。它是决定学生学习能否真实发生的重要条件。如在案例 3.3 的学习材料中，教师在每一个实验后设计了若干思考性的问题。阅读科学史也是学习科学的一种方法。通过这些学习任务设计，教师引导学生阅读有关光合作用的发现史，步步思考，了解科学家探究光合作用的基本方法，从而接受科学方法的训练。

2. 以应用性任务激发学生先行学习的动机

有效学习必须基于积极的学习愿望。学习任务的设计必须重视学生学习动机的激发。不仅要利用外在的评价机制激励学生投入学习，还必须重视挖掘知识的内在魅力来激活学生，以有一定的开放度与层次性的学习任务，让学生充分暴露自己的思维，激发更大的学习潜力。

在学习设计中，资源是学习的条件，任务是学习的承载与驱动。两者关系非常紧密，偶尔也会区分困难。但学习资源所承载的主要是知识与信息，而学习任务所承载的常常是问题。在一堂课中，教师重在传达学习资源中的知识与信息，而将学习任务作为配合的手段。这样的课堂属于“目标驱动的内容模式”，任务只是学习活动的一种载体。而在另一类课堂中，教师让学生带着任务去学习，以解决问题、完成任务的愿望驱使学生去阅读材料、去经历探索。这样的课堂属于“任务驱动的过程模式”，学习任务成为学习活动中的驱动性因素。两类课堂关于学习的假设并不相同。

表 3.1 根据申克关于学习机制的简明分析框架（申克，2012）[21]，对行为主义、认知主义和建构主义三大学习理论所主张的学习过程进行了分析。行为主义理论重视习惯，注重以重复性的任务来强化刺激；认知主义理论重视记忆，注重以联系性的思考形成编码促进记忆；建构主义理论重视理解，注重以应用性的任务促进迁移与解决问题。基于不同学习假设，学习任务的设计思路是不同的。从学习活动的驱动机制看课堂是一个重要的视角。

表 3.1　三大学习理论关于学习机制的观点的比较

关键问题	行为主义学习理论	认知主义学习理论	建构主义学习理论
学习的定义	学习即增强反应（response strengthening），学习是一个刺激与一个反应之间的联系的增强或削弱	学习即获得知识（knowledge acquisition），学习是增加学习者记忆中的知识输入量的过程	学习即知识建构（knowledge construction），学习是学习者主动建构自身心理表征，并由此做出推断的过程
学习是怎样发生的	学习是刺激下的反应，以及这种关系的强化与维持	学习是知识获取的心理过程，是信息的接收、组织、贮存和提取的过程	学习是依据经验创造意义的过程，是将来自真实世界的经验输入后形成个人独特理解的过程
记忆起什么作用	重视习惯，忽视记忆；将遗忘归因为长时间缺少反应的缘故	将学习视作编码，以一种有组织、有意义的方式把知识贮存在记忆中；遗忘是因为干扰或丢失联系	强调理解甚于记忆；学习的重点不在于提取完整无缺的知识，而是面向真实情境组织原有知识去解决问题

续表

关键问题	行为主义学习理论	认知主义学习理论	建构主义学习理论
迁移是如何发生的	迁移取决于情境之间的相同元素或相似特征（刺激）	明确知识与运用知识的条件，以及应用的规则，并记忆储存下来	学习者参与到一个有意义的具体情境中，面对真实任务，就能实现迁移

3. 以简明的引导语明确目标

在学习任务设计中，应包含教学流程设计。它是教师运用学习任务与学习资源组织学生学习活动的时间程序，是学习任务的必要备注。学生须明确领会学习目标，方能有效自学与思考。要让学生理会要求，以正确的方式卷入，需要在学习任务呈现时，重视引导语的设计，以简明清晰的引导语，让学生明确该任务的目标及与其相联系的知识，引导学生依据学习目标进行自主探究。学习资源应精练，学习任务应简明，两者之间应良好配合。要避免资源（材料）与任务意图模糊，篇幅冗长，防止专业思考被费解的阅读所替代，防止充分深入的思考被追求覆盖面的操练所替代。

在课堂学习活动中，学习任务的分析视角是丰富的。如从学生完成任务的时间看，可以分成预学任务与随堂任务；从参与任务的学生人数看，可以分成独立任务与合作任务；从学习任务的功能看，可以分成理解性的任务、操练性的任务等。不同的分类有多样的交集。如课前先行学习环节的预学任务应该是理解性的任务，并以独立任务为主；而课中的随堂任务中，独立任务与合作任务并存，理解性的任务、操练性的任务穿插结合在一起。

评价学习任务设计的质量，在没有科学性问题的前提下，一要看是否有思考意义，体现学科价值；二要看是否与学习目标相匹配；三要看是否有助于激发学生的主动学习；四要看难度是否适切，并能通过变式适应学生个体差异；五要看是否符合学习方式多样化的总的趋势。

课堂学习活动设计的关键是要抓住学习目标、学习资源与学习任务这三个要点，通过“资源＋支架”的核心设计，实现教学设计立场的转变。其中的核心在于学习任务的设计，学习任务是学习的支架与组织推进工具；学习目标是任务的方向说明，同时也是学习意义的体现；学习资源是任务的具体承载，呈现学习内容与要求。学生往往是依着资源，循着任务（问题）而奔向目标。这一设计模型反映了学习者个体的学习过程，只是对学习者与学习指导者缺乏考虑。

二、课堂教学过程设计：关注学习者与学习指导者

任何活动都是人的活动。学习活动不能忽略学习者的主体地位，不能忽略学习者的学习动机与学业基础等的影响，也不能忽略学习者所处的群体的影响。

从学习者个体的学习活动设计到基于学习社群的课堂教学过程的设计，必须关注作为学习者的学生与作为学习指导者的教师。在课堂学习活动设计的基础上，加上第一章所构建的教师行为模型所描述的教师的三类行为——学习组织、学习指导与学习评价，便可以构成课堂教学过程设计的模型。

（一）学习者与学习社群

在学习设计中，学习者的学习进展可以视为“因变量”，而学习者的学习动机、学习品质、学业基础可以视为“自变量”。教师既要考虑学习者个体的状态，又要考虑学习者群体的因素，还要研究如何通过组织将学习者群体从简单的“人的集合”转化为另一种促进学习的方法与条件。

1. 学习者

对于学习设计来说，学习者是需要研究与尊重的学习主体。学习者的学业基础与心理条件对学习过程有一定的影响。但学习者又是一个比较稳定的因素，一般的学习活动难以在短期内让其发生变化。所以，学习者是学习设计时的考虑因素，而非设计的要点。

在申克关于学习机制的分析框架中，特别关注学习者的动机在学习过程中所起的作用，以及哪些学习过程涉及自我调节能力。（申克，2012）[21] 动机反映的是学生的学习意愿，是支持学生投入学习的动力；自我调节反映的是学习监控的意识与能力，是学生个体调适自己的学习参与以及主导学习活动的尝试。这两点是学习者心理条件中，对学习过程有较强能动作用的因素，也是通过教育干预可能发生变化的因素，因而在学习设计中参考较多。

根据申克的分析框架，对行为主义、认知主义和建构主义三大学习理论所主张的学习过程做比较分析，可以看到不同学习理论关于学习者及环境对于学习的影响的观点是不同的。（见表 3.2）

表 3.2　三大学习理论关于学习者因素的影响的观点的比较

关键问题	行为主义学习理论	认知主义学习理论	建构主义学习理论
哪些因素影响学习	重视环境因素的影响，注重刺激的安排与呈现，以及对强化的反应	承认环境因素的促进作用，在关注讲解、示范等指导行为的同时，关注学习者注意、编码、转换、提取等信息加工技能以及学习者的信念、态度与价值观对学习的影响	学习者与环境是同等重要的；设置一个现实的运用情境以及选择与学习者的生活经验相关的学习任务至关重要
动机起什么作用	动机影响行为发生的频率或概率的提高	动机有助于提高关注度，影响信息的处理方式	学习是学习者主动建构的过程；动机对于学习进展起决定作用
哪些过程涉及自我调节	忽略学习者的自我调节	关注学习者的注意力、学习策略、对学习意义的认识、自我效能感等，并特别重视学生的选择权	学生主导的学习过程要求学习者自我调节自始至终

行为主义理论重视环境的作用，忽略学习者自我调节的影响，认为动机对学习的影响只在行为发生的频率或概率（梅耶，2016）[22-23]；认知主义理论承认环境因素的促进作用，关注指导行为的同时，关注学习者的认知技能、学习品质与兴趣等，认为动机不仅会影响学生对学习内容的关注度，还会影响学习方式（埃特默 等，2006）；建构主义理论认为学习者与环境同等重要，强调学习者对学习过程的自始至终的把握，并认为动机对学习进展起决定作用（申克，2012）[21-24]。从这个渐变趋势看，人们越来越重视学习者的能动作用，将激发学习者动机与提高自我调节能力作为学习设计的要点。

教学活动须因材施教。因此，学习设计还应重视学情诊断，充分了解学习者的学业基础，准确确定学习目标，科学把握任务难度与梯度，以恰当的要求与过程设计，帮助学生实现力所能及的进步。

在班级授课制的背景下，学习设计难以顾及学习者的个体特征，所以，更多地从类或组的角度把握一群状况相近的学生的群体特征，以体现因材施教的原则。

2. 学习社群（learning community[①]）

不过，学习者并不是彼此孤立的个体，而是存在人际互动的学习社群。如何将学习者所处的人际关系与互动方式也结合到学习活动的策划中，这是学习设计的又一要点。钟启泉（2017）教授则将之纳在更系统的“协同学习”（collaborative learning）的设计中。

在传统课堂中，教学往往就是教师讲、学生听。但真正的课堂应该是基于班级的集体学习，它包括独学（独立思考）、对学（结伴讨论）和群学等形式。群学还可以进一步细分为小组内互动、小组间互动、小组与班级互动、全班互动等。这里从学习社群建设的角度来讨论。

组建学习社群，开展合作学习，首先，要促进学生形成学习伙伴关系，遏制目前学生间“竞争有余，合作不够”的不良文化，建立相互合作、尊重互惠的关系；其次，要建立组织运作机制，采用同质分组或异质分组的思路组织学习小组，形成独学、对学、组学、班级集体学习有序配合的机制；再次，要设计合作学习任务，作为驱动思考讨论的支架，促进不同层次的学生的深度参与；最后，要帮助学生掌握小组社交技能，适应对话分享的学习方式，培育沟通能力。

在这一轮课堂教学改革中，小组合作学习模式较以往更为成熟。实践的发展是以认识的进步为基础的。经历21世纪课程改革十多年的实践，人们对于“主知主义”（intellectualism）的教学认识论的反思（秦洪，2019）越来越清晰，不再将学习只视为个人头脑中的活动，而将实践活动和社会参与都视为重要的学习。合作学习从帮助教师完成课堂任务的辅助性工具中突破出来，逐渐成为学生融入社会的心智发展，培养分享、交往、理解与反思等非认知性能力的重要途径。这一突破使我们进一步认识到学习社群的意义，并将之纳入学习设计的框架。

学习社群其实也是一类学习环境。学习者与伙伴、与师长、与其他社会成员

---

① 该词常被译为“学习共同体”，指学习者和教师共同组成的，以完成共同的学习任务为载体，以促进成员全面成长为目的，通过人际沟通、交流和分享各种学习资源而相互影响、相互促进的学习集体。

一起构成的人际社群是学生不可多得的学习资源。

（二）学习组织者与指导者

教师也是学习活动中不可或缺的能动的元素。在“学习中心”的课堂中，教师的角色发生了变化，要更多地发挥学习组织者与指导者的作用。教师行为模型将教师行为概括为：学习活动设计、学习组织、学习指导和学习评价。这些行为可以进一步概括为支持性行为与促进性行为两大类。

支持性行为指的是教师“以静制动”帮助学生学习的措施。比如，学习任务的设计、学习资源的提供、学习情境的创设、学习社群的组织等。这些行为有的发生在课前，有的发生在现场。有的面向全体，有的面向特定人群。从学习设计的角度，教师预先对于如何组织与支持学习应有充分的准备，并对教学现场的及时调整有相应的策略准备。

促进性行为指的是教师主动施加的学习干预活动。比如，在学生尚不明白时的讲解、在学生说不清楚时的指点、在学生不够完整时的补充、在学生出现错误时的纠正、在学生不着边际时的调控、在学生争论不休时的引导、在学生展示阐述后的评价反馈等，都是维持或促进学生持久深入地学习的原因。当然，教师的促进性行为并非越多越好，而是要恰当及时，到位却不越位，多一些循循善诱的启发，少一些一锤定音式的结论。

有的促进性行为面向集体，有的面向学生个人，特别对于学有困难的学生的帮助，更显教师的智慧。有的促进性行为是预设的，但更多的是现场生成的，它是以学情诊断为基础的针对性指导。通过先学任务发现学生在解决问题时的差异，并将这种差异转化为学习的资源，在后续学习设计中采用差异化的教学策略就是典型的教师的促进性行为。

三、聚焦任务的学习设计的原则

聚焦任务的学习设计，关注学习的发生机制以及学习过程的设计，关注任务所体现的学习方式的特点，关注具体任务在学习中的功能，以及任务设计对于学生素养发展的作用与影响。

要帮助教师关注学习任务设计，基于学生立场来备课，在课堂教学中体现“学习中心”的思想，具体有五条原则。

原则 1：任务设计优先。强调“学习活动设计先于教学过程设计”，先根据学习目标和学生实际，设计学生应经历的学习任务（活动），再考虑教师的课堂组织实施方案。

原则 2：展开理解过程。学习任务的设计应遵循学习发生的机制，以促进理解与有意义学习的问题设计为要点，将学习理解的过程展开来。

原则 3：转变学习方式。关注学习任务所体现的学习方式的特点及其在学习活动中的功能，变被动学习方式为主动学习方式，丰富学生学习经历，促进学习方式多样化。

原则 4：促进自主学习。要克制教师的课堂控制，以学习赋权启发学业责任，促进学生自主学习与自主管理，指向“学会学习”，提升可持续发展能力。

原则 5：端正过程评价。要从长远眼光考量学习活动的有效性，设计以诊断与改进为主要功能的、旨在促进学习的过程性评价，关注学生素养发展。

（一）任务设计优先

学习设计一般反映为教学流程的安排。通常的课堂学习流程包括学生先行学习、师生交互学习、学生后续学习三个环节。以往教师备课习惯从课堂导入的构思开始，认真预设自己如何导入的细节，按照教学行为的进展来备课。虽然这是必要的，但如此备课的实质是“备教”。如果教师在设计课始导入时用时过多，考虑课中如何突破难点的时间就会单薄。教的预设越充分，教师对课堂的控制就越强，于是，处于从属地位的学生的学习就越难以真正落实。

我们认为，“学习活动设计先于教学过程设计”是学习设计的重要原则。先根据学习目标和学生实际，设计学生应经历的学习任务（活动），再考虑教师的课堂组织实施方案。安德森的有效教学模型、梅里尔的首要教学原理和范梅里恩伯尔的综合学习设计模式都将“设计学习任务”“精心选择任务”“形成任务序列”作为教学设计的首要步骤，这与我们的主张是一致的。

在学习设计基本模型中，先进行“课堂学习活动的简明设计”，再进行“课堂教学过程的系统设计”，就依照了“学习活动设计先于教学过程设计”的思路。这一原则明确了学习设计的基本步骤。

教师首先要对学习目标与学习内容有清晰的把握，再根据学生的学习起点设计关键性的学习活动（包括学习资源与学习任务），再构思教师的组织方法与串联艺术。这一任务可能是课前的预学任务（如案例 1.1），也可能是无须课前铺垫的随堂任务（如案例 3.1）。不过，关键性的学习活动常常是前后呼应的，让课前铺垫与课中推进一以贯之，让学生先行学习、师生交互学习、学生后续学习三个环节保持连贯。

任务前置是常见的学习活动设计策略。首先是预学任务的设计。预学任务是指围绕某一课时（单元）的学习目标，供学生提前阅读的材料和提前思考的问题。它形成学习支架，引导学生按照一定的流程进行自学。在这一过程中，学生虽然都是独立学习的个体，但教师已通过学习资源的有序呈现，形成对学生学习的引领与干预，同时了解学情，了解哪些内容学生能够自主解决，又会遇到哪些困难，从而提出切合本班学生且又体现学科本质的问题来组织学生讨论。也正是因为预学任务的先入，让教师能更好地发挥“导学”的作用。

重视任务前置，就会将课堂学习与课后学习视为预学任务的后续学习，学生在先行学习之后所跟进的学习，可以是有针对性的小组讨论、有计划的小组反馈与总结梳理，也可以是学生独立进行的反思性学习。在后续学习设计时，要关注“后”与“续”。“后”就是要对预学任务做出适当的分析，通过学情诊断，找准学生真实的“当前发展水平”。“续”即要能够以“当前发展水平”为学习起点，充分利用完成预学任务时的差异性资源，组织、帮助与指导学生进行再学习。关注后续学习，要求将随堂任务（包括课堂后期的随堂检测）以及课后作业与课堂学习设计合在一起系统考虑。

（二）展开理解过程

学习任务的设计是学习设计的关键。学习是如何发生的？学习过程有哪些特征？何为学习达成的标志？这是学习设计讨论中无法回避的问题。

美国学者威金斯提出“促进理解的教学设计”理论，他将学习过程分成获取信息、核心概念的理解、迁移三类，并提出“理解为先”的教学设计思路。借鉴这一理论来观照现实，当前很多中小学生“有作业却未必在学习”，“未理解就已经熟练”，不少教师习惯于通过强化训练来提高学生关于知识或习题的熟识度，来获取分数。但这并非我们期待的学习。这样的教学方法主要在解决获取信息的学习，而在促进理解方面，显然不够，更谈不上促进迁移。因此，在学习任务设计中，应以促进学生理解与有意义学习为原则，降低旨在获取信息的学习活动的比例。

尽管获得和保存知识也是教育的重要目标，但只有当学习者在理解的基础上内化这些知识时，知识才能真正成为他自己的知识。譬如在案例 1.1“蒸发”一课的预学任务单上，教师并不满足于学生知道“影响液体蒸发快慢的因素有哪些”，而希望学生的知识结论来源于生活实例的思考（哪些方法可以使湿衣服尽快变干？每一种方法中至少有一个影响因素，若干个不同的方法中可能是同一个影响因素）。将理解与思考的过程展开来，让学生从容经历是学习任务设计的关键。“学校应要求学生超越事实性的知识，应变成问题的解决者、创造性的思维者，要能看到正在学习的知识的多重可能性，要学会如何操作自己的知识。”（吕林海 等，2004）[40]

理解性学习（learning for understanding）的兴起，反映了我们对受功利主义学习价值观误导的、机械的、死记硬背的学习的批判。重在记忆的学习关注学习者再现或确认的能力；而理解性学习要求学习者根据已有知识基础对新学习材料进行意义的内化、联系与建构。基于学习发生的机制，将理解性学习的过程展开来，可分为三个环节：促进学习者理解性阅读、促进学习者联系性思考和促进学习者应用性实践。这是学习任务设计的基本思路。

1. 促进学习者理解性阅读

尽管我们一直强调阅读理解的重要性，但是除了语文与英语学科以外，其他学科并没有真正重视阅读与理解的重要性，而直接切入具体练习与试题的方法与技巧。即便是重视阅读理解的语文与英语学科，也更多的是对此类题型的重视，而未对阅读策略与思维方式有充分研究。因此，学生们所经历的阅读，常常是阅读理解题的应答，而非自然思考的看书；主要是文本片段的阅读，而非真实的成册阅读、整体阅读；主要关注的是文学性的阅读，而忽略全科阅读。

理解性阅读是否深入，常需教师设置问题来引导，这便是学习任务的设计。引导阅读思考的问题可以笼统地分为两类，一是“答案在文本中的问题”（指向客观性答案），二是“答案在读者脑子里的问题”（读者需要根据文本信息进行思考）。前者可再分为“答案显现的问题”和“需要读者思考以寻找答案的问题”。后者可再分为“基于文本进行推断的问题”和“要求读者独立判断的问题”。按照引领阅读思考的深浅程度，上述四类问题可以分为四级。从一级到四级依次增加思考难度。（见图 3.3）

- 答案在文本中的问题
  - 答案显现的问题　　一级
  - 需要读者思考以寻找答案的问题　　二级
- 答案在读者脑子里的问题
  - 基于文本进行推断的问题　　三级
  - 要求读者独立判断的问题　　四级

图 3.3　反映阅读思考水平的四类提问（陈晓晶 等，2016a）

（1）答案显现的问题

此类问题通常比较直白，学生们一般能在材料中直接找到答案。如：谁是故事的主人公？故事发生在什么地点？故事中的矛盾是什么，最终是怎样解决的？如果是科学信息文本，问题一般就文本中的概念和步骤来提问，如：什么是光合作用？植物生长需要哪些基本要素？这类问题是材料阅读的信息获取，并不需要学习者反复思考。

（2）需要读者思考以寻找答案的问题

与第一类问题相比，此类问题对学习者的思考有一定要求。虽然答案能在材料中找到，但需要整体阅读材料后，寻找与问题相关的多方面信息，综合给出答案。如：利用文本提供的信息阐述主人公从故事开始到结尾的情绪变化；同样是昆虫，蜻蜓和蝴蝶有什么相同和不同的地方？

（3）基于文本进行推断的问题

此类问题的思维要求更高。学习者无法在材料中直接找到答案，而要根据材料提供的信息，结合原有知识来合理推断答案。如：此寓言的寓意是什么？作者想要传达什么信息？文中的节能理念对于现实生活有何意义，又有哪些弊端？

（4）要求读者独立判断的问题

这类问题要求学习者充分咀嚼与消化学习资源，并进行批判性的思考。学习者无须再到材料中寻找答案，而应凭借已有知识和经历，站在制高点对文本进行理性推断。这最能激发学习者的审辩性思维，也是学习者运用阅读技巧对所学知识的实际应用。如：对文本中出现的主要人物，你最欣赏哪一个，为什么？如果主人公是女性，故事会如何发展？作者运用的隐喻手法对突出主人公的个性有什么效果？此文本给读者留下什么遗憾，你若是作者将会如何改动？

上述引导理解性阅读的四个层次的问题并非严格区分、孤立存在的。很多时候，学习任务设计还要灵活运用、融会贯通。澳大利亚学者弗里博迪（P. Freebody）和卢克（A. Luke）提出四层读写能力模型（four resources models），为读者制定四种必要但不充分的“角色”——文本使用者、文本评论者、密码破解者和意义建构者，以指导读者形成多样的理解思考的路径方法。（Freebody et al., 1990）这四种角色的反推也是任务设计的提示。

理解性阅读的目的是要促使学习者更为深入地进入阅读状态，可以采用关于材料的充分讨论、直接而有目的地教授认知和元认知策略的方式，将阅读视作一种工具，用于促进学科知识和探索的发展。

2. 促进学习者联系性思考

关于“理解”（understanding）的确切界定并不容易，因为它包含多方面的意义。“理解”不同于“知道”（know），也不止于“通晓”（mastery），它是学习者关于学习内容自主进行意义建构的过程，其中包括建立联系、形成图式、掌握核心概念等内部的思维活动，也可能包括用自己的语言来转述、将知识应用到真实情境中、为自己的观点辩护等面向外部世界的表现活动。（威金斯 等，2018）

学习的迁移取决于学习者能否抽象化并发现知识间的联系。理解性阅读的主要任务是学习者以多种视角从外部材料中获得信息；联系性思考的主要任务是学习者结合原有知识基础，梳理知识间的联系，进行内部的意义建构。如学生面对“需要读者思考以寻找答案的问题”与“基于文本进行推断的问题”时，需要以理解性阅读为基础，进行主动的、联系的思考。学生应具备一定的归纳、综合等阅读技巧，以及进一步的逻辑推理能力。这与学习者自身的历练和思维成熟度紧密相连，同时需要教师的耐心和阶梯式的支架提问，以进行循序渐进的牵引。

当学习者运用他所知的内容，从新信息中创生意义，在事实和观点之间建立新的关联时，理解就得到了发展，学习的质量便有了提高，因为其知识变得更加清晰、细化和逻辑化，最终形成关于概念知识的结构化的表征和思考认识问题的心智模式（方法论）。

这一过程是学习者内部的思维加工过程，会因学习者学习品质的差异而出现明显分化。原有知识基础、联系思考的路径与风格、形成图式的习惯等个体的学习品质都需要关注。因此，教师如何通过学习任务设计来帮助学生显得十分必要。

最常见的联系性思考是促进新知与旧知的联系与建构，还有一类是将联系性思考作为内化的思维方式。如在案例 3.1“德国史”一课中，教师设计的第一个任务是视频材料的阅读任务，在观看记录的过程中，理解思考未必深入。但第二个整理任务，要求学生将第一张纸上记录的关于德国发生的事件，按照时间顺序与不同国家立场两个维度整理到“坐标系”中，将原本散乱的信息联系组织起来。在这一环节，教师所提示的两个维度既促使学生形成关于这段历史的整体认识，同时又帮助学生在经历历史思考中逐渐形成“时空观念”。

3. 促进学习者应用性实践

从理解性阅读到联系性思考后，学习者是否就已经理解了呢？

美国哈佛大学教育研究院“理解性学习与教学”（learning and teaching for understanding，简称 LTFU）项目提出“弹性实作”（flexible performance）的理解观。理解一个主题，应能够利用该主题进行有一定灵活性的表现表达活动——解释、证实、推断、联系和以一种超越知识与常规技能的方式进行应用。（吕林海 等，2004）[40–41] 换而言之，学习者理解与否，可以通过应用性实践来表现与证明，而应用性实践本身又是深入理解的进一步过程。

再以“德国史”一课为例，该课的第三个任务是请学生就视频中出现过的三位政治家的演讲进行分析与评述，这就要求学生们对有关背景、当事人的立场等有一定的了解，并以自己的语言来解释该政治家的主张的背后原因，推断或评述他的演讲对时势的影响。这样的思考过程就是学习者的理解的发展，是基于理解的应用性实践。

应用性实践常见的形式：一是以纸笔作业形式来体现学生的理解，如“德国史”一课的分析评述任务，反映学生就此的理解，也可以采用迁移性的任务，看学生在另一情境中能否迁移应用；二是以学科实践来体现学生的理解，通过学生在学科表现性任务中的表现评价学生对具体知识的理解是否深刻；三是以综合性的作品展示反映学生的理解，除了一般的汇报展示外，还可以请学生帮助教师设计板书、设置辩论性任务激发思辨与讨论、完成综合性作品等，鼓励学生在悟化成果或物化成果中更为深入地理解。

虽然理解性阅读、联系性思考和应用性实践的路径与方法并不相同，但它们反映了学习理解的整体过程。当学习者从容经历这样三个过程，实现基本理解后，记忆与熟练方能长久。反观现实中的一些教学活动，教师忽略理解、联系与应用的学习过程，直接在记忆上用力，追求熟能生巧。这种“未理解就熟练”具有相当的欺骗性。从短期看，短时记忆尚可；但从长远看，效果不佳，事倍功半。学习设计须注意克服这一问题。

（三）转变学习方式

在学习活动中，学习任务是一条“明线”，可以看到学生在做什么；而学习方式是一条“暗线”，可以看到学生通过怎样的路径与方式实现学习。学习方式反映的是学习过程的性质。它“不仅仅是学生‘致知’的一种手段，更是人的生活方式和思维方式的深刻体现”（吴永军，2005）。教师要有从学习方式的视角思考教学活动的意识，关注学习任务所体现的学习方式的特点及其在学习活动中的功能，变被动学习方式为主动学习方式，丰富学生学习经历，促进学习方式多样化。

1. 关于学习方式的研究

庞维国（2010）教授对学生学习方式有过系统研究。他从学习活动的组织方式和表现形式入手，基于国内外研究成果整理了 8 种分类：发现学习与接受学习，机械学习与有意义学习，维持性学习与创新性学习，体验式学习与学术学习，情境学习与抽象学习，合作学习与独立学习，自主学习与他主学习，研究性学习、探究性学习与基于问题的学习。这些学习形式在含义上会有交叉；尽管都成对出现，但未必是二元对立的；每种学习形式都有自身的价值，但也有适用条件的限制。所以学习形式并无绝对的“好坏”之分，重要的是它与学习内容、学生特征、学习任务是否匹配。

国内还有很多学者也就学习方式展开过分类讨论。王道俊教授等人用直观分类法将学习方式分为读中学、研中学、做中学、生活中学、交往中学（王道俊等，2005）；陈佑清（2011）教授从学习活动对象的形态及所使用的媒介的维度，提出符号学习、操作学习、交往学习、反思学习、观察学习和实践学习的分类。这些分类讨论呈现了在学习方式上的丰富选择。认识学习方式的多样性，理解学习方式应用时与学习内容及学习者的匹配性，是非常重要的。

美籍华人季清华教授提出“学习方式分类学”（taxonomy of learning modes）的主张。她根据学习者在学习活动中的参与方式与学习活动特点将学生学习分成被动学习、主动学习、建构学习和交互学习等四种。四种学习方式特征不同，但此中体现着演化关系。被动学习方式中学生表现出的是“接受”与“记忆性学习”；主动学习方式中学生表现有“选择”与对学习过程的“操控”，以及在相似的问题或情境中的“应用性学习”；建构学习方式中学生有了“自我理解”和“生成”，以及“迁移性学习”；交互学习方式中学生通过合作学习实现“协同创新”。（盛群力 等，2017）除了交互学习外，被动学习、主动学习与建构学习存在着进阶关系，学生学习步步深入。

2. 如何从学习方式的角度完善学习设计

在关于学习方式的诸多分类中，能看到积极取向的学习方式与消极取向的学习方式的不同，看到基于传统认识论与基于现代认识论的差别。课堂教学改革的实质并不是教学模式由此及彼的变换，而是促进学生学习方式的转变，让学生从被动的学习方式走向主动的学习方式、从重在记忆的学习方式转向重在理解的学习方式、从无视学科特点的学习方式走向体现学科本质的学习方式、从单调划一的学习方式走向丰富多样的学习方式。（张丰，2017）其实践切入点主要有以下几项。

（1）尊重课程性质与学习规律

在当前适应应试要求的过程中，一些课程的学习方式已悄悄背离其本来性质。譬如，属于实验科学范畴的物理、化学和生物课程，却鲜有学生亲身参与的实验。在没有实验体验的情况下，学生接受的科学知识，将很难转化为能力，也无法体现学科的价值。因此，面对不同课程、面对同一课程的不同课型、面对学习目标的不同类型，课堂教学模式应有不同的变式。尊重课程性质与学习规律是课堂教学改革的重要原则。

（2）促进学习方式的多样化

批判一种学习方式，并不意味着放弃这种学习方式。正如人类饮食应均衡丰富一样，学生的学习方式也应兼容并存。听课要听，作业要做，但深度阅读不能少，讨论交流很重要。真实问题的解决、实践体验的学习、“把知道的东西说出来”的展示性学习等“高级学习”，恰是学生成长所必需的路径。要让学生们从单一的学习方式中超越出来，从习惯性的应答思维中超越出来，更多地经历阐述的学习、问题解决的学习。只有这样，学生才有创造力，才有可能实现学以致用。

（3）研究学习方式的适用性

转变学习方式，并不是对具体方法的否定，而是对其适用条件的澄清。倡导自主、合作、探究的学习方式，改变过于单一、单调的“教师讲—学生听”的课堂，并不意味着讲授教学就一定无效，也不意味着教师不能讲授。如果讲授教学能够唤起学生主动学习的热情，能够引人入胜并激励学生在接受与讲授后，仍愿意主动探究，那么这种讲授是必要的，因为它实现了“接受学习”与“探究学习”之间的转换。（高慎英 等，2005）

讲授教学对于简单的知识识记还是有效的，但对于复杂内容以及需要经验基础的问题，就会流于浅层。变听中学、记中学为做中学、悟中学，帮助学生完成知识学习的基础体验与表现实践后，在学生发现自己存在学不会的方法、悟不透的道理，进入一种求而弗得的愤悱状态时，讲授才能变为回应式的点拨，实现启发式教学的意义。（吴刚平，2018）[17] 所以，学习方式的转变必然联系到教学方法的转变。转变似是一个摒弃或切换的过程，但其实是基于对各种学习方式的适用条件的澄清，再按照学习任务选择适配的学习方式。

（4）研究学习方式的个体适应性

转变学习方式，还要研究学生个体的认知特点，以适应学生的个体差异。许多学业困难生，并不完全是学习能力与学习愿望造成的，有的可能是因为学习方式的适应困难。譬如，男生喜好在实践操作中学习，女生适应听讲接受中的学习。今天的学校，常常用教女生的方法教男生，导致一些男生的学习劣势。同样，有自学能力的学业优秀生，需要在一定的空间与资源中的自主学习。但很多教师提供的却是拔高难度、加大密度、全程控制的课堂，以为这样对学生帮助更大，但却抑制了学生的自主学习能力，错失了学生优秀的机会。卢仲衡教授认为学生的学习心理品质可分为敏捷而踏实、敏捷而不踏实、不敏捷而踏实、不敏捷而不踏实四种（李晖，2016），对于不同类型的学生的教学指导方法与学习方式应有所差异。

（四）促进自主学习

“教”是为了“不教”是我们熟知的教学原则。但对于“教学”与“自学”，人们很容易简单地对立起来看。“如果学习的愿望、方向、内容、节奏，事实上是由教师引导、启发的，即使教师不在场，也依然是‘教学’，或是课堂教学的前伸，或是课堂教学的后延，抑或是教师魅力和影响力的体现，总之，不是‘自学’。”（郭华，2018）

区别学生是处于“自学”状态，还是“教学”状态，不可以教师是否在场为依据，但也不能以有无教师的帮助与影响为“边界”，而要看学习活动是否是学生自主实施的，看学生对于学习的元认知是否被启发出来。

对于学生能够自主学习，教师大可不必“失落”，反过来应该“骄傲”。学生的自主学习不是对“教”的否定，不是对教师的“嫌弃”或“拒绝”，而是学生成长的突破。我们期待学生能尽早进入这样的学习状态，那是学生自主实施的，独立的，有效能、讲策略且具有创新意义的学习。

落实具体学习内容的教学任务是学习设计的直接目的，而促进学生自主学习是学习设计的潜在目的。在学习任务的设计与教导行为的设计中，都将是否有利于学生自主学习并“学会学习”作为指引与衡量的原则。

1. 关于“自主学习”

教育实践中的自主学习包含两层含义：一是学生主动学习，有自觉意愿的学习；二是学生自能学习，基于较好学习能力与自我管理能力的学习。正如福建师范大学余文森（2012）教授所说："自主学习是一种主动、自愿和自发的学习，它是一种内在的过程，即基于兴趣和情感的学习，或是基于责任和义务的学习。"西南大学靳玉乐（2005）教授认为，自主学习也称自我调节的学习，是学习主体在学习目标、过程和效果等诸方面进行自我规划、自我管理、自我调节、自我检测、自我评价和自我反馈的主动建构过程。这一定义强调学生在自主学习中的自我管理的意义。

关于"自主学习"的多样界定可以概括为广义与狭义两类说法。狭义的"自主学习"指的是独立学习或个体学习，是与合作学习、探究学习相并列的学习方式，指的是学生根据学习任务，自己选择学习方法、监控学习过程、评价学习结果的学习。广义的"自主学习"，是与他主学习相对应的，与接受式（以教师讲解为主）、模仿式（以教师示范为主）的被动学习不同。它是学习者在总体教学目标的指引下，在教师指导下，根据自身条件和需要自由主动地选择学习目标、学习内容、学习方式，并通过自我调控完成具体学习目标的学习方式；它既包含一般的独立学习和小组合作学习，同时又包含独立探究和小组合作探究的学习方式。它强调基于自觉意愿和自我调节的学习。

只有以自主学习实践为基础，学生才能达到"学会学习"的境界，提升学习力，形成可持续发展。自主学习，不管是作为一种学习方式，还是作为一种学习状态，其中决定性的是学生的自主学习能力，它包含学习策略水平、学业责任心与自我管理能力等。霍弗（B. K. Hofer）等学者对学生自主学习不理想问题做过归因研究。他们认为，策略性知识（strategic knowledge）、关于认知任务的知识（knowledge about cognitive tasks）和自我的知识（self-knowledge）等的欠缺是主要原因。策略性知识包括问题解决的步骤和方法、对学习的计划、监控和评价、记忆与复述的策略、学习材料的组织和精加工等体现学习决策的方法；关于认知任务的知识是指对学习任务难易度的评估、根据不同任务灵活选择学习策略等；自我的知识是指学生对于自己的优势与劣势的认识、选择适合自己的学习策略等。他们将学习策略作为自主学习能力的基础，将学习者根据对任务与自我的评估而进行适切选择作为自主学习的重要部分。（Hofer et al., 1998）该研究对学生自主学习能力的解构很有启发意义。

2. 如何在学习设计中促进自主学习

如何将“促进自主学习”这一目的融入学习设计的过程与方法中，将“学会学习”渗透于学习的全过程？在学习设计中促进自主学习的要点主要有以下几项。

（1）通过学习赋权启发学业责任

要真正赋予学生学习的权利，引导学生从被动学习走向主动学习，真正成为学习活动的主体。可采用第一人称来阐述学习任务，暗示诱导学生从“要我学”到“我要学”。要调整教师行为，着力“让教于学”，以学习赋权启发学业责任。教师的主导作用主要在于教师对学习活动的预见、策划、组织与指挥，在于教师对课程的整体把握。

（2）以扶放有度为原则渗透学习指导

要在任务设计中渗透自学方法的辅导，扶放结合地帮助学生自学。如数学学科自学陈述性文本时，一想（看课题想一想要研究什么问题、可能会如何研究、涉及哪些已有知识经验等）、二画（画出重点）、三注（对文本做出自己的解释说明）、四问（提出自己的疑问或进一步研究的问题）；自学问题性文本时，一做（独立做一做，然后看文本中的解答）、二画（画出解题关键）、三注（推测文本作者的思路形成过程）、四问（提出自己的疑问或进一步研究的问题或其他的解题方法）；并在课堂教学中围绕问题反馈自学成果，鼓励学生提出创见性的问题。这样的学习坚持一段时间，便逐渐实现由“扶”到“放”的转化。

（3）帮助学生建立关于学习内容的整体认识

有效的学习是整体的、连贯的学习。在学习资源及任务的设计时，要注意前后知识点的衔接与联系，以有利于学生就学习内容建立整体认识。近年来兴起的单元学习设计就是强调从单元整体目标来设计学习任务，防止将知识体系拆解入课时，以离散的目标教学取代整体的领悟（将在第五章第五节的“单元作业”中展开讨论）。另一种整体认识是关注不同阶段就同一知识点学习的螺旋式进步。案例 1.1“蒸发”一课的预学任务从小学学习的回忆开始，让学生回忆原来对蒸发的了解，从而为新课做铺垫。

（4）鼓励积极反思以启发学生的自我认知

促进学生自主学习，必须提高学生的自学能力与元认知水平。霍弗等人的研究已揭示了学生策略性知识、关于认知任务的知识和自我的知识对学生自主学习能力的影响。在学习任务设计中，要引导学生开展相对深入的反思，包括对于学习任务与自我的分析，让学生逐渐积累关于学习的知识。如在学习任务单中设置反思区或右手栏，提示学生定期进行自我评价与分析；提供 K-W-L 表等认知工具，启发学生就学习策略做反思讨论；将制订学习计划与自我管理等任务渗透在日常学习中，早经历，多鼓励，促进方法变成习惯。

衡量学习任务、学习资源以及教导行为的设计，要看其是否有利于激发学生的主动学习，形成积极的学习动机，是否有助于学生开展有效的自主学习，进而实现“学会学习”。从学生的角度对学习设计的考量，意在促进学生长远发展。提升学生的自主学习能力是学习设计的重要目标。

（五）端正过程评价

作为完整的学习活动，还应包括过程性评价。它更重要的意义不是评判，而是促进，是保证学习活动不“偏航”的重要元素。过程性评价并不是新增的学习要素，而是包含在学习任务中的功能。在学习任务设计时，就要考虑如何以正确的评价引导学习。

如果评价关注事实知识的记忆，学生的学习就容易偏重记忆，忽略理解；如果评价关注特殊情景的技巧，学生的学习就可能忽略基础，追求个例的记忆；如果评价只采用纸笔形式，学生的学习就会忽略应用与实践，容易陷入“题海训练”；如果评价特别重视短周期测验的横向比较，学生就可能放弃许多着眼长远的学习方式。

我们常以著名的“学习金字塔”模型来讨论学生的学习方式。该模型比较分析了听讲、阅读、声音 / 图片、示范 / 演示、小组讨论、做中学、马上应用 / 教别人等多种学习方式的学习结果两周之后的驻留率。在这样的延时评价中，不同学习方式的学习结果的有效驻留率差别很大，团队学习、主动学习和参与式学习的效果明显占优，而学生采用最多的听中学却是诸多学习方式中最短效的。但如果特别重视短周期的测验的话，“听”这种短效的学习方式的学习结果可能会更好。吴刚平教授直接概括，听中学和记中学短期高效、中期低效、长期无效，做中学和悟中学短期低效、中期有效、长期高效。（吴刚平，2018）[18]

所以说，短周期测验的“障目”，使一些学生将学习简单等同为记忆。在学习活动的评价设计时，一定要从长远眼光考量学习活动的有效性，端正过程性评价的定位与功能。

教育留给学生的绝不是那些片断的知识与技巧，而是能够为其所用的联系的知识、运用知识去解决问题的方法，以及在亲身实践中成长起来的社会认知与世界观。“素养立意”的课堂期待“素养立意”的评价。如何设计以诊断与改进为主要功能的、旨在促进学习的课堂评价，将在第四章第四节中展开讨论。

图 3.4 所列的原则明确了学习活动设计的要领。“原则 1：任务设计优先”是学习设计的核心原则，它规定了学习设计的基本步骤。学习活动（课时或单元）通常包含若干学习任务，要注重学习活动的整体设计，具体的任务可以视为整体任务的子任务。“原则 2：展开理解过程”所提示的就是学习活动具体进程或环节的设计，它是从学习活动的整体来指引如何进行学习任务的序列化。“原则 3：转变学习方式”是从学习活动的类型来指导学习设计过程，因为在不同的学习方式中，教师的参与方式和对学习活动的控制是不同的，教师的学习组织与学习指导与之关联紧密。“原则 4：促进自主学习”强调学习活动的潜在目的是促进学生学会学习，培养学生自主学习的能力，培育自主学习的状态。“原则 5：端正过程评价”是要求学习指导者注重对学习活动的进展的正确把控，以正确的过程性评价促进学生有效、有意义的学习。

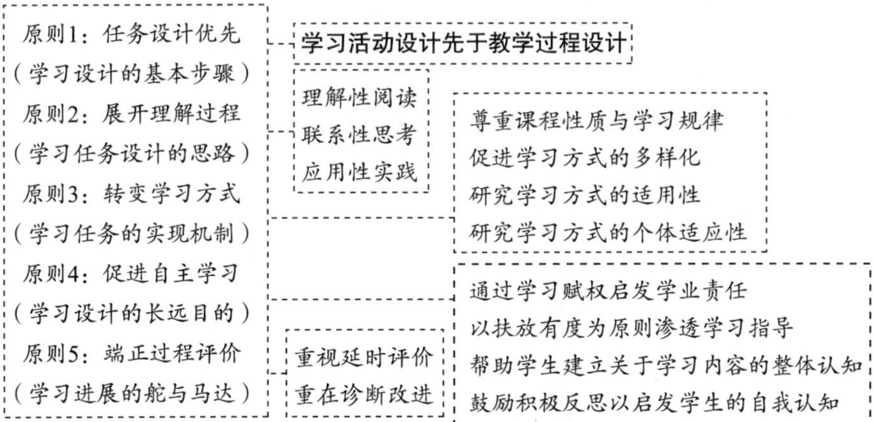

图 3.4　学习设计的基本原则

四、透过课堂模式看学习设计

明确学习设计的要素和原则后，要“组装”设计成一堂课，还须考虑课堂教学模式及学习驱动机制。这是课堂教学理念所支持的对学与教的方式（学教方式）的确定。教师在选择教学方法、策略、技术时应基于学科性质、学习内容的特点和学生学习方式的策划，先确定学什么、如何学，再考虑如何帮助学。

课堂教学模式注重反映课堂教学活动的程序结构。它便于教师简明地模仿，但我们更应该透过程序结构，看到其后的实践要素与学习取向，以促成更为本质和灵动的学习，从而使课堂教学改革从“模式推进”走向“要素推进”。

“学习中心”课堂教学改革实践中，最初出现的课堂教学模式可以归为“基于预学的合作学习”，其学习驱动主要指向学习目标，较为注重关于学习内容的获得或理解的结果。不过课堂教学模式也是发展的，后来兴起的“问题驱动的探究学习”也较好地体现了“学习中心”的思想，其学习驱动主要是问题探究或问题解决，更注重学生在探究解决问题的过程中的收获与体验。

“基于预学的合作学习”与“问题驱动的探究学习”可以视为“学习中心”课堂的两种基本模式。它们只是较为典型的组合，但相互之间的区别并不是绝对的、僵化的，它们之间也存在着丰富多样的学教方式。在比较分析两者相似与相异的过程中，会打开教学改革的思路，形成学教方式多元化的框架，为学习设计提供启示。

（一）基于预学的合作学习——目标驱动的内容模式

在课堂教学改革初期，“基于导学案的小组合作学习”是较被推崇、广为推广的课堂教学模式，其中的核心要素是独立预学、讨论学习、展示学习，小组合作是其课堂组织机制。我们提取其核心特征，将之归为“基于预学的合作学习”。学生们在导学案的引导下，就导学材料进行自主阅读与思考，展开团队分享与讨论。这是典型的突出自主学习与合作学习的新课堂模式。

在这一模式中，课堂驱动的主线是学习目标统领下的学习内容，课堂活动中学习内容的呈现相对直接，因而它可以归属于“目标驱动的内容模式”。它以目标为学习设计的基础与核心，根据学习目标，安排关于学习内容的初认、理解、应用等学习活动。其在目标与内容的把握上，与以往教学活动较为接近，教师相对容易理解和掌握。

案例 3.4

“基于预学的合作学习”教学模式[①]

（一）课前自学——培养自学能力

教师提前一天下发导学案，学生根据导学案进行自学，并完成上面的练习，第二天早上交给任课老师，经教师批改后于课前下发。各小组学科组长交替检查，根据完成情况对各小组进行打分，并将分数公布在黑板上的“课堂评价表”中。

【意义】学生不再等待教师的灌输，不再将记忆教师给予的现成结论作为重点，而是通过自主阅读、独立思考形成自己的知识理解。阅读的习惯、独立思考的习惯、发现问题的习惯等的养成，远比知识本身更重要。

同时，教师根据学生完成导学案的情况进行了第一次学情调查，了解哪些问题学生通过自学已经会了、哪些问题学生需要相互讨论才能解决、哪些问题需要教师的讲解才能明白。然后，教师再自己进行二次备课，对原先的教学预设进行相应的补充、调整，真正实现以学定教。

（二）小展示——让每个孩子在每堂课上都能发言

课前各学科组长根据能力大小给每个组员分配任务。上课伊始，全体组员站立起来，围成一个圈，依次展示自己分配到的问题，如有不同答案就进行全组讨论。小组讨论还不能解决的问题由学科组长将题序填在黑板上的“课堂评价表”中。此时，教师的任务是深入各个小组，主要是监督（打分）、答疑、发现亮点、分配下一步大展示任务。

【意义】许多学生，特别是学习能力相对较弱的学生，在传统的课堂下很少甚

---

① 案例由浙江省湖州市原安吉县昆铜中学校长谢昱圣提供，当时的提法是“基于导学案的小组合作学习”，有改动。

至没有发言的机会，而在这个环节，每个学生都有了发言的机会。传统课堂好比“普快”，教师一个火车头带全班 50 多个“车厢”（学生），许多学生在学习中遇到的问题，教师无法及时了解、帮助，问题积累遂成“差生”。新型的课堂模式好比“动车”，小组长就是每节车厢的“分动力”，在小展示中每个学生的困惑都可能得到同伴及时的帮助。

同时，教师完成第二次学情调查——根据各组的小展示情况和“课堂评价表”上的问题反馈情况，教师将问题进行分类处理。第一类是各小组存在的不同的问题，可通过交叉分配给各个小组进行全班的大展示。第二类是几乎所有小组都无法解决的共性问题，这往往是本节课的难点。教师立即调整教学方案，对这些问题做一定的铺垫、启发、提醒，让问题呈现一定的梯度，让学生循序渐进。这里又一次体现了以学定教的原则。

（三）大展示——突破学习难点

根据教师的分工，各小组依次派代表上台进行展示，可以通过朗读、讲解、板书、表演等形式进行。其他小组的学生进行点评、补充、质疑、辩论。教师的任务是激励、引导（深度、方向、节奏）、评价、适时点拨和讲解。

【意义】孩子是天生的学习者，只要有一个孩子会的，老师一律不讲，让每个孩子通过思考、讨论、争辩、感悟最后得出结论，在经历知识探究的过程中掌握方法、加深印象，激发学习动机。值得一提的是，每个上台展示的学生都会得到一定的分数，而基础越弱的学生得到的分数越高。为了使小组得分最大化，大展示前，几乎所有小组都在辅导本组相对落后的同学，直到把他教会，才放心地目送他上台展示。在同伴的帮助下自信展示，为小组争得荣誉时，学生在突破中发现了自己的价值。

（四）课堂小结——不是教师教了多少，而是学生学会了多少

通过课前自学、课堂交流，学生将自己的收获进行小结，并构建出知识框架。教师让之前得分最少的小组进行展示，其他小组补充。

【意义】传统课堂下的课堂小结一般是教师以板书或课件的形式小结本节课所讲述的内容，学生的任务是誊抄并背诵那些条条框框，至于学生是否真正掌握这些内容并无把握。而这里的小结是由学生来完成的，每个学生通过几分钟的冥想后将自己的收获写在导学案上，这既是对本次学习的回顾和梳理，又是学情最真实的反映。教师只要在小组间来回巡视一番，便知道学生学得如何，我们预设的教学目标完成的情况如何。

（五）当堂训练——我想知道这堂课是否有效

小结之后学生独立完成导学案上的巩固练习。针对不同层次的学生，题目也分成 A、B、C 三类不同的难度。题目必须围绕基础知识、基本技能，必须让绝大部分学生能当堂完成、当堂核对。

【意义】学以致用、趁热打铁是巩固所学知识的最好方法之一。让学生及时通过针对性训练，巩固所学、加深理解、提升能力、查漏补缺无疑是有效的。同时，教师完成了第三次学情调查，根据学生练习的正确率高低及错误集中点进行课后反思，并针对学生存在的问题设置补充训练，再对导学案进行修改、完善，以便下次使用。

（六）汇总记录

在学生进行当堂训练时，教师利用“课堂评价表”进行各小组各项得分的汇总，并当堂表扬优胜小组及个人。学科课代表在课后将分数记录在“每日评价表”中。

【意义】以往的学业评价重视终结性的考试结果，缺乏对学生学习过程的关注。其对学生学习的影响往往是滞后的，甚至是消极的。而这种伴随着学生整个学习过程的评价，对学生一点一滴的进步进行肯定，鼓励其坚持不懈，对其每点不足也能进行及时的校正和帮助，让其步入正轨，真正体现了“以评价促进发展”的理念。

案例 3.4 所呈现的是课堂教学改革初期的课堂模式的代表。这些自发的、基于经验的探索颇为相近，其背后隐藏着朴素的学与教的道理，也反映了在课堂教学改革问题上的一些共识。

一是学生自己学会的比教师教会的更重要。教师坚持让学生先学，再进行小组交流讨论，然后再在班级展示中介入指导。貌似教师不作为，但却充分地“让教于学”，鼓励学生的自主学习、独立学习。

二是合作学习是学生解决问题的主要方式。通过学习流程的设计，将学习过程同时变成问题的筛选过程。通过独立自学、组内成员互助解决基础性问题，遗留问题通过组间的展示交流来解决，教师通过追问来推进学习、引导思考的方向。其最大的意义是有充足的时间让中下游学生的疑惑得到及时解决，而不是在前概念模糊的情况下被迫进行新概念的学习。

三是教师在课堂中最重要的任务不是讲课，而是组织学习。教师教学行为的关键在于如何组织学生的独立学习与合作学习，以及如何基于学生的充分学习进行生成性指导。由此反映了“学习中心”课堂中教师定位与作用的转变。

四是教师对学生如影随形的过程性评价，是促进学生形成良好习惯和健康人际关系的重要手段。教师在课堂的每个环节都要对学生个体及小组的表现进行量化评价。随着课改的深入，评价本身也得到了不断丰富和深化：从对学习结果科学性的评价到对展示交流中仪态风度的评价，从对个体表现优劣的结果性评价到对小组合作深度的过程性评价，从对问题解决的效度的评价到对质疑、创新的水平的评价。

这些认识与观念是这一轮课堂教学改革的基础。可贵的是，教师们将这些观念与方法系统集成为一个具有较好操作性的教学模式，既体现了学教活动的程序结构，也反映了在教学设计上的方式选择——基于“学”的立场来策划“教”。这一模式将“以学为主”的教学理念转化为有效教学行为，为课堂教学改革的常态开展提供了可参照、可仿效的样本。

不过，在这一模式的课堂中，学生的预学、小展示与大展示，还有课堂训练都围绕着知识目标而进行，学习内容是推动课堂进展的主要线索。虽然教师已经在课堂上努力地“让教于学”，但还予学生的常常还是关于具体知识的基础识记和操练，高层次的思维并没有被普遍激活。因而，有一些教师批评这类课堂的应试倾向。但这类课堂毕竟扭转了学教关系，“还学于生”，作为一个历史阶段的现象，其积极意义不可低估。

这类学习模式与前述的“学习资源 + 学习任务”的学习设计模型较为吻合。不过，它也是发展的。随着学习活动的日渐开放，基于网络学习环境的线上线下混合式学习，以及 2020 年以来广泛展开的在线教学都可以视为这一模式的发展变式。其学习资源可能是在线课程，或是更为开放的网络学习资源，学习任务的呈现已嵌入其中。

在在线学习中，能实现个性化、差异化、选择性的学习，学生能根据自己的进度自主学习，系统可以记录和跟踪学生的学习轨迹，准确判断学生的学情，有效展开即时型反馈、交互型课堂交流。再结合线下学习的讨论交流、解惑释疑，能较好地实现差异化学习与针对性指导。

（二）问题驱动的探究学习——任务驱动的过程模式

在“基于预学的合作学习”中，充分体现了阅读、思考与表达等一般学习活动，它对于解决“知道与否”的学习是常见和有效的，但对于“为什么”的学习相对有困难。“问题驱动的探究学习”是又一类“学习中心”的课堂模式。其核心学习方式是探究性的思考，由问题解决过程驱动学习进程。通常情况下，由教师创设情境，用预设的问题引导学生步步深入，我们称此为问题导学。也有让学生基于实践体验，发现问题并通过研究逐步解决问题的做中学。在学习过程中，学生或经历探究的局部，或经历探究的全过程，教师在学生探究过程中的支持程度可以有一定差别。

在这一模式中，课堂驱动的主线是指向学习目标的问题（任务）。教师通过设计核心问题，引导学生在思考、讨论并解决问题的过程中，实现对所学知识的理解和应用，同时进一步形成关于问题探究的方法的思考。因而它可以归属于“任务驱动的过程模式”。这是将学习内容寄放在基于情境的问题中，将能力目标与知识目标更为紧密地结合在一起，在重视学习目标的同时，更在意学习过程的学习设计模式。它更加接近学科实际，教师比较熟悉，但对教师专业素养要求较高。

案例 3.5

“问题驱动的探究学习”教学模式[①]

探究是科学的本质特征。如何让学生经历与科学家相似的探究过程？就是要

① 案例引自：朱德江，魏林明．“学为中心”课堂转型实践指南［M］．杭州：浙江教育出版社，2014：50-53. 有改动。

以科学问题为中心，以探究学习为问题解决方式，并完成科学知识的建构。

（一）形成问题

通常的做法是教师围绕学习目标创设恰当的情境，以“你观察到了什么”“为什么你关注这些”“你想到了什么”“你会产生哪些问题”等语言引导学生自己去观察、发现并提出可探究的科学问题。

在很多情况下，还需将核心问题分解成有结构层次且内在统一的序列问题，如“指南针为什么能指方向”这一核心问题可分解为“指南针能指南北与它的材料性质有关吗”“它的材料有哪些性质”“这些性质能解释其指南北的原因吗”“是谁在给指南针这种磁性材料施加力”等问题。

（二）建立假设

在关于现象的思考分析的基础上，学生基于生活经验与认识提出假设，并说明形成这一假设的生活经验、思维过程或事实依据。

在该环节，学生可能有两种情况：一是胡猜乱想，只有假设却道不出依据与思维过程；二是缺少相关生活经验与认识方法，提不出假设。为此，教师要提醒学生假设须有理有据，并以一些事实情境材料或科学思想方法（如结构决定性质、性质决定用途、自然界的事物都不是孤立存在的等）提示引导学生。

（三）制订计划

该环节要确定探究途径与方法。学生需通过变量关系的分析、变量控制，选择合适的观察方法、实验器材，确定实验的操作方案，设计记录证据的表格等。

该环节一般有两种组织方式：一是先个人独立思考，确定探究途径、制订探究计划，然后组织组内、班内交流，质疑、互评，最终确定最优方案；二是先以小组为单位制订探究计划，然后进行全班展示交流，确定最优方案。两种组织方式均要求学生有先行的独立思考，在充分的独立思考时间里，允许学生阅读借鉴书本上的经验与思路，把设计方案写下来，供后续讨论。

（四）自主探究

这是探究计划的具体实施。该环节的自主性体现在器材选择自主、实验方法自主、探究过程自主。在教学实践中，放手让学生按自己的方案选择器材，实验过程允许各不相同，让学生用他们自己的方式去收集与记录证据，为寻找问题的答案多途径地找证据，同时发现新的问题。

在学生动手操作期间，教师须进行巡视，指导解决探究中遇到的问题，引导学生关于异常现象的质疑分析，遇到共性的问题组织大家讨论思考，发现并选择个别小组的典型做法进行适当点评，以使探究活动有生成、更深入。

（五）交流质疑

在这一环节，要安排各小组对实验过程、实验得到的证据以及基于证据得出的结论等进行反思与交流，经受其他小组的质疑与纠错。其目的是培养学生的反思、质疑能力，强化学生的“问题—证据”意识，训练严谨的科学思维，树立要接受集体的评议的科学精神。

在实施时，教师要让学生表达出“证据是什么”“如何获得证据”“结论是什么”“是如何基于证据得出结论的”等，特别要引导学生注重“问题—证据”的针对性和证据及来源的可信性。教师要多用“别的小组有不同意见吗”“其他小组有新的发现吗”“还有什么新的证据”等用语鼓励学生开展质疑思辨，要允许不同小组间进行基于证据的辩论与解释说明，养成用事实说话、用证据说话的习惯。

案例 3.5 所呈现的“问题驱动的探究学习”教学模式与“基于问题的学习”（pbl）是一致的，在数学、科学等理科课堂中应用较多。它包含以下四个要素。

一是核心问题。通过真实的、富有教育意义、具有启发性的问题情境，形成有趣的、可参与的、有挑战性的学习机会。这是学习的驱动因素。

二是知识学习。教师围绕一个完整的问题设计课程，鼓励学生去“获取”与问题相关的知识，而非以往的“授给”。

三是思维方法。要帮助学生建立“问题—证据”意识，基于经验与认识提出假设，逐渐将体现学科本质的、有逻辑的思辨化为个人的思考与解决问题的方法。

四是探究过程。让学生完整经历解决问题的实践，重视其在问题分析、方案设想、收集证据、论证阐述、质疑思辨等过程中的综合思考。

“问题驱动的探究学习”教学模式具有以下四方面的特征。

一是主动学习。这是其核心特征。让学生成为问题情境中的某一角色，形成身临其境的学习。因为所学的知识与学生实际生活的联系，有助于激发学生的持续兴趣。在这一模式中，只有当学习成为学习者的主动行为，才可能是有效的。

二是体现学科性质。核心问题应该体现学科性质，或是多个学科的本质问题。

三是促进理解与应用。采用问题情境，展开探究过程，就是为了促进理解，有助于应用迁移，“在情境中建构起来的知识不仅形象而且可提取性非常强”（Torp 等，2004）[19]。

四是伙伴型的教师。教师创设一种学习环境，激发学生思考，鼓励学生提问，不断引导学生深入理解问题。其间教师与学生的关系由“面对面”变成“肩并肩”，他以学生解决问题的同伴兼认知教练的角色出现在课堂中。

（三）学教方式的丰富变式

“基于预学的合作学习”与“问题驱动的探究学习”两种基本模式之间的中间地带，存在多样的交叉的学教方式。如：一些预学任务注重情境的设计；在一些合作讨论任务中包含探究元素；有一些基于情境的任务需要预学来铺垫；在探究学习过程中常要应用合作分享的组织形式。因此，在实际教学中，诸多学教方式可能混合应用于具体课堂。从某一课堂模式走向两类基本模式及其中间地带的灵活视野是一个重要进步。表 3.3 呈现了两类基本模式之间的多样变式。

表 3.3 “学习中心”课堂的基本模式与常见变式

	学习活动主线	主要学习方式	变式的视角
基本模式	基于预学的	合作学习	—
	提供学习资源和任务，供学生提前阅读与思考	1. 合作学习 2. 展示性学习	
变式	课前预学、课始预学		预学时间
变式	教材、导学案、微课、网络学习环境		预学材料
变式	练习、阅读、思考、探究、问题		学习任务
变式	情境创设、实验实践体验	问题引导、自主探究	探究过程的开放性

续表

	学习活动主线	主要学习方式	变式的视角
基本模式	问题驱动的	探究学习	—
	通过情境或实践，呈现核心问题，引导学生思考与探究	1. 探究性学习 2. 合作探究学习	

从预学的角度看，有预学的时间、预学的方法、预学的任务、支持预学的材料、预学成果的评价与交流方式等许多变式的视角，每一个视角都可能有多种方案，形成多样做法。譬如预学的时间，有的采用课前预学，教师提前布置预学任务，让学生充分准备；有的采用课始预学，预学放在课堂开始的几分钟，先简洁思考再趁热打铁。又如预学成果的评价，有的要求学生早晨到校即交，教师课前批改；有的只要求学生有所准备，并不要求上交和批改。

以连续性思维来理解“基于预学的合作学习”和“问题驱动的探究学习”，可以发现其间衍变的两个维度。一是从学习任务及其性质看，怎样由直接呈现知识学习的练习与思考，发展为基于情境的问题化的探究任务？其中隐含着从机械学习走向理解性学习的线索，以及从“知识立意”的学习向“素养立意”的学习的发展。二是从学教关系看，怎样从教师控制为主，向学生自主为主转变？其中隐含着学生从接受式学习向发现式学习的渐变，从被动学习向主动学习的发展。以此，我们形成学教方式变式设计的分析框架（见图 3.5）。

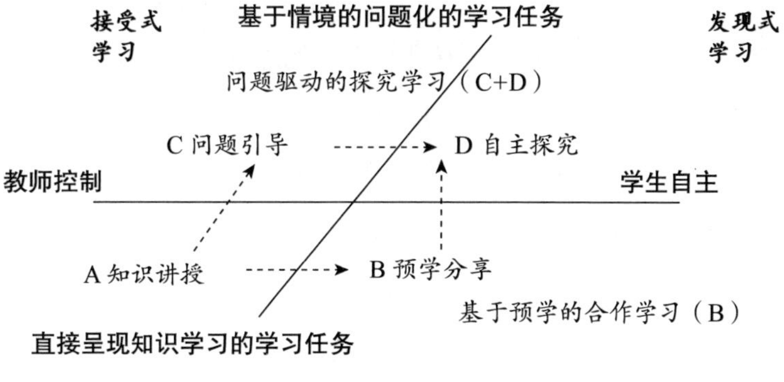

图 3.5　学教方式变式设计的分析框架

（横坐标表示学教关系的两极，即“教师控制”和“学生自主”；斜坐标表示学习任务设计的两种取向。之所以采用斜坐标，是因为学习任务维度的变化中也部分包含了学教关系变化的思想。）

基于图 3.5 的分析框架，可以概括出四种特征明显的教学活动形态，以及反映学教方式变革的两条路径。

在教学活动形态 A 中，主要是教师完全把握学习进程的知识学习，这种形态可以概括为“知识讲授型”。在课堂上，学生相对被动，联系实际的综合思考相对薄弱。其课堂特征主要是教师讲、学生听。

在教学活动形态 B 中，教师更多地赋权于学生，以知识学习为纲，鼓励学生预学思考，组织学生分享研讨，教师的作用也从讲授为主变成为指导为主，这种形态可以概括为“预学分享型”。要常态实施这一学教方式，需要一定的学习习惯养成作为基础。

在教学活动形态 C 中，教师虽没有重视学习赋权，但他在学习任务设计时，注重将知识学习融入问题解决的探索中。尽管提问与追问仍掌握在教师手中，但课堂逐渐从直接传授式向互动式、启发式发展，我们将此概括为“问题引导型”。其课堂特征主要是教师问、学生答，教师引导能否切于学生个体的需求处，能否照顾到全体学生的学习行为的具化存在，能否激发起学生的主动、能动的学习状态，要看教师问题建构的质量以及对学生学习进程的洞察与尊重程度。

在教学活动形态 D 中，教师改变了自己提问追问、学生被动应答的课堂策略，改为创设情境引导学生自己提出问题，扶放结合、以放为主地鼓励学生自主探究解决问题。在“自主探究型”的课堂中，学生有可能更具体地进入问题情境，或个体、或小组自主把握学习思考的进程，不仅能获得相关知识，完善问题解决的结论，还可能体会方法、总结规律，转化为个体的思维习惯与能力素养。

《普通高中课程方案（2017 年版 2020 年修订）》指出，要“围绕核心素养开展教学与评价。关注学生学习过程，创设与生活关联的、任务导向的真实情境，促进学生自主、合作、探究地学习”。这一要求所指向的正是以“自主探究”为特征的学教方式，这是落实核心素养的重要途径。

（四）“课堂变革”与“课堂转型”

我国这一轮课堂教学改革的兴起，与农村薄弱学校的“抗逆发展”有关。他们针对知识为本、教师控制为主的讲授式教学积极图变，率先从自主学习与合作学习突破，形成以“基于预学的合作学习”为关键特点的课堂操作体系。他们将“激发学生主动参与”作为课改的首要原则，变革学教关系；从教师控制学习进程，转而向学生赋权，激发主体参与；从支持自主学习的导学案入手，试图颠覆“教师讲、学生听”的课堂惯例。这对于克服学生“被动学习之困”是有成效的。教学活动形态从A到B的“课堂变革”强调“学习”一词的主语必须是学生。

尽管这些学校的初期实践是较为成功的，但课堂变革也招致一些教师的反对。反对的声音主要有：不同学科如何采用一种教学模式？学生不会自学怎么办？教师的主导作用如何发挥？……这些声音并非没有道理，但重点是面对教学活动中的诸多困难与问题，要弄清谁是主要矛盾。

不过，学习并不是赋权就能全面解决的，也不是所有学习内容都适合“预学＋分享”的学习方式。于是，课堂改革的另一条线索逐渐得到重视——从知识传递的学习走向问题探究的学习。在教学活动形态A→C→D的“课堂转型”中，没有从教学流程与组织形式上激发学生主动参与，而是通过调整教学活动目标取向与策略来调动学生的积极性，变直接的“知识为纲”的学习为基于情境的问题探究。这也是一种进步主义的“变”。开始时基本维持现实中的教师主导、学生从动的学教关系，但强调要准确把握学科特点，探索体现学科本质的学习，随着实践发展，渐渐地也从教师控制走向学生自主，走向“学习中心”的课堂。

当然，“课堂变革”路径的学校在深化实践时，也发现学科性质、探究过程的重要，教学活动形态从B到D，真正实现“学习中心”的课堂。

表3.4对课堂教学改革的两条路径进行了比较。应该说，这两条路径都有成功经验，也都有失败教训。

表3.4　课堂教学改革两条路径的比较

	课堂变革路径	课堂转型路径
教学的主要矛盾	学生被动状态下的低效学习与“假学习”	知识训练过度，学科专业把握欠缺导致的低效学习与浅层学习
改革首要原则	激发学生主动参与	尊重学科专业特点

续表

		课堂变革路径	课堂转型路径
实践特点	维持	“知识为纲”的学习	教师主导、学生从动的学教关系
	改革	改变学教关系，强调教为学服务； 改变教学流程与组织形式，鼓励自主学习和合作学习	基于学科特点，创设问题情境，启发引导学生开展探究学习
积极意义		调动学生主动性，提高学习能力；注重知识学习与社会性发展的结合	学生对学习过程的思考更深入；加强了知识学习与能力素养发展的结合
局限性		从学科特点考虑教学模式的变式不够； 浅层学习还在一定程度上存在	学生被动学习状态未有明显改观
教学理念的基础		“学生本位”教育思想为先	“学科本位”教育思想为先

影响改革路径选择的因素有以下几点。

一是认识与实践的基础。对于师资基础尚薄弱、专业思考有困难的学校与地区，往往会选择“变革路径”，不变没有出路，改变才有机会；而对于师资素质较好的学校与地区来说，他们有更强的专业把握能力，更容易选择“转型路径”。

二是学科特点与学习内容。不同学科、不同类别的学习内容，有着不同的认知过程，需要不同的导学策略。有的学科或学习内容比较适合阅读思考的学习方式，而有的学科或学习内容更强调采用探究的方式。路径选择需要具体问题具体分析。

三是教师的教学风格。教师的专业素养与表达能力存在差异。有的教师擅长系统阐述，深入浅出；有的教师擅长启发引导，循循善诱；也有的教师没有特长，只有勤勉品质。教学改革路径选择一般应是区域、学校或是教研组、备课组的集体行为，但对于不同类型的教师来说，要有根据教学风格扬长避短的意识。

四是学生的学业基础与学习风格。推进“学习中心”教学改革，对于学生的学习习惯与学习能力有一定的要求。首先应帮助学生理解学习的过程，培养起基础的学习习惯，掌握基本的学习策略。没有这一基础，“变革路径”是很难坚持的。

有了基础的学习习惯与学习策略，那就要更多地引导学生高层次认知的学习与锻炼，“转型路径”在这一方面着力相对更多。

五、学习设计的简要流程

在具体学习设计时，教师须有关于教学定位的中观的思考，明确教学形态的定位与取向，再进入学与教的微观设计。

图 3.6 是根据学习设计基本模型，结合学习设计的原则提出的学习设计的简要流程，可以作为“学习中心”课堂的教师备课新范式。

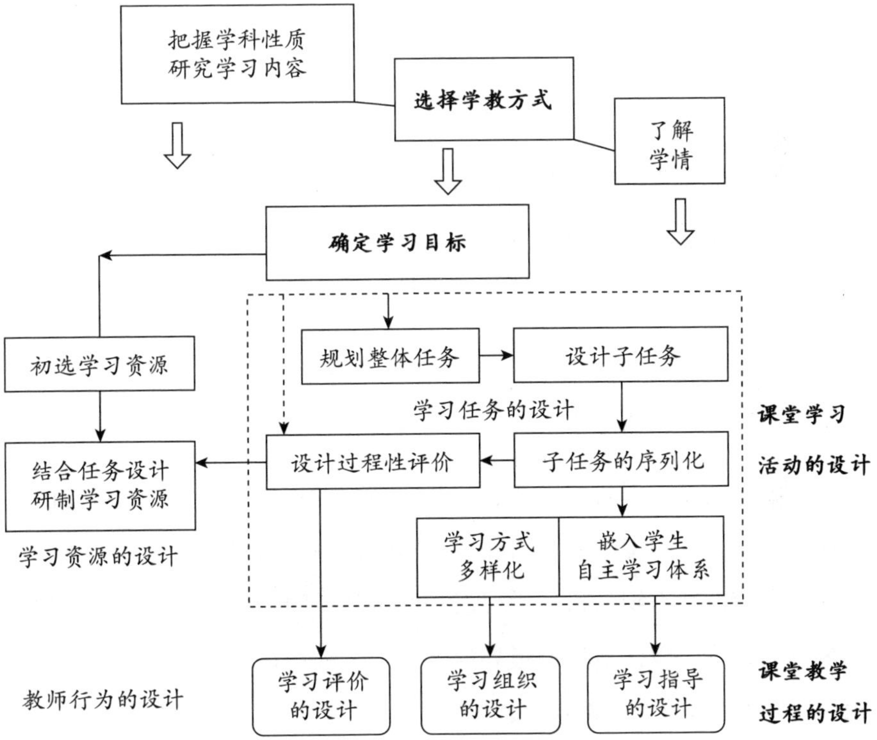

图 3.6　学习设计的简要流程

（一）选择学教方式

学习设计应与具体学科的特点相结合，与学习目标的类型相结合。要先根据学科性质，提出本学科课堂教学的要点；再划分课型，按学科不同特征的知识对教学内容进行归类；然后在归类的基础上，明确教学形态的定位，选择学教方式。是采用“基于预学的合作学习”，还是“问题驱动的探究学习”，或是它们的变式，要根据学科性质与学习内容来确定，并可有一定的兼容性。

（二）确定学习目标

对照课程标准，分析学习内容与学生学情，确定课时学习目标。学习目标的确定须聚焦核心知识，并以学生立场的简明的引导语来告知。课时学习目标的确定常要有单元整体的考虑与学科性质的依凭。

（三）课堂学习活动的设计

按照学习资源与学习任务两条线索进行课堂学习活动的设计。一是学习资源的初步选择，并结合任务的设计，研制课堂学习所使用的学习资源。二是聚焦学习任务的设计，先是课时整体任务的规划，从展开理解过程的视角，将整体任务的设计具体化为子任务的设计，并进行子任务的序列化；各任务能否较好地达成学习目标，还须有正确的过程性评价的内核支持。学习任务的设计要具体结合在学习资源的设计中。

（四）课堂教学过程的设计

完成课堂学习活动设计后，再进行教师行为的设计，形成教学过程的具体设计。要从学习方式的角度分析学习任务，清晰地把握学习活动的多样类型与丰富组合，这将考验教师组织与指导学习活动的智慧。同时又要从学生自主学习体系的逐步成熟的角度，得体地把握指导的方式与分寸。在课堂学习活动中，如何运用过程性评价也需要有科学的设计。

关于学习资源（导学材料）的变式发展，在本章第一节中已有展开。第四章将重点讨论学习任务的变式设计。

第四章

学习任务的变式设计

要达成不同的学习目的，实现不同的学习机制，学习任务也有许多变式设计的思路。如何从功能的视角指导学习任务的设计，促进知识理解、推动问题探究、深化体验感悟、探索评价引领，赋予学习任务明确的目的。

作为学习设计的基本要素之一，学习任务是学习的基本载体，也是学习进程中的重要驱动因素。学习任务设计类型多样。从任务所承载的思维过程看，从任务所体现的学习功能看，都可以梳理出学习任务设计的演变线索。从关于知识内容的练习、阅读、思考，到情境化、专题性的问题，再到融入学习过程的评价任务，学习任务逐渐从“熟练取向”向“理解取向”发展，从“知识立意”向“素养导向”发展，学习逐渐从碎片化的、抽象的知识传递向真实的问题探究发展，突出学习的实践性。这正是当前作业设计的改革方向，体现了《义务教育课程方案（2022 年版）》所强调的“坚持素养导向”“强化学科实践”的要求。

一、促进知识理解的学习任务的设计

提到学习任务设计，人们的直觉反应就是练习设计。不管是课前预习的导学案，还是课堂作业，起初的形式就是习题精选，直接采用关于具体知识的练习来检验学生是否自学掌握。这种直接练习的任务模式与机械学习更为接近，似乎对达成应试目标最有利，但它将认知理解的过程简单化为解答对错的结果，有课后练习提前做之嫌，并忽略了课前学习、课中学习与课后学习的区别。在直接关于知识的学习任务的设计与运用中，促进知识理解才是关键。

（一）“阅读—思考”：知识学习的基础形式

随着对提前训练的反思，课前预习与课堂作业逐渐从“熟练取向”的“习”向“理解取向”的“学”转变，通过阅读教材进行知识梳理的学习任务逐渐被重视。如“消化系统的结构”的预学任务，知识的记录整理是学习的必要过程。

案例 4.1

“消化系统”系列预学任务

——基于阅读的整理与思考（一）

1. 阅读教材，完成以下任务。

（1）把人的消化系统的组成写下来。

（2）依次写出消化道中各器官的名称。

（3）完成下表内容。

消化腺	唾液腺				
流入的部位	口腔				
消化液					

2. 用三个词概括出消化系统的主要功能。

3. 对于以上内容的学习，还有什么不明白之处？请写下来。

阅读的意义不仅在于对知识的梳理，更在于对思考的促进。思考是有根据的、有条理的、有深度的思维活动。（余文森，2018）[26] 只有亲历思考的过程，学习才真正发生。余文森（2017）借鉴信息加工的认知过程，认为阅读、思考、表达等三方面组成指向核心素养的“完整的学习”，在阅读的基础上深度思考，在思考的基础上个性化表达，是学习的通用模式。教师是学生思考的启发者，思考性的任务则是学习任务设计的要点。

当前，教师在任务设计时重视识记性的问题，但更重要的应是引发学生进一步思考的问题，通过对教材问题的分解、细化等铺垫，问出文本中被浓缩的部分，帮助学生理解。如“食物消化与吸收”的预学任务，要求学生基于阅读，联系经验，应用原理，进行思考分析，通过类比的形式，帮助学生建立起相应的思维方法。

案例 4.2

“消化系统”系列预学任务

——基于阅读的整理与思考（二）

进一步阅读教材，用“结构与功能相适应”的原理解释消化系统的结构是怎样有利于食物的消化与营养物质的吸收的，并说出消化后的产物各是什么。

（1）口腔有________________结构（器官）特点，对消化的有利之处是________________。

（2）胃有________________结构（器官）特点，对消化的有利之处是______________________。

（3）小肠有____________________结构（器官）特点，对食物的消化和营养物质的吸收的有利之处是____________________。

在设计阅读思考任务时，教师很容易按照以往习题的思路，期待学生得出教师预设的答案，但这种确定性指向的应答未必是好的任务。好任务应该基于学生立场来设计，告诉学生应该怎样去学习。如在关于《核舟记》的两则预学任务中，设计 A 指向的是结论与答案，设计 B 则提出两个以学生为主语的任务，要求学生去经历，在过程中思考。这一转换是学习任务设计的要领。

案例 4.3

《核舟记》的两则预学任务的比较[①]

设计 A（封闭性任务）：

（1）本文这 6 个段落可分为几个部分？每个部分各写了什么内容？

（2）文中刻画了三个典型人物：苏东坡、佛印、鲁直。他们的动作（姿态）分别是怎样的？从中可以看出他们的性格特征分别是怎样的？

设计 B（开放性任务）：

（1）画出语段中表明顺序的词语，结合方位词梳理出本文的说明顺序。

（2）细读第三节，尝试画一幅图，把三个人的位置、动作、神态体现出来。

“阅读—思考”是知识学习的基础形式。教师通过基于学生立场的阅读思考的学习任务，帮助学生完成知识的基础理解后，走到“前台”，组织互动讨论，让听觉学习、视觉学习和交流互动学习相结合，帮助学生深入理解。在这一过程中，阅读是基础，思考是核心，讨论交流则是促进性的活动。如何促进思考是学习设计的关键。

（二）“联系—还原—建构—迁移”：促进深度思考的学习设计

通常的任务呈现为一个祈使句，明确对学生提出要求；不过也有很多任务以

---

① 案例引自：高琼 . We- 课堂：初中课堂教学变革的新样态［M］. 北京：现代出版社，2018：93. 有改动。

问题的形式呈现，以示启发式学习。如何设计启发式的问题，以促进学生深度思考？通常有联系性问题、还原性问题、建构性问题、迁移性问题等设计思路。（见图 4.1）

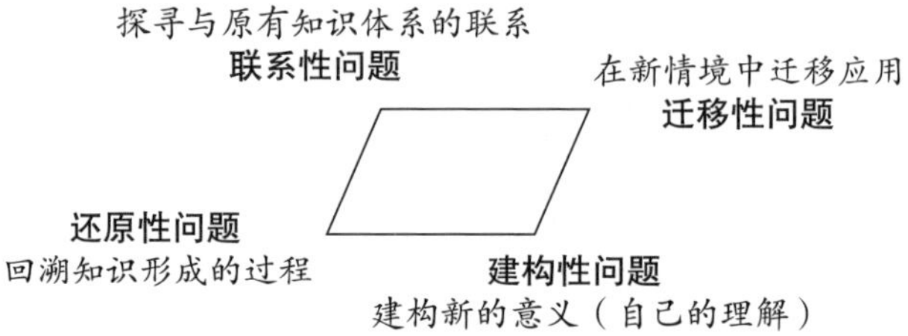

图 4.1　促进深度思考的问题设计思路

1. 联系性问题

设计联系性问题，帮助学生在与已学知识或学习经验进行联系的过程中，寻找新学知识的固着点。如在学习初中数学“二元一次方程”时，教师可设计以下问题，引导学生回忆已学知识和方法，并发现需要进一步研究的问题。

案例 4.4

“二元一次方程”的四组思考题

——促进理解的问题设计（一）

1. 请写出一个一元一次方程，并求出它的解，然后说说“一元”和“一次”的含义。

2. 某篮球比赛，规定赢 1 场得 2 分，输 1 场得 1 分，比赛结束后阳光队积 16 分，如果阳光队赢的场次比输的场次多 2 场，那么阳光队赢、输各几场？

（1）在这个问题中有几个未知数？能用一元一次方程求解吗？请试一试。

（2）用一元一次方程求解时，设其中一个未知数为 x，需要将另一个未知数用含 x 的代数式表示。如果直接设两个未知数，即设赢 x 场，输 y 场，能列出怎样的方程呢？能列出几个方程？列出的方程与一元一次方程有什么不同？

3. 这里我们遇到新的方程，它是刻画相等关系的一个重要数学模型，我们要进一步学习研究。类比一元一次方程，你觉得需要研究哪些问题？把你的想法写下来。

在这组思考题中，教师先引导学生回忆学过的一元一次方程及方程解的概念，思考感悟“元”和“次”的含义；然后通过一个学生熟悉的能用已学知识解决的问题引发学生思考，铺设台阶帮助学生观察比较，提出新的问题；再揭示后继学习内容的数学本质，引导学生联系一元一次方程的研究方法，尝试提出问题，寻找研究方向。这组思考题是不会出现在正式测验中的。它是教师为帮助学生进入新学习内容而设计的、步步深入的问题，是促进学生知识理解的学习设计的起步。对于数学基础较好、领悟能力较强的学生来说，无需这三步，就可直接将二元一次方程与一元一次方程相类比，形成自己的理解。但对于普通的同学来说，正是教师在学习理解的关键处所铺设的台阶，帮助他们达成学习理解的目标。联系性问题常常是深入理解的“第一把钥匙”。

2. 还原性问题

还原性问题是一种回溯，帮助学生感受知识产生的背景和形成过程，从而更清晰、深刻地理解并掌握基本概念。

案例 4.5

“二元一次方程”的四组思考题

——促进理解的问题设计（二）[①]

在浙教版初中数学教材“二元一次方程”一课中有例题为：已知方程 $3x+2y=10$。（1）用关于 x 的代数式表示 y；（2）求当 $x=-2$，0，3 时对应的 y 的值，并写出方程 $3x+2y=10$ 的三个解。

可设计两个还原性问题：（1）已知方程 $3x+2y=10$，求当 $x=-2$ 时对应的 y 的值，你会怎么做，把过程写下来；（2）将例题解答中用关于 x 的代数式表示 y 的过程和已知 $x=-2$ 时求对应的 y 值的过程相比较，有哪些相同之处？

要用关于 x 的代数式表示 y，就要把方程 $3x+2y=10$ 看作未知数是 y 的一元一次方程。从例题分析中可以看出，第（1）问用关于 x 的代数式表示 y，可以把 x 看成常数，然后将含有字母 x 的项和常数项都移到右边，再将含 y 项的系数化为 1，即相当于解含字母 x 的一元一次方程。这样的问题学生以前没有遇到过，多

① 案例与分析引自：许芬英 . 学为中心的初中数学课堂特征和教学基本模式初探［J］. 课程 · 教材 · 教法，2014（5）：53–57. 有改动。

数学生有困难。这时通过上面的两个还原性问题将原问题具体化，启发学生联想。问题（1）为学生学习新知做铺垫，问题（2）让学生感悟两者本质相同，帮助学生轻松完成数字到字母、具体到抽象的过渡，达成理解的目的。

3. 建构性问题

建构主义认为，理解是学生通过在新旧知识间建立联系，并将新知识纳入个体原有认知结构中，形成新的认知结构的过程。教学中可以设计建构性问题，引导学生及时小结归纳，形成自己的概念建构，并提升思维层次。如在学习了二元一次方程及其解的概念之后，可以设计如下问题引导学生思考和归纳。

案例 4.6

“二元一次方程”的四组思考题

——促进理解的问题设计（三）

1. 判断一个方程是不是二元一次方程应看方程的哪几个方面？

2. 怎样检验一对未知数的值是不是二元一次方程的解？

3. 比较二元一次方程与一元一次方程及它们的解，有哪些不同和相同之处？

在学生经历联系性思考，感受知识形成的背景与过程后，教师应设计促使学生完成概念自我建构的学习任务。上例的前两个思考题，帮助学生理解二元一次方程及其解的概念的本质，梳理解的检验过程，以获得方法性的经验；然后通过第三个问题，引导学生再次与一元一次方程相类比，在新学知识与原有知识的联系和区别的比较中，形成新的认知。

4. 迁移性问题

要通过迁移性问题，启发学生体会知识和方法与实践的联系，在新情境的应用迁移中，更深刻地理解知识，形成解决问题的更有普遍意义的新经验。

案例 4.7

“二元一次方程”的四组思考题

——促进理解的问题设计（四）

学校购买了同样的笔记本和同型号的钢笔。笔记本和钢笔的数目总和为 18，笔记本每本 5 元，钢笔每支 6 元，一共花了 100 元。问：学校买了几本笔记本和几支钢笔？

设购买笔记本 x 本，钢笔 y 支。

（1）笔记本和钢笔的数量之和，用含 x，y 的代数式表示为__________。

由此根据等量关系，列出的二元一次方程为__________。

① 用关于 x 的代数式表示 y；

② 当 $x=8$ 时，$y=$__________。

（2）买笔记本和钢笔的总花费，用含 x，y 的代数式表示为__________。

由此根据等量关系，列出的二元一次方程为__________。

① 用关于 x 的代数式表示 y；

② 当 $x=8$ 时，$y=$__________。

（3）请用一元一次方程解决此问题。

（4）比较（1）（2）的解答与（3）的解答，思考二元一次方程与一元一次方程的异同。（提示：可以从概念及它们的解等维度来思考。）

通过新旧不同知识和方法对实际问题的应用解决，体会其与生活实践的联系，通过新旧不同知识解决问题过程和结果的比较，形成解决问题的更有普遍意义的新经验。

从关于二元一次方程的四种思考性学习任务的设计思路中，我们能够体会到适合理科概念学习的一种学习设计模型。当学生经历联系、还原、建构与迁移等不同特点的思考性学习任务后，学生基本完成新知的习得。对于其他学习内容，这一学习设计模型将会有一些变式。

阅读、思考、探究是常见的学生学习活动。本节已就阅读与思考的学习任务设计进行过讨论，不过基于探究的学习任务设计更为复杂，更具挑战性。前述的思考性学习任务中就有探究的萌芽。不过，指向知识的学习只是学习的一部分，关于知识学习与通过知识学习而开启的进一步的学习实践正受到关注。学习任务逐渐从事实性问题向探究性问题变化，从回应式的思考走向探究解决的过程。

二、推动问题探究的学习任务的设计

在以往的课堂中，常常看到学生回应教师的问题，以这样的互动作为课堂学习的重要形式。这样的交流讨论确实是必要的，但这样的学习形式更多地指向事实性问题，触及高阶思维相对较少。近年来，越来越多的学习任务改以探究性问题的形式出现，以更为真实、整体、综合的问题考验学生的问题解决能力，让学生在探究实践中实现学习。同时，教师更加鼓励学生提出问题，将学会提出高质量的问题作为学习目标，让学生在提出问题的过程中经历审辩式的、创造性的思考。

在探究学习中，学习的主体是学生，但离不开教师的指导。对于学生来说，能力的培养比知识的获得更为重要，启发学生思维发展成为课堂学习的重要目标。问题是贯穿于整个学习过程的"红线"，从教师提问、学生回答，到教师设置问题情境引导学生探究，再到教师鼓励学生提出问题并深入探究，学习的意义在渐渐演变。知识学习固然是重要的，但它从核心目标变为基础目标，促进人的发展，特别是思维发展的重要性更加凸显。学生过去从学科概念和规律开始学习，现在变为通过各种事实来发现概念和规律。这一调整是对现实问题的逆势引导，因为现实中提出问题的教师寻求的不是知识，而寻求知识的学生却提不出问题，而且随着学生年级的增高，学生所问的学业问题越来越少。（黄显华 等，2014）

（一）从"引导探究"到"自主探究"

探究学习是强调学生主动积极参与的学习方式。从学生的自主性看，可以将各种探究学习活动视为从"引导探究"到"自主探究"之间的一个片段。很多课堂采用"引导探究"的方式，教师通过"问题串"引导学生步步深入地思考。因为发现并提出问题的环节为教师所把握，因而，这只是有限开放的探究，并不是探究学习的典型形态，但却是日常课堂学习中问题探究的常见形式。

不过，也有越来越多的课堂采用"自主探究"的方式，教师将形成问题、设计探究方案、寻求解决办法等过程均交由学生主持，让学生"做中学"，而将自己的课堂行为只定位为总体组织与方法指导。

如果将"引导探究"视为教师把控的直接指导的探究学习的话，从教师指导的程度看，探究学习活动还可进一步分为操作性指导探究、导向性指导探究、辅助性指导探究、无教师指导的学生自主探究等类型。在操作性指导探究中，教师提示探究的操作步骤，学生只需依步骤执行；在导向性指导探究中，教师提示探究的方向，但需要学生自己设计探究方案和操作步骤；在辅助性指导探究中，教师不主动提供任何指导，只在学生出现问题求援时，才提供相应支持；在无教师指导的学生自主探究中，教师完全放手让学生去探究，过程中不提供任何指导。在教师指导从扶到放的过程中，探究活动逐步开放，逐步从课堂探究活动演化为综合性的项目化学习。

案例 4.8

开放程度不同的探究学习设计

——以“日食”为例[①]

“日食”是教科版小学科学教材六年级下册“宇宙”单元第三课的教学内容。课堂上，学生聚焦“日食是怎么发生的”展开学习探究。以下为四种开放程度不同的探究过程。

（一）操作性指导探究

教师通过课件提示模拟实验的步骤，引导学生展开研究。

温馨提示：

1. 用插有牙签的小球模拟月球，用教室中间的球形台灯模拟太阳，用你自己的头部模拟地球，用你的眼睛模拟地球上观察的人。

2. 拿起“月球”围绕自己做逆时针旋转。

3. 当“月球”绕到“太阳”和“地球”中间时，会发生什么现象？

4. 当“月球”绕到“地球”后面时，会发生什么现象？

5. 在记录单上做好记录。

① 案例由浙江省嘉兴市南湖区教研培训中心小学科学教研员阮翔提供，有改动。

（二）导向性指导探究

教师给出本课的模拟实验材料，如用插有牙签的小球模拟月球，用教室中间的球形台灯模拟太阳，用自己的头部模拟地球，用自己的眼睛模拟地球上观察的人。在未给出具体步骤的情况下，要求学生通过模拟月球围绕地球公转，研究日食的成因。

（三）辅助性指导探究

教师要求学生进行月球围绕地球公转的模拟实验，思考并提出关于日食现象值得研究的问题，再继续通过模拟实验来研究、解释、回答自己提出的一系列问题。如果学生不能自己提出可以研究的问题，教师备有一系列的问题提示卡，提示学生继续开展难度各不相同的研究。各小组可以按照本组实际索要提示卡。以下为从易到难的四张提示卡。

问题提示卡（一）

1. 做小球模拟月球公转的实验。
2. 月球绕地球的公转过程中，发生日食和月食时，分别公转到什么位置？分别发生在农历什么日子？

问题提示卡（二）

1. 发生日食时，太阳的哪边先被挡住？
2. 发生月食时，月球的哪边先变暗？

问题提示卡（三）

1. 模拟实验中，发生日全食和日环食时，月球的位置有什么变化？你能用尺子测量出来吗？
2. 发生日全食和日偏食呢，月球的位置又有什么变化？
3. 月球怎么公转，才可能会发生三种不同类型的日食？

问题提示卡（四）

月球怎么公转，才不是每个月都会发生一次日食和月食？

在学生探究中，各小组的研究可能是不一样的。有小组研究自己提出的问题，也有小组研究教师提供的提示卡上的问题。他们的交流研讨会更加认真投入。除了能够得到教材要求的日食的成因外，学生会交流更多的发现。

（四）学生自主探究

日食现象，是学生在月相变化的模拟实验中应该会观察到的。学生在月球围绕地球公转的模拟实验中，会发现当月球、地球和太阳在同一直线上的时候，月球就挡住了太阳。因此，本课教学可从月相的变化的学习共识和模拟实验入手，引导学生思考并提出关于日食现象值得研究的问题，继续通过模拟实验来研究、解释、回答自己提出的一系列问题，并在自己研究的基础上，初步构建月球运动的轨道模型。让学生经历从产生想法、提出问题，再想办法去研究看到的现象、去解决自己提出的问题，最后形成自己的解释和认识的完整探究过程，重演人类发现、研究、解释日食现象的认识过程。

从表 4.1 中可以发现，在操作性指导的探究活动中，教师安排了整个课堂教学的过程和流程，学生基本不用动脑，按照教师规定的步骤进行操作，就能得到同样的操作结论，得到教材和教师心里的那些知识点。这只是传统的以知识为中心的设计，并没有形成真的探究，只能教给学生知识点，不能发展学生的核心素养。在导向性指导的探究活动中，虽然在过程指导中给了学生一点点自主空间，但是问题的提出还是教师主导的，学生的探究空间不大。

表 4.1　四种探究学习设计的比较分析

指导类型	问题提出	过程指导	探究空间	结论
操作性指导	教师提出	教师设计	几乎没有	相同结论
导向性指导	教师提出	教师引导学生设计	几乎没有	相同结论
辅助性指导	学生困难时教师提出	学生设计	有一定空间	可以不同
无指导	学生自主提出	学生设计	学生自主	不同结论

辅助性指导的探究活动设计，是当前倡导的方向。学生在特定的情景或者过程中，自己产生可以研究的问题，进行研究。如果学生没有问题，教师以提示卡的形式，引导学生进行研究。让学生自行设计研究过程，拥有一定的研究空间，并可能产生不同的结论。与完全放手的学生自主探究的设计一样，这样的学习设计，只是把知识点当作载体，在学生自主研究这些知识点的过程中，培养学生的能力，真正体现素养导向的学习特征，落实发展学生核心素养的教育目标。

（二）从基于情境的探究到深入实践的探究

在探究学习中，问题或任务仍然是学习设计的关键。问题与情境有着自然的关联。情境既是问题的背景，也是问题的性质。根据情境在探究学习中的作用，探究学习有两类典型的实践：一类是通过创设情境，形成问题来促进探究学习；另一类是进入情境，通过实验实践的真实参与，展开探究学习。韦钰（2012）教授称前者为“情境探索学习模式”，后者为“做中学”。虽然这是从科学探究的角度的概括，但对于其他学科也有启发性意义。

在“情境探索学习模式”中，教师通过引入情境材料、回顾生活经验、观察与实验等不同形式，为不同类型学习者设置适切的情境，引导学习者进行积极的探索。通过在一系列精心设计的情境中的探索，学习者不仅能够获得基本的知识和技能，而且能够掌握有效学习的方法，发展创新意识和实践能力。教学情境以直观方式再现知识内容所表征的实际事物与相关背景，它间接呈现了学生认识过程中可能出现的形象与抽象、实际与理论、感性与理性以及旧知与新知的关系和矛盾，并有助于学生在学习过程中自然地弥合这些矛盾。情境的功能主要在于激发学生的积极思考和问题意识。问题意识是学生学习中重要的心理因素，它指的是问题成为学生感知和思维的对象，从而在学生心里形成一种悬而未决但又必须解决的求知状态。（余文森，2011）情境创设就是要引发学生内心深处的认知冲突，激起学生内在的学习动机，激活学生的思维状态。面对情境，可能引发学生更多的生成性问题。传统的教育是以释疑（尽量地消除疑问）为主的，很少有期待学生多多质疑的追求。然而，在学习中质疑乃是学生亲自释疑的条件。教师应努力创造问题情境，鼓励学生提出新的更精彩的问题，提出有探究价值的真问题。

案例 4.9

课堂探究问题的提出

——以“大气的压强”为例[①]

课始，教师安排了动手实验“杯中取袋”，请学生尝试将事先贴在杯子底部的塑料袋取出来。

---

① 案例引自：朱德江，魏林明．“学为中心”课堂转型实践指南［M］．杭州：浙江教育出版社，2014：57-60．课例撰写者：曹张金（嘉兴实验初级中学）。有改动。

教师提问："请同学们说一说，你们在取袋的时候遇到了什么困难？"学生描述"杯中的袋子取不出来"或"取的过程中有明显的阻力"等现象。

教师继续问："出现这些现象，你会联想到什么？可能与什么有关？"学生组内交流想法后，认为这些现象与大气、大气压强有关。

教师揭示课题，再问："你们想知道关于大气压强的哪些问题？"学生独立思考后，组内交流，每组将想知道的问题分别写下来。

教师让学生汇报，将学生自主发现并提出的值得探究的科学问题有序地写在黑板上。具体有：①大气的压强是怎么产生的？②大气压强的方向是怎样的？③大气压强真的存在吗？④人身体受到大气的压强吗？为什么我们没有感觉到呢？⑤大气压强有多大？它的大小会变化吗？我们能测定出来吗？⑥大气压强与我们的生产、生活有关吗？⑦大气压强与天气有关吗？

教师追问："请思考这些问题是否都值得研究？如果要研究，那么先后顺序怎么定？哪个问题是其中的核心问题？"

……

源于科学教育的"做中学"是典型的探究学习方式。教师通过设置适当的活动和任务，使学生投入真实的情境中，在亲自动手操作的实践过程中学习知识、掌握科学的思维方法、培养对科学的积极态度。"做中学"强调通过实验实践来学习科学，学生在"提出问题—动手做实验—观察记录—解释讨论—得出结论—表达陈述"的过程中，经历多样的学习方式。它打破了以往学生总是"坐着学"，以"听中学""看中学"等静态学习方式为主的格局，触及更多基于实践的学习、经历意义的学习，进一步打通了学以致用的障碍，促进了综合素养发展。因而，"做中学"的内涵已被扩大，并推广应用在其他学科中，成为近年来逐步活跃的"实践性学习"的近义词。从学习设计看，探究性与实践性的学习任务已成为课堂教学改革的关注点。

三、深化体验感悟的学习任务的设计

靖国平在《论学习的本质属性及其意蕴》一文中论述了学习的自由性、不厌性、觉悟性和转化性。《说文解字》中早有“学，觉悟也”的解释，说明“觉悟”是学习的重要途径。学习的觉悟性意指学习者对文本、客体、他者、外在的知识产生和发展的规律、原理、方法的“自我化认识”和“具身性把握”，是个体对公共知识、社会生活、他者经验的自察自省、自悟自得。是可谓“知从觉中生，识从悟中来”。

这一论述强调了学习的另一重要路径，通过学习者身临其境、身体力行的学习，形成角色融入、由他及己的收获。心理学将这样的学习收获称为具身认知（embodied cognition），它是通过身体的体验及其活动方式而形成的认知。（靖国平，2017）它强调身体在认知过程中的关键作用，同时强调“自我化”的学习机制，关注学生个人融入的思考。

这是当前学校教育惯常的班级授课教学所忽略的学习途径。课堂教学必须超越讲授教学的认识局限，突破“听中学”和“记中学”的教学格局，建立“做中学”与“悟中学”的教学体系。（吴刚平，2018）[13]“做中学”关注学生的实践体验，“悟中学”关注学生的心理体验。这是课堂教学改革的深化，倡导在课内外积极展开基于实践、基于经历的学习。

（一）促进实践体验

体验，指的是人在实践中认识事物的心理活动与收获。要让学生获得丰富而又深刻的体验，需在课内外增加实践性学习活动，鼓励学生主动参与，激活基于操作的多感官协同。只要学生主动参与活动，必然会引发内心体验。

科学实验是国家课程中基础的实践性学习活动。正如阅读学习在文科课程中的作用一样，基于实验实践的学习在理科课程中的地位同样重要。实验实践中的观察体验如同文本阅读一样，是理科课程的重要学习方式。

在实验实践中，有时学生只是产生对事物的基本感知，产生情景兴趣。但这种兴趣未必是持久的，会因为情景的消失而不复存在。有时学生因为实践而激发起强烈的学习动机，形成与核心知识的关联思考，印象深刻，长久保持。如何让一般的体验变成深刻的体验，让普通的经历变成学习的经历，需要学习的设计。

案例 4.10

“运动和力”的单元前置任务[①]

在浙教版初中科学教材“运动和力”一章中，“改变物体的运动状态需要有力作用于其上”是该章的核心概念。基于单元整体教学的主张，我们采用整体性的活动来引发核心问题，再让学生认识局部概念，而后逐步建构核心概念。以下为单元前置任务的任务单。

运动与力究竟有什么关系呢？

亲爱的同学，我们周围的万物处于不停的运动中。你想过吗，做机械运动的物体，运动速度保持不变或发生变化，背后的原因是什么？

聪明而善于钻研的你，要积极体验，深入思考，踊跃提问哦！

1. 观测从高处下落的铁锤的运动。你预测，铁锤将做什么运动？在下落的过程中，速度大小会否改变？如果变，如何变？又是什么原因促使这种变化的发生？

2. 做风一样的少年。各小组同学轮流骑自行车。先上车，设法让自行车越来越快，达到一定速度后，再扶正车把，什么都不做试试。车还会走吗？是什么原因产生这种现象呢？生活中还有类似现象吗？

3. 自己设计几个活动并亲身尝试。（提示：可竖直向上抛橡皮等物、用力踢足球观察球离开脚后的运动、用力推桌子等，形式越多说明你的思路越开阔。）

活动一：

活动二：

4. 提出问题并尝试解答。通过上面的观测、体验以及你亲自设计的活动，关于物体的运动与力的关系，你产生了哪些问题？请写下你宝贵的问题并试着解答。

我的问题	我的尝试性解答

① 案例引自：韩月红．指向核心概念建构的整体化单元学习：以初中科学《运动和力》为例［J］．教学月刊·中学版（教学参考），2013（12）：50-53. 有改动。

单元教学前，教师下发任务单，组织大型实验。请两位同学在五楼把包有彩布的大铁锤自静止开始释放，全体同学预测铁锤的运动过程并观察。包含了速度、力、重力、摩擦力等概念和运动与力关系的简单活动，不仅点燃了学生的思维和热情，更重要的是为单元学习创设了真实而蕴含核心问题的情境。

在任务单上，任务一是现场观察；任务二是亲身经历，以让学生从实践中获得直觉体验；在任务三中，学生由初知的知识去寻找或设计实践活动，以逆向的思考加深体验，进行迁移性的探索；最后的任务四是对前面的实验实践的整理，帮助学生将活动中对研究对象及内外部联系的直觉感知与整体感知梳理清楚，以启发学生的科学思维。这些问题指向探寻物体运动状态变或不变的“背后原因”，触及了核心概念，引发了深刻体验，为整个单元的后续学习打下基础。原来零碎、线性的知识点学习转换成了主题式、问题解决式的进程。

在心理学研究中，将具身认知分为实感具身、实境具身和离线具身等三类。有学者将三者分别比作“吃”梅止渴、“望”梅止渴和“想”梅止渴。（殷明 等，2015）案例 4.10 中的任务二所启发的是实感具身认知，任务一所启发的是实境具身认知，案例 4.11 则是关于离线具身认知的任务。这些认知形式都能增强学习的感悟，提升学习者感知信息的真切体验，产生良好的学习效果。

案例 4.11

“压强”的导入任务

首先，教师以一则真实报道讲述故事：

正月初二，张帆正在湿地公园观赏越冬的白天鹅，忽然听到有人说：“不好，有人掉进冰窟了！”张帆顺着大家手指的方向望去，看到远处距岸边约 50 米的地方，有位姑娘正在湖中的冰水交接处挣扎着。见此情形，他立刻径直奔向落水女孩。

湖面上虽然结着冰，但因为气温正逐步回升，冰水交融，正在渐渐融化。张帆在冰面上每跑一步，脚下的冰面都会发出破裂的响声，呈放射状的裂纹四处扩散。张帆迅速卧倒，整个身子趴在湿漉漉的冰面上，他手脚并用，在冰面上匍匐百米，终于爬到落水姑娘附近的地方。他将绳子扔给落水姑娘，试图拉她出水。

由于冰面太滑，张帆每用力拉一次姑娘，自己也会向前滑动一次。并且，由于长时间身体覆盖冰面，冰面由于体温的原因也渗出了湖水，冰开始融化变薄。情急之下张帆凭着本能的意识，横过身体，在冰面上连续翻滚，借着翻滚之势使尽全力将落水者拽上来……

然后教师抛出问题：小张为什么匍匐着前进？他为什么趴在冰上拉水中的姑娘？后来又为什么“横过身体，在冰面上连续翻滚”？

近年来，数学课程也十分重视实验实践。数学课程目标从“双基”发展为“四基”，增加了基本思想和基本活动经验。将基本活动经验作为数学课程的重要目标，就是重视实践体验的导向。如在空间观念的学习时，听老师讲与观察演示的效果不同，观察与操作的效果也截然不同。当学生空间想象受阻时，提供操作材料动手实验，是行之有效的教学对策。（曹培英，2010）

促进实践体验不是孤立的学习。它是创设问题情境的一种方式，以更为真实的动态过程的情境，让学生发现并解决问题，比引入情境、问题引导的课堂教学更为贴近学生生活，更易触发感知经验。基于体验的学习是综合性的。它不仅涉及知识与技能的学习，还将触及学习者的灵感直觉，涉及学习者的态度、信念与价值判断。这是身临其境、身体力行的优势。

以上的案例与分析主要关于科学实验实践中的体验学习，其实人文社会学科也有许多体验性的学习。只是在人文社会学科的实践性学习和社会实践活动中，学生经历社会认知与能力发展时，个人的代入感更强、更自觉，可以视为感悟的初始，移到下文讨论。

（二）促进感悟内省

感悟，是指有所感触而领悟。这是试图触及学习者价值认识与精神世界的学习形式，也是促进学生健康地社会化的过程。在日常的学科教学活动中，或多或少都会涉及这方面的学习目标。但如何有意识地开展这样的具有德育意义、触及学生心灵的学习活动，需要相应的策划。

促进学生感悟内省，主要体现在人文社会学科的教学中，特别是学科的实践性学习和社会实践活动中。让学生通过各种亲历活动和模拟活动，获得感性认识。从朴素的社会认知，到同理心的培养，随着学习者社会认知的提升，这些认识一方面转化为学生沟通与合作的态度与能力，另一方面转化为内省反思，形成个人的价值判断。

同理心是一个人社会认知的基础，没有同理心就不可能有感悟的学习，很难形成良好的社会参与能力。要在真实或模拟的情景中唤醒学生的同理心。教师可以在学科教学中开展角色扮演与体验活动，也可以让学生面对真实的社会现象、社会事件和社会问题展开讨论或探究，以移情教育唤醒同理心。

学习是一种社会认知行为。学校教育的不可替代性，并不在于智育启蒙，而是其促进学生社会性成长的功能，帮助学生形成正确的社会理解和良好的沟通与合作能力。社会性成长发生在与他人共同作业的条件下。（钟启泉，2019）在人为设计的合作任务与自然的人际互动中，学生不知不觉地受到影响，人际互动为学生提供了模仿和修正行为的参照。因此，课堂学习也必须关注学习的社会性，注重提高人际互动的质量，以启发学生的社会参与意识，提高学生的社会参与能力。

学习者的心灵成长与社会性成长同等重要。要在开放的、安全的氛围下，创设真实的情境，帮助学生从“我知道这个道理”转变为“我领悟到这个道理”，将他在活动中获得的真实感受、切身体会转化为更为深刻的社会认知，进而抵达内心，形成反思与内省，思考自己的价值判断与行为决策。当学生树立起正确的价值观，并有较好的认识、洞察和反省自己的能力，也便达成了学习的目标。

因为课堂空间的局限，在表 4.2 这一课堂框架中，教师主要引入四个材料，形成基于问题情境的体验思考，再设计四个任务，促进学生将体验化为感悟，从评析他人到反思内省。任务一启发学生角色代入的思考，培养同理心；任务二从积极的方面交流助人行为，引导社会参与；任务三改用消极案例形成认知冲突，考验学生的社会认知的稳定性，并以阐述理由的形式，促进学生感悟；在任务四前，先以消极行为的反思来进行积极引导，然后鼓励学生进行内心感受的表达。这一学习设计的整个过程抓住了同理心、社会参与和反思内省三个要点，很好地体现了促进学生体验、感悟、反思内省的机制。

表 4.2 “坚守善良——帮助别人快乐自己”课堂框架①

教师呈现的学习材料	学生学习任务	任务评析
呈现故事《伦敦街头的硬币》 故事讲述一对老夫妇在街头捡到硬币后颇为高兴，但经过一段情节后，老夫妇故意丢弃硬币在街头，因为有困难的人捡走硬币而感到快乐	任务一：体验故事中的主人公 教师隐去故事的中间部分，请同学们猜测当中发生了什么事，分析老夫妇是怎样的人	通过有角色的思考，启发同理心，理解他人的行为与品质
	任务二：分享曾经的快乐助人经历 以小组为单位，互相交流 3 分钟，再派代表到全班分享本组的一则快乐助人经历	联系自己，以积极行为的交流，产生对社会参与的积极暗示
播放彭宇案的报道视频 视频讲述彭宇在马路上扶跌倒的老人，反被诉为肇事者而被判赔偿的案件经过，以真实故事制造认知冲突	任务三：情境测验，了解学生行为意向，并请学生陈述理由 如果你在马路上也遇到老人跌倒，想一想你是否还会毫不犹豫地去扶他，请说出你的做法并陈述理由	借极端的消极案例，再次考量学生的行为选择，启发认知冲突下的内省
呈现相关调查结果 因为彭宇案的消极影响，社会上出现面对他人求助时冷漠观望的现象；据网络调查，因为彭宇案而不愿做好事的网民比例高达 62.5%		将学生个人选择置于社会调查所反映的数据中，进一步促使学生思考
朗诵体会《忏悔文》 《忏悔文》是一首写于二战时的诗，讲述在纳粹历次迫害平民时选择冷漠观望的“我”在迫害降临时的无助忏悔	任务四：写作《告诫文》 请同学们体会《忏悔文》后，将自己的内心感受和想说的话，参考《忏悔文》的格式，写成一篇《告诫文》	以消极行为反思的典型故事触动学生，激发学生感受，引导学生表达

从促进知识理解的任务，到推动问题探究的任务，再到深化体验感悟的任务，反映了学习任务设计的多样性与潜在的线索。当然这种任务分类未必是严密的、穷尽的，只是揭示了学习活动研究的某些侧面。不过，这种独特的梳理对一线教学应有颇多启发。

① 课例的课堂实录由温州实验中学黄慧老师提供，作者根据课堂实录整理成文。

四、促进学习的课堂评价任务的设计

课堂评价是伴随学习全过程的形成性评价。在课堂上，教师通过对课堂上学生的回答、作业和表现进行评判，收集关于学生学业表现的信息，并把课堂评价和评价的结果融入教学过程中，以增强学生学习动机，促进与改善学习。（Stiggins，2005）[7] 课堂评价通常融入学习任务设计中，但也会以专门的评价任务的形式出现，但教师们尚未从专业的角度对这一评价行为有足够的认识。

布鲁克哈特（S. M. Brookhart）将课堂学习评价方法分为纸笔测验、表现性评价、口头问题（交流式评价）和档案袋评价等四种类别。（Brookhart，1999）前两种方法的重点在反映学生的认知发展状况；交流式评价主要通过问答或观察，兼顾了解认知发展与课堂参与状况；档案袋评价也是综合性的，它体现了评价的多元化与个性化，反映学生阶段性的发展，是单元学习、项目化学习的重要评价方法。日常课堂评价应是多种评价理论在实践中的综合运用。斯蒂金斯（R. J. Stiggins）概括了有效课堂评价的四条指导性原则：一是保证学业目标的清晰可行；二是保证评价的准确性；三是有效地交流评价结果；四是利用评价来促进与支持学习。（Stiggins，2005）[25-34]

基于这些原则与当前课堂学习评价的实际，我们认为，学习评价设计的要点有：从还原形成性评价与改进开放题评分入手，改进课堂纸笔测验；引入表现性评价思想，开发简明评价检核表和面向复杂任务的评价量规，让评价融入教学过程；鼓励学生参与评价，提高自我评价能力，让学生在协商构建评价标准的过程中实现学习。

（一）纸笔测验的改进

纸笔测验是应用最为广泛的学业评价方法，但它未必是最重要的课堂评价方法。纸笔测验的题型分为选择反应题（如选择题、判断题、匹配题）与建构反应题（如填空题、简答题、论述题）两大类。前者编制比较困难，但容易计分；后者编制相对容易，却难以计分。这些形式的题目适用于某一内容领域的知识与技能的评价，它们能够快速地评价学生对特定的事实信息、基本概念与技能的掌握情况。但对于开放性的、要求学生深入思考的问题或复杂任务，对于评价学生真正理解了什么、运用已学知识能做什么、能否将所学知识应用到现实的情境和问题中来，这些传统的评价形式有很大的局限性。“对选择题和简答题的滥用以及对复杂任务的疏忽，都阻碍了我们对学生优异表现和积极参与的索求。”（Wiggins，2005）片面依凭纸笔测验，以及由此带来的操练式的学习，是当前教育教学的重要弊端。

通常的纸笔测验也被称为“客观纸笔测验”，大部分题目的答案是客观的，能迅速“客观”地判断对错。即便其中有小部分像论述题这样的答案较为开放、评判相对主观的试题，也基本采用采点计分的方法，将测查目标回到记忆层面。这种习惯性的评分方式所存在的缺陷，对日常教学来说，消极导向较大。但多数教师还是习惯于应用这种与正式考试较为相似的评价形式，甚至将课堂学习评价也当作熟能生巧的训练环节。这是当前教学的一个重要误区。

学习进程中的形成性评价与学习进程后的终结性评价的定位与设计是有区别的。客观纸笔测验只能判断学生的回答与参考答案是否一致或相符，而无法区分呈现学生认知发展的水平与差异。它可能是承担甄别筛选功能的“对上负责”的评价。但对于学生来说，它除了鞭策之外，难以“对下负责”地体现“评价促进学习”的功能。这种将终结性评价的思维与方法滥用于形成性评价中的做法需要改进。

形成性评价是伴随着教学过程的，对学习进展的监测，其目的是为学生与教师提供关于学生学会与否的连续的反馈，发挥诊断与改进作用，因而其结果通常不必打分，不必合计。形成性评价应与学习进度和内容紧密联系，其采用的测验与其他评价任务大都由教师自编，并视作教师备课的一部分。终结性评价属于阶段性的评估小结，要评估学生有无达到预期的学习目标，通常要对学生的学习表现做出评分。两者功能定位不同，编制思路也不一致。目前教师在课堂测验设计时，过于追求与正式测试的形似，为正式测试做铺垫，从而加剧了重复测验，这是不科学的。

作为形成性评价，课堂纸笔测验应与预学任务和其他随堂任务相结合，聚焦核心知识，透视思维过程，重在开放思考，关注建构反应。

课堂测验是配合课堂学习活动的及时评价，不可喧宾夺主，不可批量练习，而应是体现渐进理解的、简明精练的任务。要与本课学习内容相配合，重点围绕核心知识，设置关键性的问题或任务，衡量学生知识理解的水平，描述学生掌握情况的分布状态。要少一些选择反应题，多一些建构反应题；少一些限制性思考的题目，多一些开放性思考的任务；不一定集中在课末进行，也可以分散安排在课堂教学进程中。要引入表现性评价设计的思路，研究呈现学生的思维发展与过程理解的量规。譬如，请学生举一个“加速度在降低，而速度仍在增加”的生活实例，就是以一个关键任务来考量学生对加速度概念的理解。在理科学习中，很多重要概念的理解都可以通过一两个典型问题来透视。

综上，直接以纸笔测验来作为课堂学习评价，似是便捷，但问题不小，需要有更为深入的评价方法来补充。

（二）开放性任务的评分与反馈

在课堂学习评价中，我们倡导增加开放性思考的问题，以体现学生思维发展的状态与水平。但因为评价技术的局限，教师们对这类主观性较强的问题把握起来比较困难，要么采用采点计分的方法，一统就死；要么是海阔天空，没有边际，一放就散。但随着对PISA① 测验以及表现性评价的研究，对于学生思维的评价技术迅速成熟起来，这使得从思维的角度看学生的学习进展有了可能。

鼓励开放性思考的开放题的评分有两方面难点：一是评分规则，二是评分反馈。对主观题采点评分的批评由来已久，但中小学在这一问题上的突破是近年来的事。改进开放题评分，可以借鉴 SOLO（structure of the observed learning outcome）分类理论，探索分层评分，开展多维度的思维分析，替代以往的统一结论。

案例 4.12

假如你是杜鲁门

——开放题的分维度评分

以二战后期美国总统杜鲁门下令在日本扔两颗原子弹这一事件为题材，可以

① PISA，Program for International Student Assessment 的简称，即国际学生评估项目。

命出立意截然不同的评价任务。

任务一：（填空）___年__月__日，____下令在_____扔了___颗原子弹，其历史意义是______________。

任务二：（论述）假如你是杜鲁门，是否会下令在日本广岛与长崎扔原子弹？请说明理由。

任务一与任务二的命制思路截然不同。任务一考查的是该事件的史实记忆；任务二考查的是学生对整个历史事件的基本了解与综合分析。这是一对典型的客观题与主观题。虽然任务二的立意与导向明显优于任务一，但从评分的难度看，任务一更方便，更容易被采纳，任务二的评分规则见表 4.3。因而，评分技术会成为开放性思考的制约。

表 4.3　开放题分维度评分规则一例

维度	维度说明	评价等级
史实了解	是否了解当时的基本史实	
思维的合理性	决策与理由陈述是否能自圆其说	
思维的多向性	陈述理由有无从多个角度展开	
思维的逻辑性	陈述理由的诸角度在分类逻辑上是否合理	
思维的创新性	所陈述的理由有无个人独到见解	
文字表述	文字语言是否优美流畅，令人愉悦；有无错别字	

当我们从思维的合理性、多向性、逻辑性、创新性等角度来评价学生的思考时，学生的学习便可能超越了原来的意义。

形成性评价的关键不在于结论，而在于指导式的反馈。要确保这类开放性思考的问题能充分发挥作用，除了在课始需与学生分享评分标准外，教师还要在课后向学生提供详细、明确的批语。教师的批语应是“学生友好型”的。教师尽量用学生能理解的语言，进行建设性的分析。要让每位学生能够轻易读懂教师的批语，并能根据批语改进自己的答案。教师的批语必须辩证而详细，既要肯定好的方面，也要指出不足的地方。要有充分的鼓励和肯定，即便教师实在找不出可以肯定的地方，也可以表扬学生的书写，肯定学生试着完成任务的努力。在被肯定的氛围中，学生才会更主动积极地去思考后续的改进。对于有待改进部分的批语，教师尽量要用学生的语言，且越具体越好，让学生看完批语后，便明确下一步该怎么做。可能的话，还可以提供答案样例供学生比较分析。

案例 4.13

科幻小说的特点

——主观题评分后的反馈①

测试题目：*Smog City* 是一篇科幻小说。请列举科幻小说的三个特点，并用文中的例子来证明这三个特点。

这是一道关于材料文体类型的限制性的开放题。学生需要列举出科幻小说的三个特点，并用文中对应的例子来说明。因而，只是记住科幻小说的特点，并不能得分。只有理解了其中至少三个特点，并能与小说文本相联系，才能达到教师的要求。教师在某学生的回答后给予以下批语：

“你回答了这个问题的各方面，并通过文中具体实例来证明了有关小说的三个特点，比如，人物、矛盾冲突和场景。但是，你关于矛盾冲突的阐述不够充分完整；而且你并没有说明为什么这是一篇科幻小说，而非普通小说。”

学生读完批语后，就能明白自己的问题与改进的方向。他首先要把小说的矛盾冲突部分的论证补充完整，然后进一步用文中实例来说明此文跟科幻有关。

教师辩证而详细的批语不应仅出现在测试卷上，每份作业和学习活动的详细批语都会在很大程度上帮助学生。

（三）作为学习指导提纲的评价检核表

简明的检核表是有效的课堂学习评价方法。它罗列了某一任务或成果所必须具备的成分，既可以作为评价的纲要，又可以作为学习的要求。它有利于师生整体把握学习任务的要点，便于理解、记忆与操作，同时又支持学生自我评价。常用的

---

① 案例引自：陈晓晶，张丰．作为一种教学法的学习测试：兼作中小学校内考试制度的反思［J］．基础教育课程，2016（7）：80-88．有改动。

形式有判断式、自我设问式等。

判断式检核表适用于概念和技巧方法的学习。它比较便捷，学生只要在“Yes”或“No”栏下打钩即可。学生在自测的过程中便能明白什么地方需要重新学习，而教师只要浏览一下就能明白哪些部分需要进一步讲解。（见表 4.4）

表 4.4　创编加法应用题并用不同方式解答的课堂检核表

	Yes	No
我已创编完成一道加法应用题		
我已标明此题中的条件和需要解决的问题		
我已标明解决问题的方法		
我的估算是精确的		
我已用各种加法方式得出正确答案		
我已清楚且合乎逻辑地解释了我的思考过程		
我已用一句完整的句子回答了问题		

自我设问式检核表能在学习活动开启前对学生产生很好的提醒作用，并在完成学习活动后，促使学生做进一步的反思，审查已完成的任务，从而做必要的修改。它可以与判断式检核表交替使用或结合使用。

上述检核表使用简便，只需判断“有无”的情况，但它们不能提供针对不同水平的详细说明，因而出现了等级描述式的检核表。它在一般检核表上增加了各项目的等级结论，以形成分项等级描述。意在通过确立一种标准，促进标准转化为学生的某种意识和习惯，比如，课堂纪律、学习习惯等。学生可以用这种形式的评价标准做阶段性的自我审视和自我监督。

表 4.5 这样的检核表提供了分项分析的框架与简明量表，深入于具体课堂时，可以作为学习指导的提纲。但是因为缺乏对不同表现水平的详细描述，作为表现性评价工具，其可信度还有待提高。

表 4.5　关于学习态度的课堂检核表（陈晓晶 等，2016b）

类别	具体表现	等级	改进措施
责任心	——对自己的行为负责 ——诚实，率真 ——管理好学习用具 ——老师和同学发言时，注意倾听 ——按时完成作业 ——遵守学校和教室规则		
组织能力	——良好归置学习用具以确保随时开始新的学习任务 ——有计划、有程序地完成学习任务 ——分清主次，合理管理时间 ——利用资源（图书馆，网络，家长 / 老师 / 同学）完成学习任务		
主动性	——愿意尝试新的学习活动 ——对新的学习环境充满信心 ——寻求额外学习时间和机会		
自我约束力	——建立学习目标并努力完成 ——老师在与不在时表现一致 ——遇到困难不轻易放弃		

等级：E（优秀）——总是体现；G（良好）——经常体现；S（满意）——有时体现；N（待改进）——偶尔体现。

（四）基于量规的表现性评价任务

简明的检核表明确了学生面对某一任务时的合格表现的组成要素。在此基础上，对各评分点（要素）再做具体说明和例证，使其成为课堂学习评价的工具，对于师生解决相对综合与复杂的任务有所帮助。这个工具称为“量规”，也称为“表现性评价准则”（performance criteria）（Arter 等，2005）。这是表现性评价的简明形式，使得对学生学习的关注点从识记的结果转向思维与理解的状态，促使课程标准、教学、学习与评价一体化，防止教师“过度强调教授那些能轻易测验的技能和知识的现象”（Hart，2004）。

追溯表现性评价的最初定义，表现性评价要求学生去创造一个答案或成品来展示他们的知识或技能，在真实的情境中表现其所知与所能。（李坤崇，1999）表现性评价是利用综合的实践作业去评价学生的内容知识与程序知识以及学生运用这些知识进行论证或解决问题的能力。它是在尽量合乎真实的情境中，运用评分规则对学生完成复杂任务的过程表现或结果做出判断的一种教育方法。（周文叶，2014）基于对标准化测验的反思，表现性评价的最初意图是弥补标准化测验之“不能”，而作为传统纸笔测验的重要补充。它强调学生的主体性、评价的实践性，注重过程性评价，关注学生面对真实任务时，多维度的知能的综合表现，而不满足于事实性知识的再现。

对于课堂学习中的复杂任务来说，具体明确的量规不仅有助于教师减少评价的主观性，提高评价的一致性，而且对学生明晰学习目标很有帮助，学生可以实现任何明确而稳定的目标。（Stiggins，2001）学生在完成任务之前就了解评价要求，就不必猜测哪些是重要的，他们可以自觉进行自我评价并提高自己。在传统的纸笔测验中，教师藏匿答案，闭卷测试，以记忆再现为学习绩效；而在表现性评价中，教师公开标准，开卷考查，鼓励学生去达成任务。我们最终的目标是让学生自立，要实现这个目标，学生们必须了解成功的准则。而不能像一个谜面对学生们。（Tierney，1991）

评价是学与教的自然部分。课堂学习评价的意义应在于将评价细致地嵌入教与学的具体过程中，且由任课教师自己规划与设计；因为更多的评价任务是开放性的，其评价量规应在教师试做的基础上，大家合作研讨而成。这种“教考合一”的思路，让评价配合教与学，步步忠实，有助于教师运用评价来促进学习。

评价量规有多种分类，既可分为整体性量规与分析性量规，也可分为通用量规与特定任务量规。整体性量规把学生的表现看作一个整体，对其给出一个汇总后的评价；而分析性量规从多个维度对学生表现做出分项评价。通用量规适用于一类相似任务，它所针对的是某一种关键能力；而特定任务量规只能应用于某一项任务，是专门为该任务而设计的。不同类型的量规的应用场景各不相同。

如浙江省嘉兴市南湖区小学语文习作测评采用的整体性量规（见表 4.6），具体分为 4 个等级，每个等级均有一段包含学生表现的不同方面特征的描述。评价时，教师综合考虑，总体权衡后给出概括学生整体表现的等级评价。

表 4.6 学生习作测评的整体性量规

等级	表现描述
A	能选择儿童节的，学校组织的一个活动或几个场景；能按一定顺序并详略得当地进行叙述；语句通顺，用词准确、丰富；能运用具体的写作方法和恰当的修辞手法把一个活动或几个场景写得具体、生动；能恰当地表达自己的真情实感；书写正确、端正、美观，基本无涂改；能恰当运用标点符号
B	能选择儿童节的，学校组织的活动或场景；能按一定顺序并有详略地进行叙述；语句通顺，用词准确；能运用一定的写作方法和恰当的修辞手法描写一个活动或几个场景；能表达自己的真情实感；书写正确、端正，涂改较多；能合理运用标点符号
C	能选择儿童节的，但不是学校组织的活动或场景；叙述条理不清楚，详略不分；语句不通顺，用词不够准确；偶尔能运用修辞手法描写一个活动或几个场景；基本能表达自己的真情实感；书写正确，不够端正，错别字较多
D	不是儿童节的，也不是学校组织的活动或场景；逻辑比较混乱，未形成基本的框架；语意不连贯，或词不达意；不能够表达自己的真情实感；错别字多，影响辨认

应用整体性量规时，学生拿到的只是一个等级结论，但学生并不清楚自己哪项技能达到标准，哪些还有差距，这种评价虽然教师使用方便，但其结论对学生的帮助作用不大。但这样的教师立场的评价已是过去的惯例。如何转换为学生立场，发挥其促进学习的作用呢？南湖区改进了这个量规，研制了相应的分析性量规（见表 4.7）。他们将学生的习作表现分成 5 个维度进行评价，每一维度均有 4 个表现等级的描述，通过对每一个维度进行单独评价，学生就可以得知自己习作的各方面处于什么水平，哪些方面比较优秀，哪些方面需要改进。

表 4.7 学生习作测评的分析性量规

等级	材料选择	材料组织	语言表达	情感表达	基本要求
A	能选择儿童节的，学校组织的一个活动或几个场景	能按一定顺序并详略得当地进行叙述。如活动叙述时，能按事情发展顺叙、倒叙、插叙等；场景描写时，能按地点转换顺序、时间顺序等	语句通顺，用词准确、丰富；能运用具体的写作方法（如正面描写、侧面烘托、点面结合等）和恰当的修辞手法把一个活动或几个场景写得具体、生动	能恰当地表达自己的真情实感	书写正确、端正、美观，基本无涂改；能恰当运用标点符号

续表

等级	材料选择	材料组织	语言表达	情感表达	基本要求
B	能选择儿童节的，学校组织的活动或场景	能按一定顺序并有详略地进行叙述。如活动叙述时，能按事情发展顺叙、倒叙、插叙等；场景描写时，能按地点转换顺序、时间顺序等	语句通顺，用词准确；能运用一定的写作方法（如正面描写、侧面烘托、点面结合等）和恰当的修辞手法描写一个活动或几个场景	能表达自己的真情实感	书写正确、端正，涂改较多；能合理运用标点符号
C	能选择儿童节的，但不是学校组织的活动或场景	叙述条理不清楚，详略不分	语句不通顺，用词不够准确；偶尔能运用修辞手法描写一个活动或几个场景	基本能表达自己的真情实感	书写正确，不够端正，错别字较多
D	不是儿童节的，也不是学校组织的活动或场景	逻辑比较混乱，未形成基本的框架	语意不连贯，或词不达意	不能够表达自己的真情实感	错别字多，影响辨认

应用分析性量规可以得到相对精细的反馈，对学生的帮助较大。但教师评价相对费时，不同评分者的一致性相对较低。应用整体性量规便于快速评判，但可解释性差，诊断作用较弱。所以，日常课堂学习评价仍然提倡应用分析性量规，而在大规模评价时，建议应用整体性量规。这也是形成性评价与终结性评价需要区别的地方之一。

上述学生习作测评的量规应属于通用量规。除了“材料选择”维度与具体任务有联系外，其他维度的表现说明在其他习作测评中依然适用。在日常教学中，教师为每项任务都制定一个量规并不现实，而且特定任务量规过于具体，它告知学生的可能是具体问题的标准答案，而通用量规的分寸相对适当，它只是帮助学生了解相似任务的合格标准，并给学生留有思考探索的空间。

（五）师生协商构建评价标准的学习设计

衡量教师在课堂评价中是否遵循促进学习的评价原则，主要看他是否在帮助学生理解学习目标，进行自我评价，审视自我发展，探讨自我发展。（Stiggins，2005）[31]

从以往教师掌握着课堂测验的答案，考查学生是否知晓，到教师制定达到目标的表现标准，并帮助学生理解标准，明确学习目标，让评价成为学生课堂学习的导航，课堂学习评价的理念与实践已有明显进步。不过，让学生参与评价，参与评价标准的协商创建，从而提高学生自我评价能力与成长内驱力，是课堂学习评价设计的新策略。

案例 4.14

一封书信的成功标准（success criteria）①

加拿大四年级社会课标要求学生了解本国各个省份，语文课标写作部分要求学生巩固写信技巧，而阅读部分要求学生掌握信息文章的阅读。师生们用了一个多月的时间完成了整个章节的阅读。最后，教师给学生布置学习任务：假设你是某省的大使，写一封信给你的亲朋好友，介绍你热爱和代表的省份。

为确保学生能够成功完成任务，在开始行动之前，师生们一起创建了此项任务的成功标准。

（一）头脑风暴思考收集观点

教师提问："怎样才是一封成功地介绍某一省份的书信呢？"学生们七嘴八舌，提出了不少建议（见表 4.8）。

表 4.8　头脑风暴后的成功标准初稿

怎样才是一封成功地介绍某省份的书信？
• 书信体裁特征（日期、称呼、结束语、签名） • 所选省份的地理位置 • 所选省份的天气 • 用自己的语言，而非复制、粘贴 • 正确的拼写 • 所选省份的人口 • 正确的标点符号 • 所选省份的自然资源 • 运用多种句型 • 运用地图和图片 • 正确的语法 • 人类活动对所选省份自然环境的影响（教师补充）

① 案例引自：陈晓晶，张丰 . Success Criteria：学生主导的学习任务评估［J］. 基础教育课程，2016（1）：82−88. 有改动。

第一步的关键是启发学生就问题展开思考，并踊跃发言。教师不需要做任何评价，只需要把学生的建议写下来，无须理会前后顺序。很多时候，教师需要补充观点，因为这些通常是学习任务的关键。

（二）归总分类

在该环节，教师的参与增多，主要是帮助学生反思他们的观点，看看是否所有的观点都适用于本次学习任务，同时帮助学生找出所有建议的共同点。表 4.8 所示的学生建议比较零乱和随意，有的建议并不符合标准的书信格式。于是，教师根据所列建议的共同特点，将它们大致归类为：书信体裁特征（用 L 标示）、所选省份信息（用 I 标示）、词汇语法（用 W 标示）、写作技巧（用 T 标示）。（见表 4.9）

表 4.9　归总分类后的成功标准修改稿

怎样才是一封成功地介绍某省份的书信？
L——书信体裁特征（日期、称呼、结束语、签名）
I——所选省份的地理位置
I——所选省份的天气
T——用自己的语言，而非复制、粘贴
W——正确的拼写
I——所选省份的人口
W——正确的标点符号
I——所选省份的自然资源
T——运用多种句型
T——运用地图和图片
W——正确的语法
I——人类活动对所选省份自然环境的影响

完成了第二步，关于该学习任务的成功标准基本成形。不过，集体创作评估标准的目的是让每个学生都能充分利用这个成功标准来提高各自学习任务的质量，因而还要再整理誊写整齐。

（三）整理誊写公布

教师和学生一起，细致整理集体创作的成功标准，然后誊写在大纸上（见表

4.10），张贴在教室的墙上。这样学生们就可以随时利用参考，直到这一学习任务的结束。

表 4.10　誊写公布的成功标准定稿

成功标准：写给亲朋好友的一封介绍某省份的信	具体表现
• 书信体裁特征	• 日期 • 称呼 • 结束语 • 签名
• 所选省份信息	• 地理位置 • 天气 • 人口 • 自然资源 • 人类活动对自然环境的影响
• 写作技巧	• 运用多种结构的句子 • 运用连接词保持段落连贯 • 运用自己的语言使读者听到你的声音 • 运用地图和图片
• 词汇语法	• 正确拼写 • 正确语法 • 正确标点 • 正确大小写（后来补充的）

（四）补充改进

这一步是对教与学的提醒。它提醒我们教与学是不断改进延续的过程，不会停滞在一段时间或一个章节。很多时候，在具体的操作和应用过程中，教师或学生都会发现前面制定的成功标准中的缺陷，需做进一步的补充和完善。

完成成功标准的创建后，教师让学生分别写信。学生们完成后，先与同伴交换，分别依照墙上张贴的量规评阅伙伴的信，再进行伙伴交流，集体讨论……

在案例 4.14 中，教师让学生独立写信前，增加了师生协商创建评价标准的环节。形成标准的环节其实是很好的学习写信的过程。这份共同创建的关于书信的“成功标准”成为促进学习与思考的工具，而不是学生成绩最终评定的手段。学生们经历了标准创建的过程，必然深刻理解其中的含义。有了学生的参与与思考，“成功标准”才从掌控评估权威的老师易主给学生。从而，学生对自己创建的评估标准有了责任感和主人翁精神，于是在学习中主动应用，得心应手。

把学习评估权还给学生，将评价融于学习过程是重要的“学习中心”的教学策略。它培养了学生对学习的自我评价能力，积极调动学生的主动性，将测试转变成一种学习方式，并促使学生为自己的学习负责。

从促进知识理解的任务到推动问题探究的任务，再到深化体验感悟的任务，以及融入学生学习过程的表现性的课堂学习评价任务，学习任务的变式设计着眼于作业设计的改进，而作业设计的改进还应与其课堂运用相联系。在课堂学习过程中，学习任务无处不在，是推动学生深度学习的关键载体。不过，学习设计不能局限于 45 分钟的一节课，还应该前延后展，将课前、课后学习与课堂活动连在一起，整体设计。这正是作业改革的深化探索的方向。

第五章

课内外学习任务的整体设计

当作业的功能得以拓展后，作业不再是狭义的“练习”，而是广义的“任务”，它成为学生有效学习的体现。就像均衡饮食的道理一样，学习设计应该兼顾各种功能类型的作业，善于综合运用各种功能类型的作业，促成有效学习。

当前中小学生学习效率不高、作业负担较重的重要原因是课堂学习与作业相脱节。课堂学习不仅要重视与课后作业的配合，也要科学设计预学任务，加强有效预习，还要通过随堂任务来承载，让学习及时而真实地发生。通过贯穿学习全过程的学习任务，将课前、课后的学习与课堂活动联成整体，形成课堂学习与作业系统，是减负增效的关键。其目标是通过科学设置预学任务和随堂任务，减少学生对课后作业的依赖，为课后作业的开放实践提供可能。这一“课内外学习任务整体设计”的思路可以将作业设计与学习设计沟通起来，推动教师在不同学习时段设计功能适切的学习任务，这样备课就从方便教师实施的角度（教学流程取向）转变为方便学生整体学习实践的角度（学习活动取向）。这是目前作业改革的难点，也是突破的方向。

一、从功能的视角认识作业的意义

关于作业在学习活动中的功能，库珀认为，尽管不指望家庭作业能提高分数，但家庭作业确实能帮助学生养成良好的学习习惯，培养积极的学习态度，使学生明白在家中、在学校都有学习任务。他对作业功能的概括有四个层次：一是帮助记忆，促进理解，拓展课程内容；二是激发学科兴趣，培养学习习惯，掌握学习方法，发展思维能力；三是促进学生自我管理；四是促进家校认同。（Marzano 等，2003）当然，所有积极取向的功能都可能因为不当的作业而走向反面。

爱泼斯坦（J. L. Epstein）等人将作业功能总结为练习、预习、参与、个性发展、亲子关系、家长与教师的沟通、同伴交往、政策制度、公共关系和惩罚等十个方面。（Epstein et al.，2001）

王月芬等人以巩固课堂学习内容、培养学生良好的学习习惯、提高学业成绩、掌握学习方法、增强学生对学科的重视程度、培养合理安排时间的能力、提高或保持学习兴趣等为作业功能的分析框架，面向义务教育学校师生进行调查，发现师生均将“巩固课堂学习内容”排在首位，均将“提高或保持学习兴趣”排在最后，说明了大家的普遍认知。（王月芬 等，2014）[105-108]

我们认为，作业是教师组织教学进程或引导学生开展自主学习的任务。作业功能除了巩固训练外，更具有激发兴趣、引导预习、促进理解、诊断学情、引导合作、知识整理、习惯养成等丰富的作用。作业功能研究，关注的是作业设计与学习目的的配合。在不同学习环节，教师应设计不同功能的学习任务来支持有效学习，脱离学习任务性质而孤立地讨论作业形式并没有意义。表 5.1 罗列了基于功能的常见作业类型，尝试概括作业在学习活动中的作用机制。

表 5.1　基于功能的常见作业类型

作业类型	举例与说明
激发兴趣的作业	这是与消磨学习兴趣的作业相对立的作业
铺垫学习背景的作业	课前温习相关储备概念，了解背景知识，扫除前概念误区
帮助记忆的作业	针对某一知识的背诵、抄写、默写与联想记忆等，有机械记忆和有意义记忆之分
提高熟练性的作业	针对某一技能的巩固理解、重复练习、变式练习等，有简单机械性的熟练与基于理解的熟练的区别
促进理解的作业	以启发性的思考题，以及推导、探究、经历知识形成的过程的作业帮助学生更好地理解概念、原理等
实践性作业	注重操作与体验的“做中学”的任务，如实验、实践探究、实践应用、体验活动等
引导学习进程的作业	将核心学习内容转化为递进式任务，用以组织教学进程或引导学习进程的作业
记录型作业	在听、看、走访、交流等过程中，客观保留有效信息的记录活动，通过记录活动的支架设计，促进有意义的学习生成
知识整理作业	通过摘要、填表、绘制“知识树”或思维导图等方式，进行要点的梳理与联系，促进学生知识体系的形成
反思性作业	在作业订正后，自觉对发现的问题和作业的过程进行反思的学习活动，包括错题分析（如错因探查、问题剖析和思路描述等）和整体反思（如要点整理、自我评价、学法感悟、情感觉察等）
诊断性（反馈型）作业	用以了解学生知识与技能的掌握情况的、具有解释性的纸笔测验或表现性评价工具
补偿学习作业	基于诊断的针对性练习、包含学习指导的练习与思考等
展示表达作业	个人或小组以正式的方式阐述观点或介绍学习成果
交流讨论作业	多人参与的合作性的分享或辩论活动
积累性作业	与当日学习内容关系不大，需要长期坚持，如阅读积累、记周记、写随笔等学习活动，有利于学生学习习惯的形成

表 5.1 所列的各种作业类型，有些常见，也有些并不常见或常被忽视。当作

业的功能得以拓展后，作业不再是狭义的“练习”，而是广义的“任务”，它成为学生有效学习的体现。表格中所列的完善的学习活动，往往就是多种形式的学习的综合。就像均衡饮食的道理一样，学习设计应该兼顾各种功能类型的作业，善于综合运用各种功能类型的作业，促成有效学习。本节选择讨论几类相对综合的、有所交叉的作业，更多讨论将在本章后面几节中展开。

（一）激发兴趣的作业

赫尔巴特在著名的“明了—联想—系统—方法”阶段教学法中，主张把练习与作业作为第四阶段的重点。这可能是将作业视为重要的教学巩固手段，进而从课后环节理解作业的肇始。但我们忽视了他提出的其他重要思想，如把“多方面兴趣”看作教学的直接目的、把整个教学的过程视作学生兴趣的产生和发展的过程等。

培养、激发和发展学生学习兴趣应是作业的目的之一。（王月芬，2017）现实的作业无视学生兴趣，甚至以磨灭学习兴趣为代价。学生的进步与成长是以主动积极的态度为前提的，作业应该并且也能够成为激发学生学习兴趣的学习形式。要将能否激发学生学习兴趣与主动性作为检验作业是否有效的基础标准。

（二）引导学习进程的作业

引导学习进程是作业的重要功能。运用作业组织教学进程是学习设计的重要部分。课内外学习任务的配合设计，就是要使课前、课中和课后三个阶段的学习任务形成内在的关联，以科学、有效地引导学习进程。

预学任务与随堂任务应紧密关联。好的预学任务应具备导向、诊断、交流功能。导向功能是指对学习者即将面对的学习任务与学习要求的暗示。诊断功能是让指导者能准确预判学习者的现实起点。交流功能指的是以预学任务来组织课堂交流活动，展开教学过程。教师常常以预学任务导入课堂，作为课堂学习的起点。如在初中科学“浮力”一课前，教师布置了一组体验性的预学任务，引导学生基于体验研究影响浮力大小的因素。

案例 5.1

“浮力”的预学任务

请同学们准备一盆水，然后尝试着将一只皮球按入水中。

思考 1：请说说将皮球按入水中时，手上有什么感觉？

思考 2：请比较皮球刚按入水时，与皮球整体浸入水中时，手上的感觉有什么不同？

思考 3：请猜测影响浮力大小的可能因素。

这是一例体现多种学习功能的预学作业。它不像通常的关于知识点的练习，而是简明的、触及核心学习内容的、循循善诱的思考性任务，其功能在于引导预习，促进理解。其中的“思考 2”巧妙地设置了两个情境的比较，促进学生产生“物体所受浮力与物体排开液体的体积有关”的猜想，从而有助于达成理解。

在课堂上，教师会从这个小实验的交流与讨论开始，从而引导推动学习进程。这一实践体验任务同时作为促进理解的作业，和交流讨论任务共同组成引导本课学习进程的任务，也是教师组织教学进程的关键依凭。

之所以这一实践性学习任务成为引导学习进程的重要任务，是因为该任务很好地体现了科学课程强调实验实践的特点，遵循联系生活、归因猜想、实验验证的学习方法，启发学生的真实体验与深入思考。如果能让学生多次经历这样的联系生活实际的科学学习任务，还将促进学生将方法变成习惯，这一任务便又具有促成学习习惯的功能。

还有一些引导学习进程的作业是整体设计、分步布置的。如在小学数学“圆的认识”一课中，教师依据教学环节设计了递进的四个任务。在任务的逐步展开中，学生完成了对于圆的初步认识。

案例 5.2

整体设计、分步布置的递进任务

——以“圆的认识”为例

导入环节：合作验证。将绳子一端固定，另一端系上笔，在绳子紧绷的状态下，将笔移动一周所留下的痕迹是什么图形？生活中哪些地方有圆？车轮为什么是圆的？

探索环节：用学习长方形、正方形的方法学习圆形，怎么做？你有什么发现？

巩固环节：用绳子、钉子、小木棒、圆规等材料画圆，边画边说（复习圆的知识），尽可能画出不同的圆。比一比圆的大小，说说圆的大小由什么决定。

发展环节：解释一下，街上围观的人，为什么会自动围成圆圈。合作制作一个体现圆的知识的玩具。

（三）实践性作业

《中共中央 国务院关于深化教育教学改革全面提高义务教育质量的意见》明确提出“促进学生完成好基础性作业，强化实践性作业，探索弹性作业和跨学科作业”的要求。对于实践性作业的强调，反映了深化课程改革着力促进实践学习的精神。与传统课堂主要依靠“听中学”“看中学”不同，新课程倡导减少简单记忆、机械重复的练习，精心选择或设计与学生基础相适应的、重在迁移应用的作业；鼓励教师结合实际，布置重在促进学生自我体验与学以致用的实践性作业。

实践出真知，苏霍姆林斯基曾提出“实际作业”的概念。如何将学生从事实引导到抽象真理？“一定要经过实际作业，而完成实际作业就正是掌握知识。”（苏霍姆林斯基，1984）这正是对实践性作业的关注与强调。当前中小学迫切需要增加这种“做中学”“在实践中学习”的学习方式。这是相对于人们一直以来习惯于纸笔形式的练习的扭转或补充。作业形式多样化是将来的趋势，科学合理地推行实践性作业不容忽视。

要关注实践性作业在课前、课中和课后的生长点的差异。在课前预学环节，实践性作业设计应重点启发学生的实践体验，鼓励学生感觉到、说出来；在课堂学习进展时，实践性作业设计在仍然注重体验的同时，应重点关注学生实践探究过程的参与以及探究思维的激活；在课后延伸学习环节，实践性作业设计应重点促进实践应用，创设任务情境，鼓励学生再去经历体验与探究，在学以致用的过程中促进迁移应用能力的提高。

要将体现学科本质的多种形式的学习渗透在日常作业中。要引导学生面对真实情境，发现真实问题，开展探究学习，开展合作性学习活动与作业成果交流活动，发展学生的综合学习能力。要采用灵动的、随学科而异的多样作业形式，还原学科的本质。如语文学科应加强语言实践应用活动，开展真实的阅读与表达的锻炼；英语学科应重视听说的锻炼；科学学科应重视实验，关注学生联系生活实际的科学解释与应用；社会学科应鼓励学生关心社会生活，开展社会调查。

在实践性作业设计中，还应重视评价导向问题。虽然实践性作业中也有“正确与否”的评价，但更多的要从“合理与否”“是否最佳”的角度来评价。要设计科学的实践性评价，一方面教师不能布置超越学生能力的作业，另一方面教师应谨慎以结果精彩来置评。评价要以学生的真实参与为前提，避免不当评价诱导家长在学生实践性任务中的过度参与，防止学生在作业过程中对家长的依赖。要帮助家长扭转只重视书面练习，轻视实践任务的不当倾向，理解实践性作业之于学生的真正意义。

（四）知识整理作业

知识整理是一类特殊的作业。与传统的习题不同，知识整理作业不可能出现在日常的考试测验中。但在学习告一段落时，引导学生进行知识整理十分重要。

知识整理的主要目的是促进学生开展联系性思考，进而完成对知识体系的自我建构。因而，我们反对“教师黑板上整理，学生笔记中抄录”的知识整理方式，也不赞成购买印有现成知识整理的教辅图书。学生自我整理的学习环节必不可少。这既是学生巩固理解的重要环节，也是学生自我诊断与补偿的一部分。

知识整理作业通常在周末、假期和单元学习结束时布置。通过知识札记（无支架的知识整理）、表格梳理（有支架的知识整理）等，让学生零散的知识条理化。有时教师还会通过绘制“知识树”或思维导图等形式，让学生应用思维工具来呈现知识体系。

案例 5.3

分层设置的初中数学假期整理作业

在平时的作业设计中，我们关注具体知识点的掌握情况较多，系统性相对不够，学生对知识点的掌握相对零散，容易遗忘或错漏。在学期中，教师布置系统性很强的作业比较困难。但在假期时，当学生所学知识初具系统时，可能是知识整理的黄金期。

有位数学教师构思了这样的假期作业方案：

对于基础薄弱的学生，教师不建议他们做题海训练，而是要求学生认真完成教师专门为薄弱学生编制的、放低要求的讲义。让学生一边梳理关键知识，一边理解核心例题，然后完成基础练习。

中间层次的大部分学生的任务是逐章整理，绘制“知识树”，将零散的知识点串成知识体系。在分析知识及常见题型的同时，让学生对自己常错的习题也做一个系统的整理，从而有针对性地查漏补缺，并与知识体系相链接。

对于优秀学生来说，平时的错题多为失误，错题整理的意义并不大。他们最值得做的是“学习命题出考卷”。所以先对这些学生进行试卷命题方法与要求的辅导，让他们为本册数学的每个单元编一份卷子，并规定原创试题的比例，要求注明命题意图。

案例 5.3 中的这位教师深知一个学期题海操练下来，假期再继续题海战术已难有效。所以，他构思了以知识整理为主要目的的假期作业。但是不同层次的学生需要或能够做的知识整理是不一样的，教师要求学生进行知识整理，必须先将整理任务具体化，并教学生学会整理。对于三个不同层次的学生群体，这位教师很好地抓住了他们的特点与需要，形成了针对性较强的，又体现数学学科特点的作业方案。

知识整理作业的另一个重要功能是促成学生形成较好的学习习惯。譬如浙江省温州市实验小学十年前曾推行“整理课”，教师们指导学生建立每天学习整理的习惯。他们针对小学数学的不同课型，提出简明的课后整理任务的要求（见表5.2）。

表 5.2　小学数学整理任务

“新授课”的整理	“练习课”的整理	“复习课”的整理	“试卷讲评课”的整理
1. 想：今天学习了什么新知识？ 2. 看：书上的例题 3. 测：选或编题自测 4. 疑：质疑问难 5. 订：练习订正	1. 想：今天巩固练习了什么知识？ 2. 看：看相关例题，了解主要知识 3. 练：收集分析错题 4. 疑：质疑问难	1. 想：今天复习了什么知识？ 2. 看：本单元例题，比较例题间的联系 3. 理：整理罗列单元知识点（举例说明） 4. 疑：质疑问难	1. 看：整份试卷的内容 2. 选：选出自己认为重要的题目（在试卷上标记） 3. 纠：收集错题并进行原因分析 4. 评：用简要的学习反思自评本单元学习情况 5. 疑：质疑问难

表 5.2 提示学生在不同类型的课后，采用不同的任务支架进行学习整理。当学生按照这一系列的任务支架持续学习整理一段时间后，不仅提高了学习的巩固率，更是掌握了学习方法，获得长远进步的能力。于是，这些知识整理作业又成为典型的促成学习习惯的积累性作业。

（五）积累性作业

学科特点不同，作业设计与运用的策略也有所不同。譬如，数学学科可以以同步练习为核心作业，要求作业“日日清”“周周清”，但语文学科就不能这样，同步练习只是其作业之一，但未必是核心学习任务，因为语文老师还需布置一些积累性的学习任务。这一区别的背后是语文与数学学科学习机制的差异。

数学学科属于典型的链条式学习模式，学习进展环环相接，中间的“缺链”就会影响后继学习。但语文学科却是典型的螺旋式学习模式，语文的学习进步不会立竿见影，提高学生语文能力必须重视一些促成学习习惯、掌握学习方法的积累性作业的坚持。如语文教师常要求学生注重日常积累，重视具体语境中字词的理解与运用，在生活中感悟和习得语文学习方法；要求学生课外开展海量阅读，从教师推荐阅读到学生主动阅读，从文本阅读到多媒体阅读，在精读与略读相结合的阅读过程中掌握阅读的基本要领，形成个性化的阅读方法；鼓励学生主动写作，通过记周记、写随笔等形式，激发主动表达的意愿，养成将非正式表达述写下来的习惯；在日常语文课堂学习中，鼓励学生腾出一定的时间开展阅读、写作的交流，在表现性活动中，引导学生开展积累性学习。

虽然这些作业与具体的教学内容关系不密切，其目的主要在于知识与能力的日积月累，但它对学生良好学习习惯的形成非常重要。它所关注的是长效的学习成果。不过，英语学科中也常有一些积累性学习任务，值得关注。

我们认为，教师在学习设计时，必须明确学习任务的目的，从功能的视角认识作业，认识学习任务。不过，作业还是应放置在课堂研究的视域里，整体研究课堂学习设计与作业设计。

二、整体研究课堂学习设计与作业设计

作为教学过程的重要部分，作业的重要性不言而喻，但与课堂教学紧密相关的作业体系却被人遗忘。作业与课堂学习相脱节,"作业成为'熟悉的陌生人'"（尹后庆，2013）。

（一）教学实践中的作业问题及对策

当前，教学设计基本等同为备课，作业主要依靠"拿来主义"，课堂、作业与评价基本上是"三权分立"。教学设计通常以课时为基本单位，为"教"做好准备，因而习惯性地从方便教师实施的角度（教学流程取向）去考虑。但从学生的立场看，课堂只是学习的一个环节，需要将课前学习与课后学习及评价联系起来，从学生整体学习实践的角度（学习活动取向）来考虑备课。这是当前学校教学常态中存在的突出问题，课堂学习与作业相脱节，"教—学—评"不一致见多不怪。

在不少人的认识中，作业多做总是有益的，多做比少做强。这种"作业依赖"现象，是反复强调"减负"，学业负担却未减反增的原因。"好成绩"真的必须"多作业"吗？人们对学习机制的理解的局限，导致学生认知学习的负担居高不下，所损失的是孩子们人格发展的学习、社会性发展的学习以及体质健康。能否有一条路径，可以让学生在作业上少一些投入，而认知学习的水平仍然相当？将作业与课堂学习结合起来整体设计应是一个重要切入口。

在课内外学习任务的配合设计的理念下，我们构建了“课堂学习与作业相融合”的操作体系（见图 5.1），引导教师整体研究课堂学习设计与作业设计，以任务（作业）来组织教学进程。

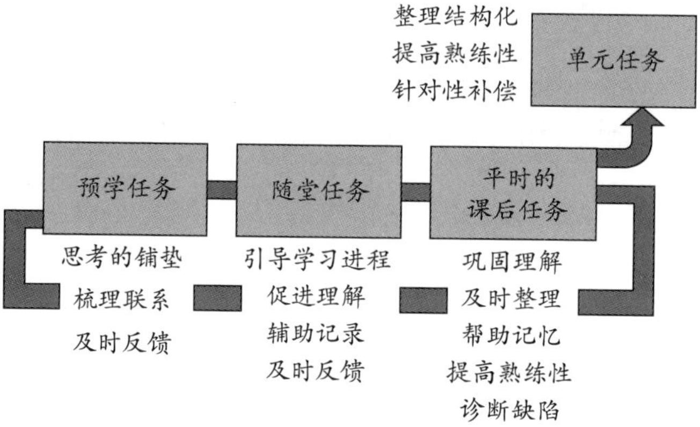

图 5.1 “课堂学习与作业相融合”的操作体系

与以往讨论的教学设计相比，包括预学任务、随堂任务、课后任务以及教师的运用指导的学习设计的进步意义是突出的。它强调从“备教”转向“备学”，要求教师研究学生的学习规律，设计学习任务，策划学习活动，把上课的“教”视为学习设计的运用。采用“学习设计”的提法，突破 45 分钟课堂的局限，将课前预习的设计、课堂学习讨论的设计、课后巩固延伸的设计，甚至单元学习设计都包括在其中，有助于教师更好地认识完整的学习过程。

（二）根据学习时段设计功能适切的学习任务

在构建与课堂学习相配合的作业系统的过程中，我们关注到不同学习时段的作业的同质化问题。预学任务、随堂任务、同步作业、周末作业、单元作业和假期作业等都应各有特点，但大多数教师对此却是忽略的。作业改革必须减少仅仅具备训练意义的作业，把握不同学习时间的学习任务的功能与特点。在不同的学习环节，设计不同功能的学习任务以支持和促进学生的有效学习。（张丰，2019）

1. 预学任务

我们认为，学生自己学会的“会”与教师教会的“会”，是两种不同性质的“会”，也是两个不同水平的“会”。所以，在教学活动中，要鼓励和帮助学生开展理解意义的“预学”，但要防止以“预习”为名的提前作业。对于多数学生来说，预学并不只是阅读教材，而是通过思考与体验，来帮助理解。教师对学生预学的帮助，往往体现在前置性的预学任务的设计上。这是教师备课的核心之一，也是导学案的重要组成部分，是从“备教”转向“备学”的具体体现。

前置性的预学任务的设计应遵循简明、根本、开放的原则。它不是一般的提前练习，而是一类引导预学思考的任务。可以创设问题情景，可以通过应用体验，也可以借助复习整理，通过将学习要点拆解为若干个思考的“台阶”，支持学生开展有意义的预学，以促进学习并暴露学生理解的过程。预学任务应是开放的，要么有多个答案或方案，要么是结论唯一但路径多样。从目前的实践看，加强预学任务的研究，是提高课堂学习效率与教师指导的针对性的较好措施。

2. 随堂任务

现实中存在许多以“师生接力问答”为主要特征的课堂，有的甚至演变成为教师“自言自语”的课堂。这是因为我们一直把“听”作为学习的最重要的方式，教师将“讲课”作为自己最重要的任务。

但是，教师在课堂上的最重要的任务不是讲课，而是组织学习。那些以“师生接力问答”为基本过程的课堂只不过让教室的空气中弥散着“学习的可能”。但学习能否真正地发生，教师并无把握。如果课堂仅仅只是“师生接力问答”的过程，而没有或缺少学生独立思考的步步推进，那现场中的学生们可能只是“三分在学习，七分在观望”。如何保证学生的独立学习，促进学习的真正发生？如何鼓励学生展开交流与合作学习，同时促进学生的社会性成长？要通过设计随堂任务来实现。

随堂任务主要有两种类型：一种是支持学生独立思考的任务，另一种是支持学生合作讨论的任务。它们是促使“讲台上的学习”转化为“课桌上的学习”的重要载体。随堂任务（“课中导学”）的设计已超越了狭义的作业的设计，而更多地表现为学习活动的设计。通过学习活动设计，促进课堂学习方式的多样化。

3. 课后任务

课后学习任务与通常意义的作业最为接近。如每天布置的同步作业、每周一次的周末作业、阶段意义的单元作业以及假期作业等。不同时间节点的作业设计思路应该有所区别。

平时布置的作业主要是与教学内容相配合的同步作业。其最大特点是及时性，其首要目的是巩固理解，同时注重启发学生的应用迁移。周末作业与单元作业是两种不同的阶段性巩固。周末作业注重基于理解的记忆与熟练，需要落实小周期的整理；而单元作业注重知识内容的整理与结构化，并基于诊断追加补偿性作业。假期作业更为特殊一些，其主要形式应与学期中不同，应多开展学期中难以开展的学习活动，以还原课程本来的学习。

设计课后学习任务的关键是处理好“理解”与“熟练”的关系，要在学生基本理解的基础上，以适当的重复作业与变式作业，帮助学生掌握知识，提高能力。课后学习任务设计须尊重学生的差异，同时设计面向全体学生的巩固性作业与面向学有余力学生的提高性作业，以区别对待，促进人人进步。

（三）贯通课内外学习的作业设计

同步作业与预学任务、随堂任务应整体考虑，配合设计。这是贯彻“教作评一致性”的关键。它们应紧紧围绕课堂学习而展开。预学任务与随堂任务既可以用来引导学习进程，同时也是对学情的诊断。同步作业是有针对性的、检验学生理解水平的任务，同时也是分散于常态学习中的形成性评价。

案例 5.4

《桃花源记》作业设计

——贯通课内外学习的作业设计[①]

（一）课前预学（在以下三项任务中选择完成两项）

预学任务 1：读课文。大声朗读一遍课文，边读边参考课文注释或工具书，在括号里为加下画线的字标注汉语拼音。完成后再读两遍课文，力争读得通畅、流利。

（1）屋<u>舍俨</u>然（　　）（　　）　（2）<u>阡</u>陌交通（　　）……

① 案例引自：浙江省教育厅教研室．语文作业本：八年级上［M］．杭州：浙江教育出版社，2016：49-52．有改动。

【我发现】上面这些加下画线的字中，“____”是通假字，要读所通的那个字；多音字如“____”，要根据句意来判断读音；有的字的读音在现代汉语中是没有的，如“____”。朗读文言作品时要时时留心它们。

预学任务2：学词义。默读课文，结合课文注释，解释下列句中加下画线的词。

（1）缘溪行，忘路之远近 （2）落英缤纷 ……

【我发现】文言词语释义有奥妙。像“____”“____”“____”等词语，在不同的句子中意思并不一样，我们常叫这种语言现象为“一词多义”；而像“____”“____”“____”等词语在文言文中的意思和现代汉语中的意思也不一样，这种语言现象被称为“古今异义”。

预学任务3：品意象。“桃花”是古代文学作品中常见的意象，比如《诗经·桃夭》和崔护的《题都城南庄》。阅读这两首诗，查阅相关资料，和家长（或同学）交流：古人赋予“桃花”以怎样的意义？

（二）课堂导学

随堂任务1：

1. 默读全文，在下面句子括号里补上被省略的内容。

（1）（　　）便舍船，从口入。（　　）初极狭，才通人。（　　）复行数十步，豁然开朗。

（2）（　　）见渔人，乃大惊，问（　　）所从来。（　　）具答之。（　　）便要还家，设酒杀鸡作食。

2.《桃花源记》中的成语于简洁的形式中表现丰富内涵。在课文中找出七个成语，工整地抄写在田字格内。结合课文注释和工具书，和同桌相互解释它们的意思。

随堂任务2：看下面的6幅图画，从课文中选取内容对应的句子，写在横线处；合上书本，试着按课文故事发展的顺序，将这些图画排序；然后在脑海中补全画面，再和同桌互相讲讲这个故事，看谁讲得完整、清楚、生动。（图画和答题横线略）

随堂任务3：邀请4位同学组成学习小组，围绕“桃源之美”展开小组讨论

（讨论计划见表 5.3），并将讨论结果填在记录表（见表 5.4）中。如还有其他问题，作为“话题三”开展讨论。可根据经验发表见解，也可参考相关材料展开学习。完成后，在老师的组织下，进行一次全班交流。

表 5.3 “桃源之美”小组讨论计划

小组成员		发言人	
讨论时间			
话题一	“世外桃源”这个成语指理想中的美好世界。陶渊明笔下的桃花源到底美在哪里呢？请结合课文内容和教材“积累拓展”中节引的《桃花源诗》做一番探讨。		
话题二	“晋陶渊明独爱菊”，陶渊明又自称“五柳先生”，那么陶渊明为什么不营造一个菊花源或是柳源？请从“桃”的独特寓意入手，结合课文内容研讨这个问题。		
话题三			

表 5.4 讨论成果记录表

话题一	同学：桃花源美在清新恬淡。“土地平旷，屋舍俨然”，人们在田野里耕种，在家安适地生活，安居乐业的感觉给人安适、愉悦的感受。 我：
话题二	同学：这让我想起《西游记》里的“蟠桃会”，想起神话故事《夸父逐日》里的夸父，还想起了《诗经》中的“桃之夭夭，灼灼其华”，想起了《三国演义》中的“桃园结义”。“桃”寄寓了这么多美好的意思！ 我：
话题三	

随堂任务 4：读材料，结合随堂任务 3 对“桃源之美”的理解，完成以下任务。

（1）体验“晋太元中”的“渔人”。

太元，东晋孝武帝年号（公元 376—396 年）。其间，政治极度腐败，统治集团内部生活荒淫、互相倾轧，赋税徭役繁重，战争频发。想象你就是来自战乱中的渔人，当你走进又走出桃花源，你会想：____________________

（2）探究再无可觅的“桃花源”。

《桃花源记》约写作于公元421年，军阀割据、战乱频繁的社会已经千疮百孔。

归隐多年的陶渊明对此深感忧愁，又无力抗争现实，只能借助创作来抒发情怀，塑造一个美好的“桃花源”寄托理想。

作为一篇虚构的作品，陶渊明为它设计了一个“高尚士”刘子骥再寻桃源“未果”“后遂无问津者”的结局。你怎么理解这个结局？

（三）课后拓展

对于来自乱世的渔人来说，桃花源里的和谐与宁静是可贵的。而在现实生活中，东晋士人对理想社会又有另外一番描述，比如下面这段话：

海内十洲记（节选）

瀛洲在东海中，地方四千里。大抵是对会稽，去西岸七十万里。上生神芝仙草。又有玉石，高且千丈。出泉如酒，味甘，名之为玉醴泉。饮之，数升辄醉，令人长生。

（1）这个“瀛洲”岛长什么样？

（2）“世外桃源”与“瀛洲”相比，最大的不同是什么？

案例 5.4 是教读课文《桃花源记》的完整作业设计。不同于过去以课后训练为主的作业，该作业设计的重点放在促进深入思考的预学任务与随堂任务上。课后作业明显减少，只是一小段古文的比较阅读。这样的变化，可以腾出更多时间让学生进行充分的自学。深入分析，该作业设计有以下五方面的特点。

一是课内外学习任务互相关联，形成整体意义的深入学习。课前预学任务的作用主要是引导学生自主阅读课文，梳通字词并能自主归纳文言知识。这一方面能培养学生运用课文注释和工具书自主阅读文言文的能力，另一方面能引导学生在学习中自主建构文言知识和文言现象。预学任务 1 和 2 是随堂任务 2 的“讲故事”的铺垫，引导学生理解故事内容，把握“记”这一文体特征，有助于学生今后同类文体作品的学习。预学任务 3 是文本深入理解的切入口，通过两首古诗，引导学生初步了解“桃花”意象。这有助于学生在随堂任务 3 和 4 中准确品味和感受“桃源之美”，结合时代背景把握陶渊明创造“桃花源”的内心世界，进而通过课后拓展任务，体会古人所向往的理想社会及可能的更多的现实思考。

二是注重学习目标的逐步落实，促成学生综合的学习收获。初中生仍然属于文言文的初学者。因此，教材中本单元的学习要求“先借助注释和工具书读懂课文大意”，然后“领会诗文的丰富内涵，品味精美的语言，并积累一些常用的文言词语”。基于这样的学习目标，该作业设计有秩序地引导学生开展学习。预学部分引导学生朗读、积累常用词语；课堂上，先要求学生通过关键句子、典型的成语、几幅图画和讲故事等方式，较为轻松、活泼地了解课文基本内容，再进入文本内核，组织学生讨论“桃源之美”和创作意图；课后拓展以延伸阅读的方式拓展视野，引导深入思考。任务设计呈现序列化特征，其综合性不断增强。

三是随堂任务切入视角多元，形成丰富多样的学教方式。在四则随堂任务组成的课堂中，学生成为主动学习者。了解课文基本内容是基础，包括默读课文补充省略成分、图文对照阅读等，由学生自主学习。赏析“桃源之美”是基于学生理解文意的深入学习，其中有对文句的筛选、整合、分析，也有借助阅读经验进行评价和创造，因而该环节自主学习和合作学习并重。至于将自己换为“渔人”进行角色体验，属于体验性学习，启发个性化的深度理解。以结局为切入点探讨作品的写作意图，则是深度探究性学习任务。总体来说，这是一组整体性强、以充分合作探讨为主的学习任务，各任务的指向不同，体现了学习方式的多样性。

四是改变了格式化的习题说明，形成启发引导的学习指导体系。案例中的学习任务已超出原先作业的内涵。它不再是格式化的习题要求，而是引导、启发学生学习的具体说明。比如关于通假字、一词多义、古今异义等概念性知识，引导学生在自主学习中认识、理解并建构。在“桃源之美”小组讨论环节，以表格引导学生有序学习、合作交流、得出结论；在设置话题时，先呈现范例，再引导学生自主提出学习话题，而且两个话题角度不同，思维层级也有差异，学生可以自主决定提问的方向。可见，整个学习任务的设计成了引导学生学习的结构性指导，这能有效促进学生学习能力的提升。

五是积极倡导开放而有活力的语文学习，尊重个性化、创造性思维。当前的语文课堂还有较强的封闭性和套路化，在行为方式上表现为大量的机械化训练，思维层级较低。但这一组学习任务则完全不同。比如在随堂任务 3 的讨论中，在“话题一”和“话题二”后留出“话题三”，这是基于学生自主学习的个性化思考，鼓励学生提出有质量的问题。随堂任务 4 中的角色体验也是开放性较强的、尊重个性化体验的高阶学习任务。

这组作业貌似习题，却不只是习题，而是与课文相配合的学习活动体系与指导体系。它较为综合地体现了整体意义和能力取向的，启发式、开放性的多样化学习方式。这种按照“课前预学—课堂导学—课后拓展”的思路编写的，将学习任务“串珠成链”贯通全程的作业，推动了课堂教学的改革。

三、预学任务的设计

在很多学校中，“预习”被重视并坚持下来。一般是学生先阅读教材，熟悉学习内容，尝试完成练习。如何促进这一环节更多地表现为理解意义的思考（“预学”），而不是熟练意义的练习（“预习”）？如何让这种“预学”与课堂学习更为紧密地关联？以下从预学任务的意义、功能、类型以及设计策略等方面展开讨论，作为完善“导学案”的一脉研究。

（一）预学任务：推动课堂教学改革的支点

前些年曾流行的“学案导学”就是以预学任务为抓手的课堂教学改革，它试图以“自主学习”的课堂去瓦解“他主学习”的传统教学模式，实现学生的主体地位和教师主导作用的和谐统一。尽管现实中导学案的质量良莠不齐，但这种以预学任务为支点去变革课堂的探索得到广泛的响应与关注。

尽管在媒体上、在实践中，我们发现许多积极改革课堂的典型，但中小学课堂教学的真实现状并不令人乐观。整节课就是教师讲、学生听，过度依赖“教”的被动教学模式仍然是常态和主流。这种“他主学习”模式的主要危害是形成两种教学惯性。

一是学生习惯性地等待教师的“教”。因为长期处在以教师为中心的“他主学习”模式下，学生的自主学习能力缺乏“发育”。因为学生不会“学”，于是习惯于被动地接受教师的“教”，等待教师的“教”；因为学生被动地等待教师的“教”成为惯性，反过来又促使教师教得更仔细、更认真，于是形成恶性循环。

二是教师习惯于主动地、控制地“教”。教师总觉得学生自主学习可能存在困难，不放心、不信任。即使在学生具备自主预学条件的时候，仍有一些保守的教师无法站在课程改革的高度来审视“教”与“学”的关系，故步自封地主动“教”。

从表面上看，传统的以被动接受为主要特征的“他主学习”模式，也能通过高强度训练弥补“学”的不足，但其对学生学习品质发展的帮助十分有限，最后只能通过牺牲学生身心健康的方式来获取分数。这显然是不可持续的教学模式。

以预学任务为支点，推进课堂教学的改革，首先需要教师设计适合学生自主实践、自主体验、自主探究的预学任务；然后让学生在预学的基础上，就生成的问题与老师、同学开展研讨与探究，力争依靠集体的力量自己发现并解决问题；最后是在教师的引导下，完成更为复杂、更有深度的课堂学习任务，以深化自主预学的成果。

在整个过程中，预学任务既是重要的铺垫，又是课堂进展的线索。它成为课堂从“他主”转向“自主”，体现“学习中心”思想的关键。它不完全是新知识的初识或简单的练习，而是一节课的重要环节，是教师依据不同课型系统设计的任务，以引导学生在预学自测、归纳要点、思考研讨等的同时，进行拓展阅读、操作实验、社会观察、生活体验，展开深入的思考或体验，以作课堂学习之基础，并掌握学习方法，形成学习习惯；同时便于教师了解预学进展，形成课堂活动的初步结构。我们也将这种功能指向更明确、更能体现学科特色、形式灵活多样的预学任务称为“前置性学习任务”。

（二）预学任务的主要功能

1. 赋权：鼓励学生主动参与学习

在传统的课堂中，教师面向集体的讲解与问答较多，不少学生只是被动地跟从着，缺乏深入的思考与真正的参与。预学任务的出现，给学生以积极参与教学、积极参加探索、积极参与发展的独特的机会，有助于学生课堂学习的具体参与。

预学任务明确要求学生能自己学的知识自己预学，能自己解决的问题自己解决。这种赋权，凸显了学生在课堂中的主体地位，既给学生以主动参与的具体形式，更强调了学生主动参与学习的责任。

预学任务注重学习的过程性体验。这些先行思考既是学生为课堂学习所做的一种准备，又是学生主动、深入地参与学习过程的认知基础。这种主动参与的学习远比被动地从教师那里获取现成的结论要深刻得多，对学生的发展产生的影响也深远得多。

2. 铺垫：促进学生提前思考与体验

预学任务是引导、帮助学生自主学习的“脚手架”，是课堂学习的“思维的台阶”。它通过简明的任务引导学生先就基础内容做提前自学与梳理，通过有探究意义的问题引导学生就核心内容做提前思考与体验，为课堂学习做准备。其目的是在引导自主学习方向的同时，帮助部分学生降低自主学习的难度。

在预学环节，应让学生提前感知无须教便能基本掌握的新知识。如在语文教学中，对于注音、释词、文学常识的了解，提前阅读课文，初步感知人物性格特点、文章要表达的主要思想等，均可作为预学任务让学生提前学习与梳理，案例5.4中的预学任务1和预学任务2，便体现了这一特点。又如在英语学习中，让学生依托字典等，给新单词注上音标；用红笔标注重要词组，并注上中文意思；听录音模仿朗读单词，解决读音问题；根据教师示例，模仿造句；等等。这些浅层次任务，也都可以预学任务的形式，让学生提前热身与铺垫。

预学任务所支持的不是以知识点为线索的练习，而是关于核心学习内容的提前思考。预学任务应“低入点”“有台阶”“高思维”，引导学生逐渐进入核心问题的讨论。要克服“学案练习化”的倾向，应以学习要点的理解为预学任务之纲。

因为学生之间有差异，预学任务所引发的学习肯定是层次多样的。有的学生完成任务时，便已豁然开朗；有的学生较易的方面已解决，较难的方面已触及；也有的学生只是经历了热身。这一环节对于中等程度的学生来说，不是以提前获取核心知识为目的，而是教师为他搭建的“思维的台阶”。

3. 导学：组织教学进程与学习分工

预学任务的价值在于“导学”，而非操练。正是为了克服学生被动接受学习的弊端，我们重视预学任务，借此激活课前的主动学习，并沟通课前学习与课堂学习。教师运用预学任务组织教学进程与学习分工是学习设计的重要部分。

通常情况下，教师会以预学任务导入课堂，在预学交流的逐渐深入中，推进教学进程。预学任务常常将一堂课的主要的“锚”抛在那里，然后在课堂学习进展中借此前进。一个个学习任务设计常常是备课的梗概，如案例 5.1 关于“浮力”的初中科学实践性预学任务，就是课堂学习的起点，它引导学生基于体验研究影响浮力大小的因素。因此，预学任务设计与课堂教学过程往往有很强的关联。

预学任务也可以用作一种分工机制。案例 1.3“新航路的开辟”一课就设置了四项预学任务分配给四个大组，课堂就是四个大组轮流的预学成果的汇报。

4. 诊断：支持教师的针对性指导

在传统的课堂中，常常是教师面面俱到地讲授知识，全体学生“齐步前进”，课堂教学针对性不强，教师课前只是依靠经验判断学生的学业基础。哪个知识点学生可能会出现困难？应该用怎样的方法来突破？哪些学生可能在学习某知识点时会有不同的想法？应该如何引导与讨论？……这些影响课堂教学设计的学情判断，如果只是处在主观臆测水平，“学习中心”的课堂便会有许多困难。

预学任务是教师诊断学情的重要工具。它首先在时间上突出了先“学”再“教”，在学的方式上强调个性化，在教的策略上更具针对性。教师须事先批阅学生的预学任务，及时了解学生的现有学情，从而在课堂教学中展开针对性教学。凡是学生能够自己独立解决的问题，就让他们独立思考；凡是学生能够合作研讨解决的问题，就让他们合作研讨；对于学生不能独立解决的问题，则通过启发、引导、组织大家一起解决。这样就能将学生的主动性和教师的主导性较好地统一起来，进而达到“教师少教、学生多学”的理想效果。

为使教师的引导更具针对性，预学任务设计须有利于暴露学生自主学习的状况，帮助教师收集学情信息，把握教学起点；须适应不同层次的学生，让其经历预学时，都能得到积极暗示；须鼓励学生在预学思考与阐述中体现一定的开放与创新，以有利于将此转化为课堂资源，使课堂更具现场感。

案例 5.5

“电路图”的预学任务

——作为学情诊断工具的作业

1. 以下三个电路图（图略）分别表示通路、断路和短路。请分别标出，并说明你判断的依据。

2. 电路图由____、____、____、____等组成。

3. 对照左侧的串联电路的实物图（图略），尝试在右侧画对应的电路图。

（如果第三题有点难，先到此为止；如果感觉第三题不难，那就挑战第四题。）

4. 对照左侧的并联电路的实物图（图略），尝试在右侧画对应的电路图。

在案例 5.5 中，教师大胆地让学生在未学之前，尝试依据实物图画电路图。因为教师未讲授就要求学生画并联电路图确实有些难，所以教师提示“如果感觉第三题不难，那就挑战第四题”。这是以尊重的方式，让预学任务适应更多的学生。当然，上述任务还能清楚地对学生起点做诊断分层。

5. 学会学习：促进方法变成习惯

学习的关键在于让学生掌握学习的方法，并让方法变成习惯。预学环节正是培养学生学习能力的重要时机。但有些教师在设计预学任务时，只关注要求学生完成的具体任务，而忽略了引导学生去思考为何做、如何做，反使预学环节的意义少却了许多。预学任务应是以方法策略为基础，培养学生自主学习能力的载体。

有效的预学任务，须帮助学生克服“不会自学”的困难，通过一定的支架，实现从“扶”到“放”的方法指导。如关于陈述性文本自学的“想—画—注—问”，在自学教材时，看课题先想一想将研究的问题、可能会如何研究、涉及哪些已有知识经验等，然后再画出重点，标注自己关于文本的解释说明，再提出自己的疑问或想进一步研究的问题。数次经历，便会帮助学生迈开自学第一步。

有效的预学任务，须以知识为依托，包含体现学科特点的学习方法。譬如，语文学习能力的提高是学生积累性学习持续性开展的过程。如何使用工具书，如何标注整理，如何结合作者背景理解文本，如何体悟写作方法，等等，都需要通过预学任务的形式，持续一个阶段，让读思结合、读写结合化为学生自然的思维，促进学生良好学习习惯的形成。

有效的预学任务，须明确学习方式，并引导学生体会与反思不同学习方式的要领。自主学习不是简单的个人沉思，还包括资料查阅、向人请教等方式。在预学任务中，应明示学习方式或路径，并根据学生的差异进行区别化的学习方法提示。教师要引导学生事后梳理总结某种学习方式的要点，通过强化反思促进学生学会学习。如语文预学任务中有这样的要求："初读这篇课文，你有哪些不明白的地方？请写下来，并思考自己提出这个问题的理由。"学生们经常被要求提出问题，他们提出的问题的质量也有高有低，引导学生通过追问自己提问的理由来筛选高质量的、有意义的问题，就是一种较好的反思性的学习方法。这一预学任务，就意在让这一方法变成习惯。

（三）预学任务的常见类型

预学任务是学生在一堂课上自主学习的起点。它貌似作业，但又不同于通常的课后巩固练习与拓展性作业；它可以是书面的，也可以是观察、体验等活动，主要表现为静态的阅读思考与动态的实践体验。它是帮助学生唤醒相关的知识与经验的载体，是促进学生理解与应用的"思维的台阶"，也是学情诊断的重要方法，是对学生学习方法的指导。从如何促进学生提前思考与体验的角度，预学任务的常见类型有以下几种。

1. 在阅读整理中思考

不管什么学科，如果学习内容以事实性知识为主、探究性不强的话，可以设计"阅读整理型"预学任务。让学生带着教师提供的阅读提示和方式指导，自己阅读教材或课外材料，或积累，或批注，或悟读，或整理，自主获取相关知识。案例 4.1 的预学任务属于此类。让学生带着任务阅读教材，边阅读边思考和整理，预学任务的完成情况能直观地反映学生的知识掌握情况。教师可以此作为学生的学习起点与教学资源，组织更加有效的课堂学习。

与阅读教材不同，案例 3.3 提供了三则科学家发现光合作用的实验故事，让学生阅读故事后对应思考三组任务，引导学生进行实验分析，促成学生关于光合作用的渐进思考。

2. 在提出问题的过程中思考

要引导学生的学习，不能完全依靠教师提出的问题，否则学生依然处于被动的学习状态。如果学生的学习从自己的疑问处开始，并为解决心中的困惑而探寻，那他就离自主学习不远了。因此，设法让学生提出问题是预学任务设计的要点。其途径可以是在活动中提出问题，在查找资料中提出问题，在阅读教材中提出问题，或者在复习和做作业中提出问题。

如何促进与启发学生提出问题？一是教师应对学生思考问题的方法适时给以指导，采用“脚手架”等形式帮助学生开启思路；二是帮助学生明确思路，理解事物的本质，并用较为准确的语言表达出来。教师可以通过问题征集的形式，鼓励学生提出更多高质量的问题。

案例 5.6

基于师生对话而设计的导学任务

在学习初中科学“牛顿第一定律”第 1 课时后，学生与教师有一段对话。教师没有直接回答学生的问题，而是根据师生对话场景设计了如下任务单，第二天发给全班学生。

> 以下是发生在咱班的一段师生对话。我们一起来帮助一下这位同学。
>
> 生：老师，物体所受的重力可以忽略吗？
>
> 师：（有点意外地）一般情况下不能。
>
> 生：地球上的所有物体不是都受重力作用吗，怎么很多物体还能保持运动状态不变呢？
>
> 师：你这个问题提得太好了！从你的眼睛可以看出，你心中是有答案的。还是你自己试着解释吧……
>
> （1）这位同学描述的“物体受重力作用却仍保持运动状态不变”的情形生活中多见吗？请你举出一至三个例子，以示意图的方式画在下面，并标上物体所受的力。（温馨提示：暂时不要看教材，要打开思路，不要重复教材上的例子。上课交流时，要看看哪个小组的例子最多。）
>
> （2）请以你的示意图描述的情形为例，试着向那位同学做解释。

当学生在从容思考中主动提出问题后，我们就可以此为课堂学习活动的素材，构建课堂学习任务，推动学习进展。一堂好课常常由一个有思维空间和思维深度的主问题所驱动。即便教师心里清楚主问题是什么，但也要让学生们经历由散碎的提问走向问题聚焦的过程。有时问题未必会聚焦，但这让课堂学习主要围绕基于学生立场的问题来展开，便使学生有更深入的参与。

3. 在经验联系中思考与体验

预学是从联系旧知与经验开始的。所有的学习，都应与学生的生活和先前的学习相关，没有什么知识可能“从天而降”。因此，引导学生自学，应让他们善于从“新”中找“旧”，在激活旧经验中寻找新知的生长点。

如在学习“化学性质和物理性质”一课前，教师要求学生：（1）请举出物理变化和化学变化的例子（各五个）；（2）“蜡烛在燃烧”和“蜡烛会燃烧”的区别是什么？由于学生在小学科学课中已学过物理变化和化学变化的概念，也观察过相关的演示实验，因而各找出三个例子并不难，但要找五个例子就可能要出错了。这时就能形成有认知冲突的讨论。此类任务貌似简单却触及知识的核心。学生要准确地找出五个例子必须先充分自学，搞清概念，然后将书本知识与生活世界联系起来，找到疑似的例子后还要根据自己对概念的理解加以甄别。真正的自主学习便已开始。

4. 在实践观察与探究中思考与体验

预学任务不只是纸笔作业的过程，基于真实情境的实践活动也是预学任务的重要类型。通过现场观察或者经历实验探究，学生进行课堂学习的有关准备。因为课堂时间相对有限，利用预学环节，设计一些实践活动，学生的思考与体验会更为充分一些。

观察是重要的学习方式。它主要是为学生储备探究的感性认识，积累丰富的论证依据。因为观察任务都在真实情境之中，学生的好奇心与主动性较强。在观察中的预学的要点主要在于发现、体会、记录与比较。如在小学科学“形状与抗弯曲能力”一课中，教师设计预学任务“让学生观察瓦楞纸板箱”，引导学生在实践中观察与体验。

案例 5.7

让学生观察瓦楞纸板箱

——实验观察与探究

请找一个瓦楞纸板做的箱子，并将瓦楞纸板剪开。

（1）画一画：瓦楞纸板的横截面结构是什么样子？

（2）写一写：各部分的厚薄、软硬结构是怎样的？

（3）瓦楞纸板的这种结构有什么好处？请尝试做出自己的解释。

任务要求学生按照教师提示的方法了解瓦楞纸的结构和特性，并用图文并茂的形式记录观察结果，再尝试对瓦楞纸的结构做出自己的解释。这一解释过程是思维外显的过程，这为课堂讨论留下伏笔。从观察的内化到语言的外显，学生的科学思维快速提升。

相对于观察活动的客观性与非干预特点，探究活动是学习者深入参与实践的学习过程。在科学与数学学习中，常涉及探究性的预学任务。特别是科学，预学不能指向结论，而要引导学生体验探究的过程。在学习新知前，一般应让学生尝试操作相关的趣味实验，在模仿与探索中，学生的思维会被激活，探究兴趣会愈发浓厚。鉴于不会游泳的学生对浮力的存在及影响因素体验不足，初中科学“浮力”一课前，教师让学生把篮球或可乐瓶压入水中，并记录手的感受。在典型的探究课前，教师应该创造机会迫使学生回到问题的原始处，再一步步走过来，或提出问题，给出猜想，或设计实验方案。

探究课的预学，一般应避免先阅读教材，以避免教材中的已有结论影响学生的自由思考；更不能应用本该通过探究获得的结论和公式来解题，否则探究性实验的功能无法发挥。因此，这类课的预学，常是学生的探究实验。同时，我们还要先做温馨提示，请学生在完成任务前不要翻阅教材上前人已得到的结论。

5. 在问题解决或现象解释中思考与体验

以问题解决的方式获得知识是学生重要的学习方法和途径。教师可以在预学环节，以活动引发学生的真实性问题，然后让学生在开放性的问题解决或现象解释中思考与体验。

案例 5.8

“凸透镜及其成像”预学任务

——问题解决或现象解释

（1）用放大镜取火。

把放大镜镜面垂直于阳光，反复移动，直至地上出现一个亮斑。这个亮斑能否将一根火柴引燃或将一张纸烧焦？

不同规格的放大镜聚光的本领相同吗？测一测你的放大镜在阳光下聚光时亮斑到透镜中心的距离，并跟其他放大镜进行比较。

（2）用放大镜“拍照”。

通过放大镜看到的物体都是放大的吗？都是正立的吗？试着用放大镜把远处的景物成像在一张白纸上。

（3）试着“放电影”。

将放大镜放在蜡烛和白纸（或白墙壁）之间移动，像的性质是否发生改变？请试一试并记录。

（4）写出你在活动中产生的问题并试着解答。

在案例 5.8 的活动中，学生会发现透过窗户玻璃看操场物体不会发生改变，而通过凸透镜看操场却完成不一样了。原生态的问题由此产生：为什么凸透镜能有如此神奇的功能？它有怎样的结构，它跟平板玻璃、三棱镜等有什么不同？在教师的引导下，核心问题“物体经凸透镜有着怎样的成像规律”顺势而出。

关于预学任务的类型分析，肯定有很多视角。本节只是从促进思考与体验的角度，看不同形式的学习任务。事实上，预学任务单上的任务常是多样组合的。

（四）预学任务的设计策略

1. 立足于整体设计与“全程助学”

在导学案初兴的时候，有些学校研制了“预习案”与“课堂案”，分别作为预习与课堂教学的材料。我们认为，课前、课中与课后学习应该整体设计。有些任务会在全程多个环节反复使用，有些任务则侧重于某一环节。尤其是课前与课中两个环节更应紧密配合，可以用同一份“学习任务单”。浙江省湖州市长兴县实验中学称之为“助学稿”，浙江省宁波市宁海县西店镇初级中学称之为“课堂工作纸”。预学任务的内在线索须与课堂学习相配合。它不只为导入服务，而应该是整节课的铺垫，是将学习要点拆解开来的“思维的台阶”，以暴露学生思考的过程。

2. 切入于知识发生与思维发展的核心处

预学任务应从知识发生发展的本源问题切入，引导学生体会“为什么要学习这一知识”，把核心的学习、感悟的机会还给学生。具体设计时，可以先整体地提出本源性问题，让学生独立探索或带着问题去自学；也可以在提出整体性问题的基础上做适当的分解，形成问题串，引导学生逐步展开探究。

如在初中科学“电磁感应”一课中，教师由当初人类从“电生磁”到“磁生电”这一原始思维的创意处切入，以“逆向思维”为引子，以经典问题激发学生探究的兴趣。

案例 5.9

用“逆向思维”开启“电磁感应”新课

逆向思维是指与一般思维方向相反的思维方式，也称反向思维。有时，常规思维难以解决的问题，通过逆向思维却可能轻松破解。如司马光砸缸从“人离水”到“水离人”、人人嫌弃的老鼠成了广受儿童喜爱的米老鼠等。

1820 年，奥斯特通过多次实验发现 __________。奥斯特实验建立了电与磁的联系，可表示为“电→磁”。奥斯特的发现在科学界引起极大反响，有科学家产生了逆向思维：既然“电能生磁”，那么……。此逆向思维可表示为 ________。

1822 年，法拉第在一篇日记里郑重地写道：“把磁转成电。”从此，他开始了十年的不懈研究。请施展你的聪明才智，发挥想象，设计实验方案，把这一伟大的逆向思维变成现实。

评价一份预学任务的质量，主要看其是否以有一定开放度的、有思考意义的预学任务，激活学生“思考与思维的技能”，突出思考与思维的“不确定性与多元性”（吴永军，2011），激发不同层次学生的积极思维，暴露不同层次学生的思维差异。

3. 鼓励学生展开开放性思考

在预学任务中，除了少数指向确定性答案的封闭式问题外，主要应是开放性地解决问题或解释现象。预学任务应为学生的开放性思考留有充分的空间。因而，问题要么有多个答案或方案，要么是结论虽唯一但路径却多样。

设置开放性的问题，主要是要培养学生的发散性思维，促进学生真实理解。要引导学生展开开放性思考，让学生在理解环节有充分的停顿与深入的可能，让学生有主动发挥的空间，将独立学习能够达到的水平尽可能地展现出来，暴露学生的现有认知与能力。如在初中数学“三角形内角和”一课中，教师设计了如下预学任务。

案例 5.10

“三角形内角和”的预学任务

任务 1：三角形内角和为__________。

任务 2：小学时，你是如何得知这个结论的？

任务 3：到初中了，要用初中学过的几何知识来证明这个结论。请同学们开动脑筋，尝试一下。将证明方法标画在下面的三角形（图略）上，一图一方法。如果你想到四种以上方法的话，自己再添加三角形。想到的方法多多益善。

任务 1 与任务 2 只是任务 3 的铺垫。任务 3 的关键在于“多多益善”的开放性思考。在教师的启发下，学生充分地开展三角形内角和的求证。在那次课上，约有 $\frac{2}{3}$ 的学生在教师未教的情况下，便想出至少一种证明方法；而思维最活跃的同学，能够想出七种证明方法。这一局面远比“先教后学”更为喜人。

开放性思考也为课堂交流的生成做好铺垫。在案例 5.10 中，因为所有同学都经历了初步的探究学习过程，有的同学的探究思考已相当充分，所以课堂上就能够以学生分享的形式，将基础的证明方法与较为深刻的证明方法渐渐展现出来，关于核心知识的理解便可水到渠成。

开放性思考有利于适应不同个体学生的差异化需求。预学任务是面向全体学生的。封闭性的问题只将学生分为对与错两个阵营，而面对开放性的预学任务，不同层次、不同特点的学生会有不同的理解和认知。这会让课堂上出现相异想法的碰撞与交流，也有利于更多的学生深度参与。

4. 从学生学习的视角陈述任务

设计预学任务的过程也是对教材深度钻研，重新解构与建构的过程。虽然任务的设计者是教师，但操作主体是学生。预学任务设计须防止成人化的表达，要从学生学习的视角陈述任务，呈现学习时可能碰到的问题，建构起学生学习的具体流程。其陈述既要富有童趣、生动形象，又要引领学习、体现探究，并依据教学内容灵活多样地呈现。预学任务的呈现一般包括：学习任务的本体、学习资源的链接、学习过程的提示、学习生成的留空。

（1）学习任务的本体

预学任务的关键作用是引发学生的思考，自然而然地催生学生聚焦一些疑问，引发一些争论，形成一些观点。但因多数学生认知的局限，不善于“多想”，这需要教师在预学任务中设计能够“顺水推舟”的问题，能引发学生思考的线索，在“百家争鸣”的启发下，激活学生思维，展开自主学习。任务本体通常是一个以学生为主语的、方向明确但开放的问题，应以简明的形式、简洁的文字来呈现。

（2）学习资源的链接

预学任务的目的是引导学生先行思考。要利用好教材和必要的拓展性资源，供学生深入研读。教师应站在学生的角度，在教材中的知识可能缺乏系统背景支撑时，恰如其分地为学生提供精选的资料。必要的文本和图片，将为学生“雪中送炭”。

（3）学习过程的提示

与通常的作业不同，预学任务中常需要关于学习步骤、操作方法的清楚提示，以帮助学生明确做什么、怎么做、为什么这么做。如“请在看教材前先思考以下问题，解决的方案多多益善”“在以下三个问题中，请选择两个先进行思考”“如果感觉第三个问题不难，就请挑战第四个问题”，这些提示可能是对完成任务的背景的限定，也可能是提供给学生选择性的机会，缓解学生的困难焦虑。这样的提示，就像产品说明书那样，在学生完成学习任务遇到迷惑、困难时，及时提供帮助，让学生理解问题的过程更充分，便于学生学习留痕，以展现学情与回顾反思，有助于将学生的学习引向深入。

（4）学习生成的留空

与教材传递信息与结论不同，预学任务是一种促进生成的工具。设计预学任务时，要为学生解答、记录、整理与反思留空。教师设置许多留待学生钻研后补充的空白，让学生在完成这些补白的过程中悄悄拾级而上；提供一些记录表格式来辅助学生，以有利于学生将学习过程中所观察到的现象、获得的数据等记录下来，有利于学生及时保留重要的课堂生成。

好的预学任务也未必是一次性研制出来的，它要在具体使用的过程中一步步完善。直接沿用他人设计的预学任务，好似受益了，但如果没有钻研地“拿来主义”地用，反会降低实际教学的效果，导致教学的形式化与机械化。预学任务的价值在于经历它的设计过程，经历它的完善过程，而非文本本身。

四、随堂任务的设计

随堂任务是指教师要求学生在课堂上亲身经历的学习任务。这是集体学习活动落实到学生个体的重要机制，是课堂学习的有机组成部分。但在关注“教”的习惯下，教师常常忽略了这一部分，“学”未得到切实的落实。“学习中心”的教学改革重视这一环节，重视随堂任务的多样形式与功能。

课堂上，教师要以多样的随堂任务的组合引导学习进程。随堂任务与预学任务应有较强的关联。课堂学习常常是在预学进展的检查或讨论中逐渐深化的。

在课堂学习中，独立学习与合作学习是两种基本的学习形态。因而，教师设计的随堂任务可以从支持独立学习和促进合作学习两方面展开分析。

（一）支持独立学习的随堂任务

从认知学习的角度看，独立学习是最重要的。学生只有经历了有效的独立学习，才能说学习已经发生了。从另一个意义说，合作学习也要通过独立学习才能实现认知学习的进展。常见的支持独立学习的随堂任务有训练型随堂任务、思考型随堂任务、记录型随堂任务、阐述型随堂任务等。

1. 训练型随堂任务

这是教师们最熟悉的，与传统作业最接近的随堂任务。通常也称其为当堂练习或随堂练习。其作用主要是及时巩固与反馈，是重要的形成性评价。尤其在数学等理科的课堂上，这一形式被广泛采用。因为其与通常的学业评价形式较为接近，所以很多教师本着“熟能生巧”的想法，将之作为强化训练的手段，甚至出现对之的依赖，出现“以练代学”的不正确做法。这是需要防止的。

训练型随堂任务是必要的，但其功能与作用不能放大，不同学科运用此类任务的效力与适用性并不相同。设计训练型随堂任务的要点在于练习的典型性与反馈的及时性。要抓住该课时的主要学习内容，采用有针对性的、有梯度的练习检测学生即时理解和掌握的情况。有些课的随堂练习是对前一次课的复习检测。

因为训练型随堂任务的落点在某一具体课时，可以反映学生在这节课中的学习进展，所以要探索采用有解释意义的开放题，来暴露学生的思维过程与理解状态。如小学数学“圆周率”一课中，教师设计的随堂练习中有这样一道题：“圆周率 π 是一个固定的数。请你回忆一下，在数学课上，你们是如何得出圆周率的？把探究过程简要写下来。”这虽然嵌在随堂练习中，但却是关注学生深入思考的任务，它借助练习的形式，帮助教师更全面地掌握学生对于圆周率的理解的面貌。及时反馈是训练型随堂任务在机制上的优势。

2. 思考型随堂任务

对于学生个体来说，是否亲历思考的过程，是学习有无真正发生的标志。教师应重视课堂进程中思考型随堂任务的设计，关注学生的学习是否真实地发生。在师生密集对话的过程中，关于一个独立思考的任务的片刻沉默常常是学习得以发生的机会“缝隙”。

在案例 1.1“蒸发”一课中，教师让学生每人一张纸，每人一支笔，独立思考三分钟，从各种可使湿衣服尽快变干的方法中，分析影响液体蒸发快慢的因素，并写下来。这一任务就是典型的思考型随堂任务。因为这个穿插在课堂教授与互动中的“沉默的三分钟”，所有学生都被带入核心问题的思考之中。这种在师生互动中提出的思考型随堂任务是学习设计的一部分，而且应成为“学习中心”课堂中教师的常用方法。不过，以课堂学习任务单的形式呈现思考型随堂任务也很常见。

思考型随堂任务常常是课堂中的核心，因为这是促进学习者达成理解的关键。它常与预学任务相联系。因为没有预学任务的课前铺垫，完全依靠课堂上安排的短暂时间，很难从容展开较为深入的思考。

课堂上，如何处理思考型随堂任务与训练型随堂任务的组合，是“促进理解的作业”与“提高熟练性的作业”的平衡。随堂任务应以前者为主，后者主要是课后任务。

3. 记录型随堂任务

一个有效的学习过程需要完整包括听、记、思考、交流、实践等。如何设计帮助学生记录要点的作业单与如何讲解阐释学习要点是同等重要的。很多教师将课堂记录视为无师自通的自觉。但许多课堂的学习成效却受制于学生学习记录的质量。因而，教师要研究设计必要的记录型随堂任务，支持或指导学生学会有效记录。

案例 5.11

汽车中的科学

——帮助学生随堂记录的特殊作业纸

在一节初中科学的复习课上，课件上呈现了一辆顶篷透明的汽车。教师以这辆汽车为背景，以汽车的若干零部件引出许多道关于科学知识与原理的思考题，学生的学习热情被调动起来，教师相机启发、引导、点评、解释。一堂课就这样欢快而“有效”地完成了。教师的教学准备与课堂表现都相当精彩。

这堂课确实有许多值得肯定的地方，但一个现象也引起了我的注意。课堂上，除了教师提醒时，学生们拿起笔来做记录，其他时候主动记笔记的学生不多。当我将这一发现反馈给教师时，她认同我的发现，但却不知如何改进。

思考片刻后，我给她一个建议。请她准备一张白纸，中间也印上相同的顶篷透明的汽车，上课时发给每位同学，然后继续原来的课堂教学过程。试想一下，学生们听课记笔记的情况会有改善吗？这张印有顶篷透明的汽车的白纸算不算“学案”？

教师较为重视自己在课堂上“播放”知识的准备，却相对忽视学生在课堂上如何“接收”的设计。然而这成为课堂有效性的重要制约。案例 5.11 中的那张印有汽车的白纸，十分简单，却很有效。它以留白暗示学生可以在此记录，以相同的图片暗示相互联系，巧妙地提醒学生及时并有条理地记录，从而形成日后仍方便复习的笔记。这种记录型随堂任务是目前研究的空白，但却有“四两拨千斤”的作用。

其实，案例 3.1“德国史”一课中的第一张作业单也是记录型随堂任务，要求学生看电影并将电影中的主要事件记录下来。这个记录过程并非高阶学习过程，但这是学生学习的基本功之一，也是后续任务的基础。记录可以视为理解或熟练的“垫步”，通过记录过程的眼手互动，帮助信息的潜然入心，也便于学生日后重温或矫正。

4. 阐述型随堂任务

在人们通常的认识里，学习是一个“输入过程”。但换一个角度看，“输出过程”其实也是一种学习，甚至是更为高级的学习。阐述型随堂任务，指的是让学生在课堂上把知道的说出来，将思考过程阐述出来的学习任务。

对于学生来说，从听懂，到会解题，再到能讲出来，学生逐渐从知其然，到知其所以然，再到知何由以知其所以然。（傅种孙，2005）面对阐述型随堂任务，会讲的学生还可以分为能讲出来、能讲清楚、能讲好等多个层次。一般的练习往往停留在考查学生是否会解题这一层次。如果平时多采用阐述型随堂任务，让学生以讲解的方式进行学习，那学生必须以真正理解为基础，努力站在更高的层次，驱动更为深入的学习。

在案例 1.2“二次函数的单元复习课”一课中，教师安排了大量的整块的时间，让学生“四人小组讲题理”。通过人人参与的难度适切的阐述型随堂任务，学生得到真实的锻炼。学生面对阐述型随堂任务时的思考，与通常情况下学生回答教师的提问有较大不同。学生主要不是叙述问题的答案，而是在没有或者少有教师追问启发的情况下，主动陈述思考分析的过程，这是希望学生能够站在教师角度思考问题的讲解。

在重视展示学习的合作学习课堂中，阐述型随堂任务的形式有很多，如练习后学生相互纠错时的讲解、新课重难点知识分析时的讲解任务等。要帮助学生掌握学科自学分析讲解的通法，促进学科基本思维方式的形成，再放手让学生多讲。

阐述型随堂任务还有一些变式。如要求学生在课外，对经典题目进行讲解，并录下视频。这会促使学生对表达阐述的反思与进步。又如让学生用文字记录解题分析的过程，这种书面形式的解题分析便于阅读，易于修改，有助于学生研究琢磨。

如果在解题分析的基础上，再录制学生完成阐述型任务的视频，则效果更好。

（二）促进合作学习的随堂任务

对于合作学习的理解有两个角度。

一是“视合作为学习”。社会认知学派认为，社会交往活动就是一种学习。学生在课堂上的合作交流活动，既是学生经历认知学习的过程，也是学生社会性成长的过程。这种观点关注合作学习对于学生人际交往领域的促进，包括社交技能、沟通技能、决策制定、小组建设等，将学生社会能力发展作为学习目标的重要部分。

二是“在合作中学习”。这种观点将合作活动作为学习的一种方式，关注合作学习对于认知学习发展的促进，包括知识建构、信息加工、思维技能等。有些学习任务适合采用合作学习方式，但合作学习不一定适用于所有的学习任务。合作能否有效，要看学习内容是否确实需要通过合作学习来促进深度理解，以及任务策划是否利于学生的深度参与。

一般来说，简单的知识技能教学任务无须合作学习。但探索性的思考题（要求学生做出某种有价值的预测发现）、拓展性的训练题（要求学生多方面思考，寻求解决问题的多种方案、思路）、比较性的分析题（要求学生对多种答案进行比较分析，从中选择最佳答案）、多步骤的操作题（设计比较复杂，学生个人难以完成，需要分工协作）等要求发挥集体智慧和力量的学习任务就适合采用合作学习方式。常见的促进合作学习的随堂任务有讨论型随堂任务、辩论型随堂任务、实验探究型随堂任务、协作型随堂任务、团队展示型随堂任务等。

1. 讨论型随堂任务

课堂讨论是最常见的小组合作学习形式。设计讨论型随堂任务，通常需从以下方面做整体考虑。

一是讨论的必要性。该任务是否值得讨论？问题应与核心学习内容相关，且有一定的开放性。团队成员间的差异理解将有助于学生更深入地思考，经历批判性的思考与决策。值得设计成讨论型随堂任务的应是自主预学中比较有共性的问题、学生间存在矛盾或对立观点的问题，以及通过众人观点形成合议的问题。

二是讨论的可参与性。该任务能否讨论起来？问题应与学生的认知水平相接近，且是学生关心的、有兴趣的。学生在讨论前应有基本的知识储备或有一定的生活经验可以凭借，要顾及学生的层次差异，让不同基础的学生都有参与的切入点。

三是讨论的目标预期。讨论后将形成怎样的成果？任务设计时应明确预期成果，避免讨论的随意与肤浅。

四是讨论的生成性。如何提高讨论的质量？通常的任务设计只呈现问题，但讨论型任务还应考虑组织与记录的方式的设计，以促进讨论的生成与沉淀。如何形成说服性讨论，如何促进学生体会有理有据的表达，都可以采用一定的组织方法、讨论规则与记录工具来促成。

五是任务分工。讨论一般要有主持、要点记录、时间控制、发言和评价等角色分工，不能成为个别同学的独秀舞台。这与班级原有的合作学习文化有关。

六是讨论的效率。因为利用课堂时间进行讨论，所以要有明确的预计时间与活动节奏的控制。一方面要有准确的预计，既能从容思考，充分参与，又要时间紧凑，提高效率；另一方面要对如何把握进展有所考虑，并有相应预案。

如在小学语文《跳水》这篇课文的学习中，教师在梳理完小说的起因、经过、高潮、结果后，为有效地进行“谁是情节推手”的辩论，设计了如下讨论。

案例 5.12

课文《跳水》的讨论型任务

导致这个情节结果的到底是谁呢？下面请大家在五分钟内完成讨论。

（1）观点相同的同学就近成组，抽取组内发言牌（有角色分工及发言序号）。

（2）小组成员按照发言牌依次发言。

（3）记录员负责观点汇总，以关键词形式写在观点卡上（不超过 6 个字）。

（4）汇报员准备汇报辩论。

在呈现讨论任务之前，教师已根据学生的前置学习进行了教学铺垫，此时学生对“谁是情节推手”有了初步的判断，却没有肯定的答案，这是讨论真实发生的前提。借助分工明确、人人参与的讨论，学生的思考得以交互，思维的品质得以提升，这是讨论有效推进的路径。在讨论型随堂任务的设计中，除了任务本身以外，教师还应在任务呈现的时机、任务进行的过程、任务结束的评价等方面综合考量，确保讨论真实有效，促进学习深度展开。

2. 辩论型随堂任务

辩论型随堂任务是讨论型随堂任务的特例。它是让学生们在对立的讨论中促进更为深入的学习。辩论型随堂任务通常选择似是而非的点设置辩题，让正反两方都有道理且又有深入讨论的空间。它有助于学生多角度思考问题，锻炼学生的思辨与论证能力。如小学数学课上，教师设置“比例尺是尺吗”“假分数是假的分数吗”等辩论任务，促使学生更深入地理解概念，并在阐述辩论的过程中，经历高阶思维的学习。

如何在课堂上组织辩论型任务，有一些技巧与方法。如采用“T”形图支持辩论，“T”的上方写上问题，让同意或反对的学生将自己的理由写在小贴士上，分别贴到“T”的左下方或右下方，然后分别阐述自己的观点的理由；也可以让赞同或反对的学生各组成一个小组进行辩论。

“说服性谈判”是一种动态的课堂辩论的组织方法。先由主持人提出一个或赞同或反对的问题，让学生分别选择坐到赞同方或反对方的位置。接着双方代表轮流发言几个回合，在阐述自己判断与选择的理由的同时，重点要说服对方的同学，争取更多的对方同学“倒戈”。然后，全体学生就该问题重新判断与选边。主持人继续组织双方代表的轮流发言，并会特别邀请刚才改变判断的学生来做说服对方的主力。在这个判断、阐述、说服的过程中，主持人（多为教师）始终没有评判性的结论，而是让学生充分经历独立思考、反思评判、论证辨析的思维过程，以培养他们的批判性思维。

3. 实验探究型随堂任务

在科学与数学学习中，实验探究型随堂任务必不可少。讨论型随堂任务锻炼的是学生的思考、交流以及合作，而实验探究型随堂任务除了关注学生的思考与合作外，还要锻炼学生的观察、实践、体验、探究以及协作等能力。

多数实验探究型随堂任务是小组合作实验。小组成员需要就实验方案进行讨论，统一思想，明确操作过程与分工，确定好谁操作、谁记录、谁监控等；在探究实验过程中，在组长的组织下，按照分工进行操作、记录与合作探究；面对实验结果，小组成员可以采用“轮流讲”的方式发表意见，并在组长主持下，形成实验结论；再分工准备实验成果的汇报。

实验探究型随堂任务是同时包含操作、记录、思考、讨论、展示等任务的综合性的随堂任务。设计实验探究型随堂任务，一般要关注四个方面：一是实验的目标，明确要从实验中得到什么；二是实验流程，罗列学生将经历的主要任务；三是记录方式，根据实验内容，提供记录与思考的支架，有些实验甚至请学生自行设计记录表的形式；四是实验注意事项，提示学生实验注意点，提高实验效果。如案例 4.10“运动和力”单元前置任务的任务单就体现了这些内容。

4. 协作型随堂任务

在课堂学习中，有一类特殊的合作任务。它是建立在有分工的独立学习的基础之上，学习者通过与异质的伙伴的交流而深化学习的课堂任务。

如在小学语文《秦始皇兵马俑》这篇课文的学习中，在阅读“兵马俑的军阵”自然段后，教师设计了需要团队分工协作，集思广益，综合形成学习成果的小组协作任务。

案例 5.13

课文《秦始皇兵马俑》的小组协作任务

如果让你们小组当一回军事家、文学家、播音员、导游，你最想当什么？

（1）请小组成员各选择一个角色，先从不同的角度进行研究。

军事家：画、摆军阵图（简单的示意图）。

文学家：研究作者的观察顺序、写作顺序。

播音员：读出军阵的威武雄壮。

导游：练说导游词，向我们介绍兵马俑的军阵。

（2）每位成员研究完毕后，在组内交流与展示，并互相点评。

（3）研究采纳伙伴的点评与建议，准备全班展示。

教师设计这类合作学习任务，既能节约时间，提高效率，同时又调动起团队的积极性，让大家共同参与，互动配合。在这一协作型随堂任务中，关键的学习机制有两方面：一是不同角色的思考与准备是不同的，在选择与分工中，充分赋权，鼓励学生扬长发展；二是利用组内交流与点评环节，促成小组各成员的相互学习，在转换角色的过程中，促成更为深入的学习。这些关键机制千万不能忽视。

5. 团队展示型随堂任务

在重视展示学习的合作学习中，常会出现团队展示型的随堂任务。它要求小组成员在共同学习研讨后，集体展示学习成果。它既考验学生的认识与理解，同时又考验团队的展示与配合。

展示任务的设计应包含完整的步骤、全部的成员、有效的练习、精准的评价四个部分，教师是展示活动的组织者以及适时提供帮助的旁观者。活动过程中，学生经历角色分工、尝试练习、相互评价等环节，在人人卷入式地参与中习得能力。因此，展示任务的设计，应基于成员有一致的达成目标，过程有一致的练习流程，成果有一致的评价标准充分展开，最终指向学科育人。

案例 5.14 就是将独立学习、合作学习、思考、讨论、展示等随堂任务集于一体的，构建班级层面整体运作的大任务来带动一节课，甚至一个单元的实例。

案例 5.14

"骨骼系统"起始课的"站点轮动"合作任务

在骨骼系统的起始课上，教师在六张桌子（"学习站"）上各放一张大海报纸，上面各有与骨骼系统相关的主题：骨骼功能、关节 / 运动、形成 / 生长、断裂 / 愈合、细胞 / 组织、衰老。然后让学生们阅读 X 光片，思考提出自己想知道的问题。六个学习小组按以下环节逐"站"（指桌子）进行学习。

（1）每个小组到一张桌子前，开始第一轮提问，每组先就该主题进行几分钟的讨论，然后集体决定要问的问题。各组应尽可能多地提出问题，至少 3 个。

（2）几分钟后，各小组转移到下一个"站"，继续上述过程进行第二轮提问，直至他们完成所有六个主题的提问。

（3）请每个主题的最后一组大声汇报关于该主题的全体同学的提问。

（4）学生们可以尝试回答这些问题，或带回去继续钻研思考。

（5）这些海报纸将被挂在教室里，在该单元的每堂课上，师生都会一起看一遍，看看已经解决了哪些问题，还有哪些问题没解决。

表 5.5 是学生关于“断裂 / 愈合”主题提出的问题与我们的评析。六组学生共提出 18 个问题，除去重复的 7 个问题，呈现在表 5.5 中。在这些问题中，有 4 个关于骨骼修复的知识的问题，3 个关于骨骼创伤与修复机理的问题，2 个关于 X 光拍摄机理的问题，还有 2 个与主题无关的问题。在将学生们提出的问题放在一起时，大家就会比较体会普通的提问与高质量的提问的区别。从学生所提的问题看，不少学生对骨骼的创伤与修复以及骨骼系统的大概念已有一定的深入理解。而这正是很好的学习起点。

表 5.5　学生就 X 光片提出的关于人体骨骼的断裂 / 愈合的问题及评析

	问题	问题分析	提问的质量
1	X 光为什么能反应骨头的情况？	X 光拍摄的机理	****
2	X 光对身体有什么伤害？	X 光拍摄的机理	****
3	骨头的修复需要多少时间？	骨骼修复的一般知识	**
4	如果骨折了，如何能快速治疗？	骨骼修复的一般知识	****
5	哪根骨头是最难修复的？	骨骼修复的特殊知识	***
6	哪些骨头会自己修复？	骨骼修复的特殊知识、涉及机理	*****
7	骨头为什么会骨折？	骨骼创伤的机理	***
8	为什么有些骨头骨折后须手术才能恢复？	骨骼创伤与修复的机理	****
9	骨头中有哪些部位会帮助骨头修复？	骨骼创伤与修复的机理	*****
10	身体中哪个部位最重要？	其他	*
11	身体里面有几个肝和胃？	其他	*

案例 5.14 是一个典型的“站点轮动学习任务”。驱动这节课的核心任务是阅读 X 光片，就骨骼系统提出自己想要知道的问题。从学生想要知道的问题中，可以推测学生已有认知的水平；从学生提出问题的质量看，能反映学生的思维状态。因为骨骼系统涉及面较广，所以教师设立六个站，以让学生在每一站的讨论中都能相对聚焦。尽管有这一引导措施，但还是有一些学生的提问仍然是离题的。按照我们的课堂策划，可能会一节课讨论解决一个专题。而这位教师在起始课上就安排六个小组轮流在每一站都进行讨论，都提出至少三个问题，试图让所有学生对六个专题都有涉及，以对单元形成初步的但却是整体的印象。也以六张海报纸

上各10多个问题来检视本单元后面的课堂学习。在课堂过程中，教师还巧妙地设计了团队展示型随堂任务，要求每站的最后一组将全体同学就该专题的所有问题做概括汇报。这一先加工、再展示的过程，是颇有挑战性的，但也顺理成章。

（三）合作学习任务的设计原则

要组织开展有效的合作学习，任务设计是关键。教师进行学习设计时，须充分研读教材，熟知每节课的知识点、重难点、生长点；并根据学生的预学情况，了解学生的学情；再通过简洁、具有逻辑性的语言概括具有层次性和思维空间的核心问题，引领学生有效交流。合作学习任务的设计原则有以下几点。

1. 问题开放，激活思维

通过预学，学生已积累了一些基本认识与体验。因此，教师提出的进一步思考的问题，必须尊重差异，关注学生的个性理解与体验，以激活每一位学生的真实学习；问题必须是开放的，且有一定思维空间，有利于引导学生暴露思维过程。不仅题型要开放，结论也应尽可能开放，以鼓励学生根据自己的学识与经验，各抒己见。如果问题的结论是唯一的，也要选择可能会呈现不同错误结论的题目，便于讨论澄清。如在小学数学“长方体和正方体的体积”一课中，教师设计了如下问题：

（1）通过第1题的计算，你猜想到长方体的体积计算方法是怎样的？

（2）怎样验证你的猜想是否正确？（可以画图或借助学具摆一摆）

（3）请你用自己喜欢的方式表示你发现的长方体体积计算方法。

（4）根据长方体的体积计算方法，你能推测出正方体的体积计算方法吗？

在这些问题的引领下，学生经历“猜想—验证—概括”的长方体体积公式推导过程，以及借助正方体与长方体特殊的关系得出正方体体积公式的过程。

2. 指向明确，易于操作

小组合作学习任务通常由核心问题与引导语组成。核心问题指引着学生讨论和交流的方向，引导语保证着合作学习过程有序有效开展。

特别是在推进小组合作学习的初期，学生尚未掌握熟练的、规范的交流方法与程序，小组交流秩序尚未完全建立起来，合作学习任务的引导语尤其要清晰，要明确任务要求、程序、分工、时间等，以指导小组井然有序地开展讨论。如在小学数学“数学广角——找次品”一课中，教师在小组交流环节中提出如下要求：

（1）同学们交流各自用天平找到次品的称量次数。由称量次数最少的同学向小组汇报，并画示意图说理，大家相互补充。（明确任务要求与程序）

（2）讨论称量次数更少的称法，并用图示加文字表示出来。（明确辅助方法）

（3）双号组讨论 8 个零件，单号组讨论 9 个零件。（明确分工）

（4）交流时间为 5—8 分钟。（明确时间）

3. 梯度合理，难易适宜

通常的合作学习小组都是 4—6 人组成的异质小组，他们按照组内异质、组际同质的方式组织，小组中各层次成员搭配均衡。教师在设计合作学习任务时，要注意难度适中，且有梯度层次。

适合于小组合作学习的内容，难度应大于个人能力、小于小组合力。这样，小组合作学习才是必要的，也才能够成功。任务设计应尽可能有挑战性、激励性，让大家能够积极参与，千万不要设置不用讨论便能想出的问题。

教师要设置从记忆到理解的不同层次的问题，诱导学生循序渐进地探究和展示。以不同层次的问题，让大家都有展示的机会。如在小学数学“用字母表示数的简便写法”的学习时，教师设计了 4 个难度逐渐提高的问题供学生小组讨论：

请先独立思考，再小组讨论。每位同学按组内编号重点准备对应题号的问题。

1. 写出下面各题的算式。

（1）一本作业本的价钱是 5 元，10 本作业本需要多少元？（5×10）

（2）自行车厂每天生产 b 辆自行车，2 天生产多少辆？（$b\times2$）

（3）一辆汽车每小时行驶 40 千米，t 小时行驶多少千米？（$40\times t$）

（4）张师傅平均每小时加工零件 a 个，t 小时加工零件多少个？（$a\times t$）？

（5）一种奶糖每千克是 b 元，买 c 千克应付多少元？（$b\times c$）

（6）小红每天吃 1 个苹果，n 天吃几个苹果？（$1\times n$）

2. 这些式子有什么共同点？

3. 根据乘法式子中因数的特点分类。

4. 式子简写的条件和规则分别是什么？

这4项渐进式的任务就是这堂课的主要内容。有梯度的任务要求使得学生都在自己的“最近发展区”中努力。

4. 任务适量，时间可控

设计小组合作学习任务时，一定要估计好学生完成的时间。要有充分的时间，学生的思维才能被激活，合作学习才能进入状态。目前有的教师比较随意，常常一两分钟就收场了，学生根本来不及展开深入的讨论。一堂课上合作学习的次数不能太频繁，一般一到两次。所以，任务设计要控制题量，并要考虑问题的复杂程度，要考虑小组中每位成员的花费时间、互动交换意见的时间、归纳整合成全组共同决议的时间等。一般的合作学习任务完成时间，大致控制在5—20分钟较为合适。要给全班展示交流及课堂小结留出相应的时间，以保证交流内容的多样性。

5. 书面告示，过程有痕

因为合作学习的过程一般较长，如口头布置，学生容易遗忘。所以一般采用纸质的“合作任务单”的形式发给学生，书面呈示，以有利于记录小组合作的痕迹与组员的贡献情况。有时还可在课堂上以课件的形式呈现。呈现合作任务的时机需根据课堂时间分配的情况而定。

6. 基于学生问题，促进独立思考

课堂一般由集体教学、个体学习和小组合作学习三种方式交替进行。合作学习任务的内核，往往就是独立学习任务。要使合作学习有效开展，须先让学生经历一段独立学习时间，只有以独立学习为基础，学生才能人人参与交流。课堂组织中，要注意独立学习与合作学习的配合节奏，注意小组合作任务与组际交流任务的区别，以及教师评价、学生互评与自评的结合。

通常情况下，合作学习任务与课堂讨论都围绕教师发起的、预设的问题。但教师预设的问题有时可能是一厢情愿的，学生未必关心这一问题。因此，出现了更加开放的合作学习任务，教师基于学生生成的问题组织讨论。

案例 5.15

基于学生立场的问题的课堂讨论[①]

2013 年 4 月与 5 月，在浙江省初中课堂教学改革联盟的两次教学研讨会上，绍兴市柯桥区实验中学丁丽娟老师两次都用同一结构上《就英法联军远征中国致巴特勒上尉的信》一课，但其中讨论的问题各不相同。两次课的课堂流程均如下：

（1）学生课前自读课文，提出自己尚未明白的问题。（3 分钟）

（2）学生小组内讨论解决初读时的疑惑，把不能解决的或认为很重要的问题，写在小纸条上（每组 1—2 个）交给老师。（10 分钟）

（3）面对全体同学，教师将各组提出的问题汇总、梳理，并做适当的合并，合理排序，形成本节课后面课堂讨论的问题清单，问题一般 6 个左右。（4 分钟）

（4）每名学生从中选择 1—2 个问题，独立思考，边想边写，为讨论做准备。（8 分钟）

（5）教师组织全班同学，就刚才聚焦起来的问题，一一展开讨论。（20 分钟）

在这一流程中，课堂环节仅 4 步，十分简明。不包括课前的独立思考，学生有两段较为充分的时间进行思考（环节 2 和环节 4，合计 18 分钟），教师引导下的全班集体讨论存在两个类型的学习，一是整体把握的 4 分钟，二是深入分析的 20 分钟。因为最后讨论的都是基于学生立场的问题，所以大家参与热情颇高，思考也较为深刻；因为有多达 8 分钟的独立思考的停顿，后面讨论中学生的思维参与就会深入。整个讨论中，教师会就具体问题做点拨指导，并注重启发学生去总结和掌握学习方法。因为讨论的问题完全基于学生的关切，所以两次课上聚焦的问题不完全相同。

第一次课上讨论的问题有：（1）“这个奇迹已经消失了”这句话为什么用“消失”而不用“毁灭”？（2）这篇文章感情那么强烈，为什么用句号而不用叹号？（3）为什么说法国政府是强盗而法国人民永远不会是强盗？（4）雨果对圆明园是尊重历史还是热爱艺术？……

而第二次课上同学们讨论的却是：（1）雨果是法国人，为什么要替中国人说

① 案例由浙江省绍兴市柯桥区实验中学丁丽娟老师提供，有改动。

话？（2）“丰功伟绩！”“收获巨大！”是否含有讽刺意味？（3）“富丽堂皇”与“破烂”是否有矛盾？为什么？（4）“我们欧洲人是文明人，中国人在我们眼中是野蛮人。这就是文明对野蛮所干的事情”这两句话有何意义？……

案例 5.15 所呈现的是浙江初中语文界 2012 年起流行的新课型。在该课型中可以看到“学习中心”课堂的一些特点：课堂学习环节越来越简单；留给学生思考的时间越来越充分；越来越关注学习方法的体会与习得；越来越重视学生立场的问题与体验。教师不再把精致或紧凑作为有效课堂的追求，简明而充分成为支持学生有效学习的新课堂的特征。

五、课后任务的设计

课堂学习后，教师会安排适量的课后学习任务。除部分课后任务在校内完成外，其他均为家庭作业。当前教师与家长不同程度地存在家庭作业“依赖症”，似乎作业越多越好。简单增加作业，缓解成人焦虑，似是较为普遍的现象。但有效的作业，须是适切的作业，首先是作业功能的适切，而后是作业量的适切。

课后学习时间跨度长，要根据学习进程设计功能适切的作业。表 5.6 是表 5.1 的深化，描述了预学任务、随堂任务和不同时间节点的课后任务的主要功能。

表 5.6　学习进程不同阶段的作业的主要功能

基于功能的作业类型	预学任务	随堂任务	课后任务			
			同步作业	周末作业	单元作业	假期作业
帮助记忆的作业		##	##	##	#	#
提高熟练性的作业		##	##	##	#	#
促进理解的作业	##	##	##	##	##	#
实践性作业	#	#	#	##	#	##
引导学习进程的作业	##	##			#	
记录型作业		##				

续表

基于功能的作业类型	预学任务	随堂任务	课后任务			
			同步作业	周末作业	单元作业	假期作业
反思性作业			#	##	##	#
知识整理作业			#	##	##	##
诊断性（反馈型）作业	#	#	#	#	##	
补偿学习作业				#	##	##
交流讨论作业		##				#
展示表达作业		##				#
积累性作业			#	##		##

说明：## 表示该环节作业的主要功能；# 表示该环节作业的一般功能。

对于预学环节，最重要的是让学生通过提前思考与体验，为促进理解做铺垫，并形成组织教学过程的基本方案。在课堂上，帮助记忆、提高熟练性与促进理解的学习任务并重。教师在运用学习任务组织教学进程的同时，要重视通过记录型任务来帮助学生“接收”信息。课堂是学生交流讨论与展示表达的重要机会，也是随堂任务设计的重点。以下我们从作业功能的角度，讨论如何设计紧密配合课堂学习的同步作业、促进及时整理与实践应用的周末作业、促成整体学习并落实诊断与补偿的单元作业和集中时间自主状态的假期作业。

（一）同步作业

同步作业是教师们最熟悉的作业类型。它以课时为单位，与课堂学习紧密配合。设计同步作业的要点主要有以下几项。

1. 与预学任务和随堂任务整体考虑

同步作业与预学任务、随堂任务应共同围绕课堂学习而展开，但三者的功能与侧重不完全相同。同步作业是主要指向课堂学习目标的、针对性的、典型性的任务，它应考虑学习目标的不同水平层级，对学生的学习进展做简洁的诊断，发挥分散于常态学习中的形成性评价功能。

2. 在理解的基础上提高熟练性

同步作业是课堂学习的延续。作为即时性的作业，它应趁热打铁，防止学生在理解上的囫囵吞枣，导致后继学习事倍功半。尽管偏重记忆与熟练的作业是必要的，但需要在学生基本理解的基础上，再辅以适当的重复作业与变式作业，帮助学生掌握知识，提高能力。

3. 设计尊重学生差异的分层作业

学生基础差异在所难免。在同步作业设计时，至少要考虑两个层次：一是面向全体学生的巩固性作业；二是面向学有余力学生的提高性作业。随着年级升高，数学等分化相对严重的学科，同步作业还可以分为三个层次，区别对待，以促进人人进步。

4. 设计培养反思习惯的整理作业

同步作业不能仅仅是与试题相似的习题，也要设计形式多样的知识整理作业，帮助学生及时将零散的学习转化为有组织的知识建构；并通过这类作业的持续布置，培养学生整理与反思的习惯。

（二）周末作业

周末作业是同步作业的特例。它基本延续同步作业的一些功能与特点，但它更加突出及时整理与实践应用。其设计要点主要有以下几项。

1. 重视及时整理，消除理解困难

周末是学习进程中周期性的小停顿。相对于周一至周四的同步作业，周末作业时间相对充裕，这是学生“反刍学习”的较好时机，所以要设计相应的作业引导学生及时整理与补遗，解决本周学习中遗留的知识理解的困难。要坚持“基于理解的记忆与熟练”的原则，先落实易错难点的理解，再展开巩固性的训练。要通过作业鼓励学生联系性思考，使前期习得的知识处于融会贯通状态。

2. 加强实践性作业，提高综合应用能力

实践性的学习任务必不可少。但在日常教学中，教师布置实践性作业较少，因为没有充裕的时间，难以保证质量。周末时间相对从容，因而周末作业设计应强调应用与实践，增加一些表现性任务，锻炼学生的综合能力。

实践性作业的目的可以分为两类：一是将知识应用于实践中，以解决问题；二是在实践应用的过程中检验知识的理解，通过应用实践促进知识的深入理解。

因为应用实践分散发生在学生生活中，可以用科学日记、数学日记等形式来记述，也可以摄影或摄像来汇报。微视频拍摄任务是学生感兴趣的作业形式，它有利于将课内学习延伸到课后，引发深刻而有创造性的学习。如教师在“运动与静止”课后，让学生拍摄生活中反映“运动与静止的相对性”的事例的短视频，并配音解释。这能检验学生对概念是否真理解，能看到学生应用迁移的特点。

3. 培养作业反思习惯，提升自我学习能力

对于学生来说，周末是最适宜的自主学习时间。时间不长不短，恰巧是锻炼学生自我调节学习的合理长度。我们反对以课外补习填满这段自主学习时间，丧失了这段自主学习的学生，在学习能力与习惯上将先天不良。

设计周末作业，除了与本周学习内容配合的有关作业外，还要有一些旨在培养学生自学能力和良好学习习惯的积累性作业。表 5.7 是基于作业反思的自学流程，可以促进学生养成自我学习的良好习惯。

表 5.7　基于作业反思的自学流程

步骤	实施环节	实施要点
1	复习整理	“看书不作业”，即下课后在做书面作业之前先花几分钟看书复习
2	独立作业	“作业不看书”，即把每一次书面作业当成考试一样来对待
3	红笔订正	完成作业后立即校对，对照所给答案（尽量详细）用红笔进行订正
4	问疑讨论	通过讨论请教（组长、课代表）问懂疑惑之处，都不懂的做上记号
5	错题分析	在每个错题的旁边用红笔写出错因分析、解题思路和经验教训
6	整体反思	对整次作业进行评价总结，用红笔写出认知和情感的体悟
7	上交师批	以小组为单位上交，教师根据订正和反思的质量给予相应评价等级
8	下发登记	每次下发作业本后由小组长和课代表做好等级登记，定期统计表扬

如表 5.7 的“实施要点”，要求学生“看书不作业”“作业不看书”，并在作业订正后，自觉对发现的问题和作业的过程进行反思，包括错题分析（如错因探查、问题剖析和思路描述等）和整体反思（如要点整理、自我评价、学法感悟等）。当这种以自己的作业过程为思考对象的学习习惯逐步建立起来后，学生的自学能力

就会有显著进步。这是将学习习惯养成和学习方法辅导相结合的一类学习任务。

（三）单元作业

正如当前教学活动存在碎片化现象一样，学生作业更为碎片化。碎片化的作业难以形成整体的理解，只是不断地增加记忆的痕迹。因此作业设计应有单元意识，从单元整体来规划作业，将作业设计融入单元整体的教学设计中。

“单元”指的是同一主题下相对独立且自成系统的内容整体，它是基于学科核心素养，以相关主题与任务为线索串联起来的教学内容单位。（陆伯鸿，2018）它未必就是教材编写中划分好的单元或章，而可能是教材内外相近主题的学习内容的组合，还有可能是围绕某一核心概念或“大观念”的整体理解与实践。其核心是突出核心主干知识，关注素养培养，促进碎片化学习向整体性学习转变。

单元作业包括课时作业、长程学习任务与单元小结作业。课时作业指的是与具体课时相配合的预学任务、随堂任务与同步作业。长程学习任务指的是需要一段时间来完成的，关于该单元的核心知识的理解与应用的相对综合的任务。单元小结作业是指某一单元学习即将完成时，就本单元做回顾复习与评估的任务。（见图 5.2）

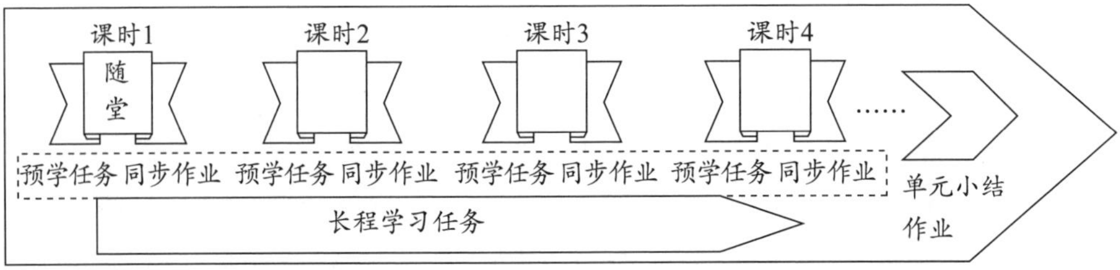

图 5.2 单元作业的组成示意图

单元作业是单元学习整体设计的重要部分。“整体设计”反映的是一种思维方式，它要求教师重视学生对学习目标与学习内容的整体理解，让学生面对整体任务，聚焦核心问题，先见“林”后见“树”；它要求教学设计中统筹兼顾各要素之间的关系，完整安排各项活动；它要求教师全面地整合教材，连贯地理解目标，突出学科知识的系统性和教学的方向性。（马兰，2012）这是单元学习设计的基本思路，也是单元作业的设计要点。

以单元为基本单位设计作业，可以从中观角度，避免教师宏观把握学科课程整体要求的困难，避免从微观角度仅仅把握某个课时的割裂问题。从以课时为单位的作业设计，到以单元为单位的作业设计，有助于增强同一单元不同课时作业之间的结构性和递进性，有助于各课时作业内在的统整性和关联性，以更好地达成单元学习目标，有助于培养教师对课程的整体把握和系统设计能力。（王月芬，2019）

1. 长程学习任务

除了与课时紧密配合的、要求学生及时完成的同步作业外，教师还需从单元学习的整体目标着手，设计一些要求学生在相对较长的一段时间内，带着一个问题或项目展开学习的任务。这类让学生延时完成的长程学习任务，有助于促进学习的持续深入与应用迁移，它意在“让那些抽象的符号和知识回到学生的现实生活中，要用真实的情景拓展问题，与生活中真正的问题联结在一起，这样的课堂才能发生真正的学习”（马朝宏，2016）。

长程学习任务往往以现实问题或真实任务来激发和组织探究活动，让学生经历完整的思考问题、研究问题的过程。其形式较为多样，如操作性作业、整本书阅读、群文阅读、专题研究小论文等。

长程学习任务所承载的往往是单元学习中具有贯通性的核心概念的学习。它让学习与理解的过程还原为从容地思考与操作。学生在长程学习任务中还会涉及多个领域的知识，这能帮助他们理解概念，理解学科间的联系。第六章讨论的项目化学习任务，其实是长程学习任务的发展。

2. 单元小结作业

单元小结作业是促成整体学习，重在诊断与补偿的形成性测试。其设计要点主要有以下几项。

（1）整理与结构化

进入单元学习的小结阶段，应关注学生是否建立起单元的整体感，体会到知识的系统性。单元小结作业中，要设计引导学生进行融汇联系的、有思维梯度的问题，帮助学生形成迁移。同时还要设计一些知识整理作业，让学生通过填空、填表、绘制概念关系图等形式，形成良好的知识结构，实现对本单元的提纲挈领。特别是近年来应用较多的思维导图是一种较好的思维可视化工具。它可以用来将单元学习中的概念或要点梳理成用关键信息分层组合而成的图形，构成易接受、方便记忆的知识结构图像，既呈现了知识建构的作品，同时又促进了学生思维的发展和对知识的理解。

（2）诊断与补偿

作为单元复习环节，单元小结作业首先要对学生的学习进展做出诊断，对学生在主要知识点上是否达成理解有确切的判断，以防“未理解就熟练”的情况“滥竽充数”。一份有较好诊断性的单元小结作业，设计时应有“蓝图”，覆盖本单元的主要知识点与关键能力；每一问题应有关于学习目标的针对性和关于学生解答表现的解释性，以便在作业批改后形成对学生理解与掌握情况的诊断描述。

在设计单元小结作业的同时，有准备的教师还会预先设计根据诊断而跟进的补偿练习的预案。

（四）假期作业

假期作业是特殊时间的学习任务。但多数教师像平时一样，忽视个体差异地统一布置训练性的习题。作业同质化是假期作业低效的重要原因。如果假期作业设计与运用得当，可能是学生实现“弯道超车”的好机会。设计假期作业的要点主要有以下几项。

1. 落实复习整理和补偿学习

作为连续学习后的集中休整，假期作业首先不是简单机械的重复训练，而应该是阶段性的学习梳理、针对性的查漏补缺，让学生在诊断的基础上展开补偿学习，发现自身的薄弱环节，及时弥补并促进知识体系的形成。

2. 重视实践与应用，探索多样学习方式

假期是难得的相对从容的时间。许多在学期中无暇顾及的体现课程本质意义的学习，应该是假期学习的重要部分。譬如增加真实情景的问题解决任务，鼓励学生在综合性作业的问题解决中学以致用；增加体验性的作业，以及开放性的作品展示，激发学生的创意，触及孩子的心灵；重视学生的积累性学习，培养学生的信息收集与分析整理的能力；等等。

3. 尊重学生基础，注意作业的层次性与选择性

假期中，学生从“班级集体学习”变为“个体分别学习”，因而假期作业设计应尊重学生差异，尊重并充分利用学生的独立学习时间。教师应设计多层次与多类型的作业任务，采用指定、建议或学生自主选择相结合等形式，让学生做更适合自身特点的、更有针对性的作业。这一设计思路在案例 5.3 中体现得非常充分。

4. 支持预学，培养学生自学能力

假期应该是一种自觉状态的学习。很多家长以学生缺乏自我控制能力与自我学习能力为理由，将学生置于强势的他律与他控的环境中。殊不知，学生自我控制能力与自我学习能力的缺失，是家长强势约束与扶持的结果。学生不能永远处于约束与扶持之中。体验与适应假期的自觉状态，是培养学生自学能力的绝好机会。因此，假期中，要鼓励学生先行学习，切实提高自学能力。教师不能笼而统之地要求学生预习哪些内容，而要认真研究与设计预习任务，借此帮助学生学会预习。

作业是承载学习内容、体现学习方式、实施过程性评价的自主学习任务。面对课堂学习与作业相脱节的问题，我们提出整体研究课堂学习设计与作业设计的思路，从作业功能研究切入，提出融汇于学习全过程的“新作业观”，将预学任务、随堂任务与课后任务共同视为学习设计的要点，研究如何根据学习时段设计功能适切的学习任务，研究课内外学习任务的整体设计。整体研究的目的是要通过科学有效的预学任务和随堂任务，促进学生在课堂活动中经历深入理解的学习，从而减少课后的一般意义的巩固作业，腾出时间与力量去挑战综合性的项目化学习任务，从而真正达成优化学习的目标。不过项目化学习任务也不完全是课后拓展与挑战，它也是常态课堂转变学习方式的新样态、突破时空的新存在。

第六章

项目化学习任务的综合设计

项目化学习可以被视为“长程作业”，是突破课堂时空的素养导向的学习，促进学生认知学习与社会性成长的结合。

2022 年 3 月，教育部印发《义务教育课程方案（2022 年版）》，提出“坚持素养导向”“强化学科实践”“推进综合学习”“落实因材施教”的要求。我们认为，当前我们正处在一个学习被重新定义的时代，未来的学习将是高度综合的。学习是促进人思维发展的过程，是促进人形成自我教育能力的过程，是促进人的社会性成长的过程。这一关于“学习”的定义，反映了素养导向的教育改革趋势。项目化学习正是体现这些理念的典型实践。其兴起与推广，契合了基础教育改革与发展的需要。

随着课程改革的深化，如何从“知识立意”的教育向素养发展取向的学习发展，弥补认知学习与应用实践的脱节，促进认知学习与人的社会性成长的结合，是世界教育改革与发展的时代课题。学习活动未必局限于单一学科，涉及多学科的融合的学习越来越多地出现；面对真实问题，通过解决问题的过程来驱动学习，已成为学习设计的新关注点。本章将以“项目化学习”（即第二章所说的“基于项目的学习”）为主题，继续聚焦任务讨论学习设计，并试图突破学科的边界与课堂的组织形式。

一、项目化学习的实践要素

《中共中央 国务院关于深化教育教学改革全面提高义务教育质量的意见》指出：“着力培养认知能力，促进思维发展，激发创新意识。……探索基于学科的课程综合化教学，开展研究型、项目化、合作式学习。”项目化学习正是综合体现上述精神的学习活动。教师要创设真实情境的挑战性问题，鼓励学生在自主实践与合作互动相结合地解决问题的过程中，经历应用的学习与探索的学习，形成自己的意义建构，并在展示学习成果的过程中经历深化的学习。项目化学习的核心在于“学习”，它兼容研究性学习、实践性学习、社会性学习等多样学习方式的学习实践，是面向未来的学习方式，也是学习设计的重要领域。

（一）关于项目化学习的多方理解

项目化学习的实践形态多样，不同时期、不同角度对它的理解各不相同。

伯曼（S. Berman）的定义较为直观，认为项目化学习是“让学生进行创作、验证、完善，并制造出某种东西的活动”（Berman，2004），强调项目化学习的作品意义。

巴克教育研究所（Buck Institute for Education）认为，项目化学习是让学生在一段时间内通过研究并应对一个真实的、有吸引力的和复杂的问题、课题或挑战，从而掌握重点知识与技能；关注标准的 PBL 是一个系统性的教学方法，通过扩展化的探究过程（复杂真实的问题、细心设计的任务），让学生参与到知识与技能的学习中。（Markham et al.，2003）这些不同的表述都强调项目化学习还是以知识与技能学习为目的的。

台湾学者林奇贤将之译为“主题探索学习模式”，视其为融合问题解决、探究式学习与合作学习精神的教育模式。典型的主题探索课程是一种以主题研究为导向的合作学习活动，它经常以呈现问题为开始，引导学习者在合作学习情境下经由自主性的资料收集、知识探索、人际互动、实作与验证来提出问题的解决方案或作品。（林奇贤，2017a）

夏雪梅从学生学习素养发展的视角研究项目化学习。她的定义是，学生在一段时间内对与学科或跨学科有关的驱动性问题进行深入持续的探索，在调动所有知识、能力、品质等创造性地解决新问题、形成公开成果中，形成对核心知识和学习历程的深刻理解，并能够在新情境中进行迁移。（夏雪梅，2018）[10] 项目化学习并不仅仅是动手做项目，更重要的是做事背后的“智慧”与“思维”。要在真实情境中发展儿童的学习基础素养（身心健康、学习品质和学习能力），这才是项目化学习以及学与教的实践变化的意义。（夏雪梅，2017）

从实践的角度看，项目化学习让学生从接受知识传递，向知识的学以致用转变，并进而转化为在问题解决的驱动下，主动探索与建构的学习，转化为成果公开展示的表现性活动所驱动的深化的、高阶的学习，以及基于真实实践历练的社会性学习。在当前“学习”正在被重新定义的时代，项目化学习较好地体现了面向未来的学习的特征。它既可以是国家课程常态学习的一种方式，也可以结合在课程拓展学习或综合实践活动中，还可以以项目化作业的形式配合日常学习，在可能的空间中促进学生学习方式的转变。在这些关于项目化学习的定义中，有一些共同的指向，是今后实践的遵循。

（二）项目化学习活动的要素

克拉斯克（J. S. Krajcik）等人总结概括了项目化学习的五大要点：驱动问题、情境探究、协作、学习技术、制品。（克拉斯克 等，2010）巴克教育研究所提出了项目化学习的八大“黄金准则”：（1）重点知识的学习和成功素养的培养；（2）解决一个有挑战性的问题；（3）持续性的探究；（4）项目要有真实性；（5）学生对项目要有发言权及选择权；（6）学生和教师在项目中进行反思；（7）评论与修正；（8）项目化学习成果的公开展示。（夏雪梅，2018）[9] 林奇贤概括了项目化学习的“5A 元素”：严谨的学科要求（academic rigor）、真实情境与专业态度（authenticity）、学生自主权或学习所有权（agency）、成人与专业人士的联结（adult connections）和评量应用（assessment practices）。（林奇贤，2017b）夏雪梅将项目化学习的要素整合为素养目标、驱动性问题、持续探究和全程评估（夏雪梅，2018）[9]，并概括了项目化学习设计的六个维度：（1）核心知识：什么样的知识适合进行项目化学习？（2）驱动性问题：用什么样的问题驱动学生主动投入思考？（3）高阶认知：用怎样的认知策略来带动学习？（4）学习实践：怎样让学生经历有意义的学习实践？（5）公开成果：怎样的成果才是有价值的？（6）全程评价：怎样促进学生个人和团体共同进步？（夏雪梅，2018）[34–114]

从表 6.1 看，各位学者对项目化学习的要素已有基本共识：一是核心知识的学习及素养发展；二是有意义的专业性的驱动性问题；三是持续性的探究；四是学生在学习进展中的自主权；五是公开的成果；六是贯穿全程的评价。

表 6.1　不同学者关于项目化学习的要素的分析

克拉斯克	巴克教育研究所	夏雪梅	林奇贤
	重点知识的学习和成功素养的培养	素养目标	严谨的学科要求
驱动问题	解决一个有挑战性的问题	驱动性问题	真实情境与专业态度
情境探究	项目要有真实性		
	持续性的探究	持续探究	

续表

克拉斯克	巴克教育研究所	夏雪梅	林奇贤
	学生对项目要有发言权及选择权		学生自主权或学习所有权
协作	学生和教师在项目中进行反思		
	评论与修正	全程评估	评量应用
制品	项目化学习成果的公开展示		
学习技术			成人与专业人士的联结

我们认为，项目化学习是更为彰显“学习中心”的学习实践。在项目化学习中，教师组织运筹各方面的学习因素，通过多种机制促进学习真实而深刻地发生。如驱动性的学习因素：驱动性问题、子任务及进程等；支持性的学习因素：学习资源、学习支架等；引领性的学习因素：学习目标、高阶思维、表现性评价等；过程性的学习因素：学生自主探索、师生交往实践、教师指导策略等。

相对于一般的课堂学习活动，项目化学习的各学习要素有了更专业、更细腻的分工。在确定学习目标时，在参考相关学科课程标准的同时，突出强调高阶思维的启发，并通过表现性评价工具将各维度的学习目标转化为学习导引。教师要为学生准备学习资源，除了传统的资料、开放的网络、真实的场景等外，项目化学习中还有一类特殊的专业资源——支持性学习工具。它主要是将一些思维工具与组织工具作为学习支架，将原来的教师临场指导“标准化”为简明清晰的思考提示或任务单。在一组具有方法意义的追问或自我设问中，学生渐渐自己理解，在帮助解决问题的同时，可能形成可以迁移的思考问题的基本模式。它变原来的教师出手指导，为学生根据学习主题与进展选择采用适合的学习支架，这本身就是一种学习力。

如评价学生是否深度解读文本时，可提供由 4 个自我设问组成的思维工具：

——我是否回答了问题的各个方面？

——我是否用文中重要相关信息来支持我的观点？

——我是否结合了自己相关的深刻理解来支持我的观点？

——我的结束语是否深刻有力？

这几个设问告诉学生深度解读文本的要点，促使学生进行反思，并进行应该的修改。这样的思维工具作为学习支架，既是学习材料，也是学习任务。

我们借“课堂学习活动的简明设计”的三要素（学习目标、学习资源和学习任务）来梳理项目化学习的实践要素（见图 6.1），学习目标、学习资源和学习任务的内涵与变式较一般的课堂活动丰富了很多，而教师的教导更多地潜隐在学习任务的设计、学习资源的准备中，以让学习活动更多地由学生自我指导。

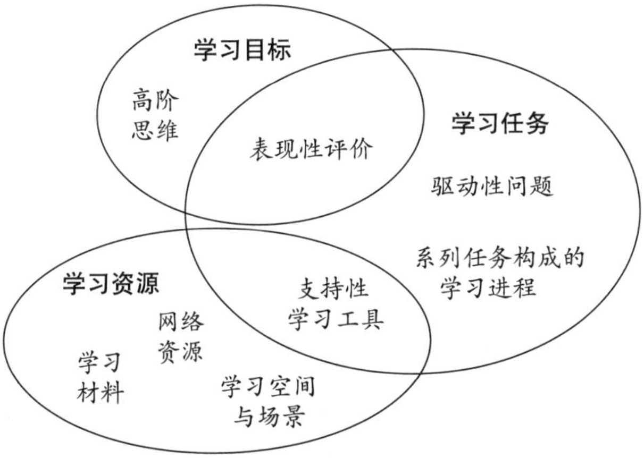

图 6.1 项目化学习实践要素的梳理

（三）机制有异的四类任务

我们认为，项目化学习也是“任务学习”的发展。从图 6.1 中看，“学习任务”中包含四类机制有异的任务。它们兼有多重属性，或有关联，自成机制。

1. 驱动性问题

驱动性问题是项目化学习中的关键。它是关联学习目标的核心任务的高度概括，也是推动学生主动学习与积极探究的统领性的学习任务。

2. 系列任务构成的学习进程

学习进程（任务进程）指的是根据驱动性问题设计的用以推进学习的系列任务。其设计思路与依据是多样的，主线是问题解决的思路，但须考虑学习领域的内在逻辑。它是具体丰富的学习活动的组合，包括师生交往实践的可能预设。

3. 支持性学习工具中的学习任务

支持性学习工具其实是教师指导的静态变式。它具有学习资源的属性。在这些具有方法意义的思维工具与组织工具中，隐含着具有内在逻辑的系列任务，形成学习支架。项目学习手册也是一种支持性学习工具，它是根据具体项目而设计的学习任务管理的工具与支架。

4. 表现性评价任务

覆盖全程的、体现学习目标的表现性评价也是一种任务。这些前置设计的，通过明示学习目标以引导有效学习的标准，伴随着任务进程，使之成为自带反思工具的学习任务。

本章将按此线索展开项目化学习任务的设计的讨论。

（四）核心任务与支持性活动

在项目化学习中，存在核心任务与支持性活动两条线索。核心任务指的是学生在驱动性问题的推动下展开的持续性探索，是沿着项目主线，为解决问题而进行的活动；支持性活动指为解决问题提供支持的辅助活动，包括团队合作、工程设计过程、相关知识等。（管光海 等，2019）支持性学习工具是一种方法意义的学习支架，它与支持性活动功能相仿，形式有异。（见图 6.2）

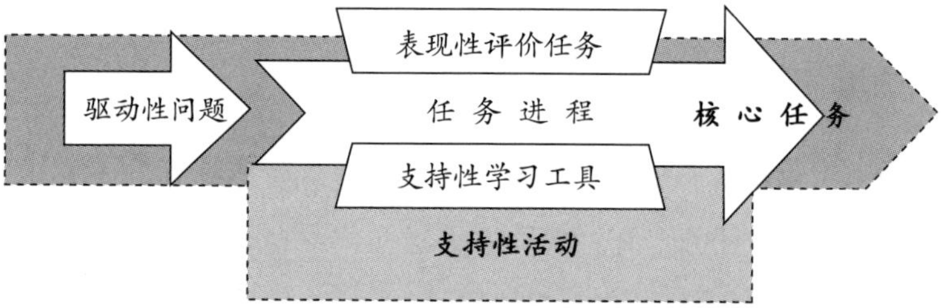

图 6.2　项目化学习中的核心任务与支持性活动

项目化学习的预期成果主要体现在四个方面：一是问题的解决；二是可公开的学习成果；三是对核心知识的理解与迁移；四是对学习历程的体验与元认知发展。项目只是载体，学习与发展才是目的。如何促进高阶学习，以及学习者关于学习的理解的进步是项目化学习的关键。

案例 6.1

项目“未来交通运输工具”的设计

（一）创设真实情境，提出驱动性问题

学校要举办“STEM 博览会”，号召学生响应“保护环境，减少污染”的倡

议，利用可回收的材料设计、制作未来交通运输工具。“如何利用可回收的材料设计、制作未来交通运输工具”就是本项目的驱动性问题。

（二）联系学科课程，梳理学习目标

在项目中，学生将了解环境污染对地球的影响，学习解决环境污染问题的方法；了解工程设计过程，利用可回收的材料设计、制作未来交通运输工具；改进、创新未来交通运输工具，并以图文并茂的形式阐述设计意图。

（三）设计核心任务，规划任务进程

围绕驱动性问题，展开问题解决，预计 7 课时。具体包括三个核心任务：（1）了解环境污染现状，掌握关于新型环保的交通运输工具的知识；（2）设计、制作未来交通运输工具；（3）改进、创新未来交通运输工具。

（四）规划评价方式，设计评价工具

根据步步前进的核心任务，设计相应的评价。要结合学习目标，考虑评价内容；结合任务特点，考虑评价方式；再具体设计评价工具。评价什么，如何评价是对学习的重要引导。

（五）设计学习事件，准备教学策略

学习活动的具体展开需要精心的策划。“未来交通运输工具”项目采用思考、实践、阅读、写作四个站点的“循环任务”的形式展开学习活动（见图 6.3）。

循环任务	核心任务1：明确任务	核心任务2：设计制作	核心任务3：改进创新
思考站	创设真实情景，让学生经历“提出问题—探索—设计”的过程	观看“工程师”视频，了解工程设计过程	利用工程设计过程，思考如何搭建斜面让小车行驶得更远
实践站	利用废旧材料制作纸珠子	设计、制作气球动力小车	改进、创新气垫船
阅读站	阅读《你的垃圾发生了哪些变化？》，回答教师提问	阅读《运动和力》，提出自己的问题	阅读《交通运输》，组内互相提问并回答
写作站	观看“垃圾回收”视频并写下疑问	根据已知现状，简单设计未来交通运输工具	用图文并茂的形式阐述未来交通运输工具

图 6.3　“未来交通运输工具”项目化学习活动的设计

案例 6.1 是一个典型而简明的项目化学习案例。图 6.4 是基于该案例呈现的项目化学习设计的一种简明图式。其中，将学习任务分成核心任务与支持性活动两类。“未来交通运输工具”项目的学习活动策划较有特色，通过四个站点的循环任务，推进核心任务的落实。“思考站”“实践站”紧紧围绕核心任务，“阅读站”“写作站”是重要的支持性活动。抓住了核心任务与支持性活动的主线，项目化学习的设计便纲举目张。

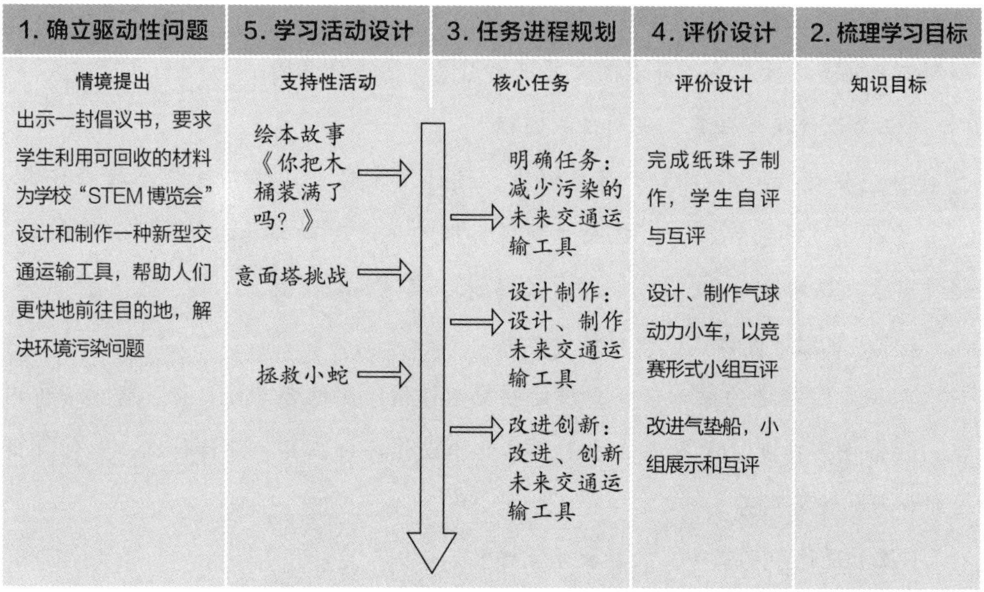

图 6.4　项目化学习设计的简明图式

二、驱动性问题的设计

驱动性问题是指一个能够连接学习目标和项目过程的问题。它是围绕真实问题，由课程设计者或学生设计的具有挑战性的开放性问题。它基于现实或者半现实的环境，激发学生探究知识的需求，以及寻找解决方案的需求，或者激发学生讨论、询问和调查这个问题，并最终生成针对该问题的完整解决方案。

（一）驱动性问题的要素与表述

一个有效的驱动性问题是项目化学习的核心要素。通过驱动性问题，以真实、有趣、亲和的方式引导学生投入项目化学习中，并激发学生的挑战性思考，驱动性问题贯穿于整个项目中，不仅组织和推动项目的发展，而且使一系列任务和活动之间具有内在的一致性。

因此，驱动性问题应有助于学生在解决问题的过程中形成关于问题的分析决策、对自我状态的认知，以及关于知识体系的建构等，逐渐形成思考与解决问题的方法论。比如教师引导学生这样思考：

我要解决的问题其实是个什么问题？

这个问题可以拆解成哪几个任务？

为了解决这个问题，我将扮演什么角色？

我是否具备解决该问题的能力？

我需要学习哪些知识才能解决该问题？

我该如何与他人进行合作？

驱动性问题应是围绕项目主题设计的、契合课程标准的具有凝练意义的问题，是能够引发学生自主探究和推动学生问题解决的关键性问题。因此，它应具备项目主题、联系课程标准以及有自主解决空间的开放性问题等三个要素。表 6.2 呈现了关于驱动性问题的案例辨析。

表 6.2　关于驱动性问题的案例辨析

问题示例	要素			是否为驱动性问题
	项目主题	联系课程标准	有自主解决空间的开放性问题	
如何设计一份公园导览手册？	有	没有	有	不是
学校将安排一次毕业旅行，每人预算 4000 元内。请你制订旅行计划书，详细安排旅游地点、行程、时间、费用。	有	有	没有	不是
针对降雨带来的城市内涝问题，我们能否提出改造校门口道路的可行性方案？	有	不明显	有	是
作为“童画校园”设计师的你，如何融入杭州独有的文化，设计一面校园文化墙？	有	有	有	是

驱动性问题的完整表述应包括四部分：框架词、主体或角色、行动或挑战、

目的。

框架词——用以引出项目“如何实现”的思考，常以疑问的语气进行表达。比如“怎么能”“怎么做”“如何”等。

主体或角色——指项目的实施者、问题的解决者。引出“谁”去做，可以是集体、个人，可以是带有某种身份的自然人，也可以是组织、机构。

行动或挑战——指问题解决的终端产品，一般称为学习产品。可以是制作的某种物品、解决问题的方法、倡导的一套方案等。

目的——往往指附加在“行动”实施中的某些要求，如适用对象、期待的功能、限制性的条件等。

如案例 6.1“未来交通运输工具”项目的驱动性问题的完整表述可以是：

我们如何设计一款经济环保的有利于低碳出行、减少拥堵的未来交通运输工具？

[主体][框架词]　　　　[目的]　　　　[行动或挑战]

（二）设计驱动性问题的常见路径

驱动性问题的设计路径多种多样，这里主要介绍两种。

1. 始于真实问题的设计路径

从严格意义上说，项目化学习强调从生活中的真实问题出发，展开学习。因此，设计者常就生活中的问题确立项目实践过程和学习产品之后，再表述为驱动性问题，作为概括意义的任务，引领学生学习过程。

例如，在浙江省杭州市文澜实验学校的“学校设计师”项目中，面对校园内部分设施空间闲置、布局陈旧、造成资源浪费等真实问题，教师设想通过校园改造项目，让学生分别扮演项目策划、设计师、艺术总监、建造师、首席发言人等角色，共同参与学校的建设与管理，从而增强学生的主人翁意识和校园责任感。该项目的驱动性问题为“如何设计并改造校园某个空间，使之功能丰富、体验良好，且满足我们的学习和生活需求”。

该类项目从日常生活环境中的实际问题入手，学生在展开项目化学习时，往往需要经历“亲身实践—循证研究—反馈改进”的过程。面对源于真实问题的驱动性问题时，问题解决过程就会融入多学科元素，学生在真实场域开展学习，其学习目标中的知识维度会因学习过程不同而存在差异，知识目标较难事先设定。

2. 始于学科本质问题的设计路径

对于学科教师来说，可能更习惯从学科课程的知识与能力目标出发来设计项目化学习。因此，在实际操作中，根据学习目标提炼本质问题，再与真实情境相结合，确立项目任务，提出驱动性问题也是常见的路径。

例如，浙江省杭州市文海实验学校的“未来太空基地建设”项目的学习目标为“学生具有人与自然和谐相处的观念，知道在人类生存的地球环境中阳光、大气、水、地壳、生物和土壤等是相互联系、相互影响、相互制约的整体”。

从学习目标中，可以看出学生将要达成对“人与自然有哪些关系”“如何实现人与自然和谐相处”这些问题的理解。如果追溯这一问题的上位概念，可以提炼为：生物与环境的相互关系。因此，在一定封闭空间内，能反映生物间相互关系的情境都可以成为该项目的情境。于是，教师以“生态舱”为切口，设置项目的主要任务为“设计并制作生态舱”，最后驱动性问题就设计为“如何设计一个有可实现物质循环的生态系统的太空基地（太空舱）”。

一个富有学科特征的项目化学习，其驱动性问题必然基于学科的学习目标而设定。相对于始于真实问题的设计路径，始于学科本质问题而设计驱动性问题的项目，对学习目标的预设会更清晰，但情境设计的挑战性较高。

（三）通过驱动性问题关联学习目标

在项目化学习中，项目只是学习的载体，促进核心知识的学习与综合素养的发展才是目的。驱动性问题其实是关联学习目标的概括性的任务。其设计须注意紧密联系学习目标，或隐含学习目标。

项目化学习的学习目标通常包括两方面：一是基于课程标准，分学科梳理学习目标，明确核心概念与主要知识点；二是注重学生共通素养的发展，从学生批判性思维、形成观点与表述的能力、沟通与合作的能力、团队协作能力等方面来把握学习目标。如案例 6.1 中的学习目标“以图文并茂的形式阐述设计意图”就是共通素养的一方面。

（四）对驱动性问题的自我考量

在驱动性问题形成后，设计者应对其做自我考量，以评估其质量，预判其有效性。具体可从以下四方面考虑。

1. 激活开放思考

驱动性问题应当是开放性问题，不是未经研究或仅以“是”“否”就能回答的，而是指向多方案的问题解决活动，需要学生进行不断深入的探究，在过程中运用分析、比较、权衡、决策等高阶思维。这种开放性问题具有劣构性。与抽象化和去情境化的良构问题不同，劣构问题多来源于日常生活或工作情境。

2. 明确目的功能

驱动性问题须明确目的、功能以及重要的约束条件，以使任务具有可操作性。如在疫情背景下，有一个项目的驱动性问题为“如何利用所学知识为学校设计一个既安全、美观，又能够准确、快速检测进出校门人员的体温的移动检测房”。该问题明确了目的：设计体温检测设施；明确了功能限定：可移动的，安全的，能够准确、快速检测的；“检测房”则是其外观限定。又如在驱动性问题“如何利用可回收的材料设计、制作未来交通运输工具”中，目的是设计与制作交通运输工具；约束条件是利用可回收的材料；而在功能的要求上只以“未来”两个字作为提示，给予学生充分的想象空间。

3. 注重学生立场

驱动性问题应从学生出发，与学生经验相联系，是学生觉得有意义的、意欲解决的问题。从真实情境中提取问题，并定义问题的过程就是很好的学习过程。只有问题源自学生，学生才有深入参与的意向。驱动性问题要适合学生，并有一定的挑战性，能够激发学生的兴趣和深入探究，考验学生的综合思考能力与资源组织能力；同时难度要适宜，既不能过于简单，又不能超过学生现有认知水平；当然，确定驱动性问题还应体现正确的价值观，且符合社会道德。

如浙江省杭州市保俶塔实验学校在组织运动会时，让学生尝试从不同角色的立场上，针对运动会过程中感受较深的现象、问题和不足展开自己的思考，提出有价值的问题，开展项目化学习“运动会中的关怀”。学生换位不同的角色提出许多问题：

（1）裁判：在短跑径赛中，选手之间非常接近，很容易产生误判。驱动性问题：如何设计一个自动计时计分系统？

（2）广播台播音员：从早到晚，稿子读到喉咙嘶哑。驱动性问题：如何设计一款自动朗读系统帮助播音员？

（3）广播台通讯员：越过跑道传送稿件，经常会干扰比赛中的运动员。驱动性问题：如何通过无人机进行通讯稿件的空中传送？

4. 促进高阶思维

项目化学习的意义在于学生高阶学习的激活，要让学生在项目中经历分析、归因、评价、鉴别、预测、决策、创造等思考过程。

案例 6.2

整本书阅读的学习项目“潜伏者计划”[①]

在引导学生整本书阅读的语文学习项目“潜伏者计划”中，教师这样结合情境描述驱动性问题：共产党地下工作者“老鬼”和“邮差”打入日伪情报组织内部，他们需要在紧要关头向我方传递重要情报，同时隐藏身份。你作为本次潜伏计划的建设者，如何审核十位潜伏备选人员，并最终确定两位作为搭档，完成本次潜伏任务？（注：每组只能录用一位人物）

《朝花夕拾》：长妈妈、寿镜吾、范爱农、衍太太、藤野先生。

《西游记》：孙悟空、唐僧、沙僧、猪八戒、白龙马。

该驱动性问题对学生高阶思维的促进，主要体现在以下三方面。

一是鼓励学生用一种难以常态化的虚拟情境去实现一种思维的真实，也就是给学生提供一个可迁移的情境。这就是一种创造性思维。

二是问题中隐藏着对学生跳读能力的要求，指向更高阶的认知。在《西游记》的五个人物中，白龙马真正出现的回目较少，而且是分散在一百回的各个角落里。这就意味着，学生要总结白龙马的性格，必须借助跳读，这是获取信息能力的较

① 案例由浙江省杭州观成实验学校戴筱筱老师提供，有改动。

高要求。

三是要求学生进行人物性格与品质的概括与评鉴，根据任务要求与人物性格特点，进行决策。

问题的设问方法不同，所驱动的思考的水平也不同。如在学习项目“旅游中节省的学问”中，先要将挑战陈述为一个问题，化句号为问号，要求学生判断“哪条路线更省钱”；然后让问题变得更加真实和深刻，引导学生分析“怎样的路线最省钱”，找出规律；最后教师与学生一起分析问题，思考“怎样做最省钱”，推动学生结合前面的思考设计路线方案。驱动性问题设问方式的转换，将引发学生的高阶学习，促进学生高阶思维的发展。

三、任务进程的规划

项目确立后，需要从整体的视角，规划核心的学习任务，形成项目的主线索。通常依据问题解决思路来规划，也可以依据学科知识逻辑来安排，还要考虑学习领域的内在逻辑。

（一）依据问题解决思路规划学习任务

问题解决是项目化学习的主线，也是任务进程规划的通常思路。如浙江省杭州市保俶塔实验学校的学习项目“运动会中的关怀”，对学生提出了 7 个方面的要求，在确定主要任务及进程的同时，也明确了每一项任务所蕴含的学习目标。

案例 6.3

项目“运动会中的关怀”的学习任务分解

（1）尝试站在运动会中不同角色的立场提出问题，通过头脑风暴等方式，讨论和形成解决思路。（换位思考、提出问题的能力）

（2）能够运用网络检索、文献查阅等方式获取信息，拓宽思路和完善想法。（信息收集与分析的能力）

（3）与同学合作，将思路和想法转化成具体的项目方案，能够运用流程图、

示意草图等方式来呈现自己的具体设计和设想。（设计与呈现设计）

（4）能够与同伴一起就方案的可行性、新颖性与价值度进行讨论，并做出自己的评价。（反思、评价等批判性思考）

（5）根据项目的需求，运用已有的知识与技能或者在教师帮助下，开展嵌入式学习，掌握新技术和方法来解决问题。可能需要的技术有传感器技术、安卓应用开发技术、机器人技术、3D 打印技术等。（必要的技术与知识的学习）

（6）运用身边的材料和资源，在教师的支持下，小组合作实施方案，完成作品，形成解决问题的项目成果。（制作与实现的能力）

（7）用技术手段记录学习探究的重要过程和成果，形成学习成果展示视频。（应用技术进行过程记录）

驱动性问题往往是带有情境的大任务，以这个大任务牵引学生的学习过程。要回应这个大任务，需要逐一将其拆解为小任务。按照问题解决思路规划任务进程有三个要点：一是抓准驱动性问题中的关键词；二是清晰定义驱动性问题中的挑战；三是设计任务链，明确任务层级的分布。

（二）依据学科知识逻辑规划学习任务

走向常态的项目化学习应与学科的知识逻辑紧密联系。在有些项目中，问题解决思路并不明显，教师会依据学科的知识逻辑来设计任务，便于学生领会项目中的学习。

案例 6.4

校园栖息地

——整本书阅读中衍生的 STEM 学习

在开展整本书阅读活动中，教师让学生阅读奥地利著名儿童文学作品《人鸦》，从文本阅读切入，引导学生对故事内容、语言文字等关键信息进行提取、分析和理解，然后由阅读回到现实世界，展开项目化学习。就像文中的方式，让学生与某种动物互换角色，从动物的视角观察身边的栖息地——校园，提出“如何保持生态平衡”的本质问题，体会“生物与环境互相依存、互相影响”这一核心概念。学生们在驱动性问题“为了让更多的小动物住到校园，我们该怎样建造校园栖息地”的挑战下，展开调研思考与实践。

从表 6.3 中我们会发现，学生想要改善校园栖息地，并没有完全意义上开展对生物的基本需求、生物对环境的选择以及生物链的实践探究，而是基于文本的阅读，分析问题并尝试解决问题。因为该项目是语文学科项目化学习，仍会保留语文学习的基本特征，从而呈现“阅读—分析—探究—设计—实施”这样的任务进程。

表 6.3　项目“校园栖息地”的学习任务进程（陈素平 等，2019）

项目进程	学习活动
文本阅读	整本书阅读：《人鸦》 整理与再现：从乌鸦眼睛里看到的世界 理解与思考：真实的世界又是怎样的呢？
入项活动	角色代入：“我”会看到怎样的世界？ 建立联系：从动物的角度评价校园环境 提出问题：“我”适合生活在校园环境里吗？
调研分析	实地调查：校园是否是理想的生活栖息地？ 发现问题：给校园环境评分 提出问题：如何改善校园栖息地，让它适合更多的小动物生活？ 分析问题：我希望解决的具体问题是什么？ 列出待解决问题清单 查阅文献与信息搜索
实验探究	探究生物的基本需求 探究生物对环境的选择 探究生物链
设计实施	设计解决方案 实施方案 观察测评方案效果 迭代设计与测试
总结展示	成果展示与评估 项目总结与反思 总结性写作：从动物的视角看被改善的环境

案例 6.4 是结合读写活动与探究实践的项目化学习活动，让语文、科学、工程等学科形成关联，学习视域很宽，学习方式丰富多样，同时它又综合触及批判性思维、科学思维与工程思维等高阶认知的学习，以高阶学习带动低阶学习。依据学科知识逻辑来规划任务有助于教师的指导干预。

（三）依据学习领域的内在逻辑规划学习任务

1. 依据工程设计流程规划学习任务

工程设计一般按问题定义、设计、制作、测试、改进、分享的基本环节展开学习任务。表 6.4 所列的是驱动性问题为“如何制作便携的、紧急时刻能快速实施救生的防溺水救生装置”的项目“防溺水逃生装置的制作”的任务进程，包括四个阶段的主要任务、相关准备和课时安排。

表 6.4　项目“防溺水逃生装置的制作”的学习任务进程

阶段	过程规划	课时安排
明确问题	导入：创设真实情境 明确问题：设计防溺水紧急救生装置 评价标准：任务要求、评价方式	第一课时
设计制作	知识准备：了解浮力、气体性质和制取方法 技能准备：探究浮力大小影响因素 探究气体发生装置、药品及用量	第二、三、四课时
测试改进	任务一：气体发生部分设计与制作 任务二：气囊和穿戴附件设计与制作	第五、六课时
分享拓展	防溺水紧急救生装置的展示及评比 总结性评价	第七课时

任务进程通常分为三段，即明确问题、设计制作与测试改进、分享拓展。之所以将“设计制作与测试改进”视为一段，是因为“设计—制作—测试—改进”过程（也称作“D–M–T–I 过程”）是一个整体的小单元。它可能是某一任务的循环与迭代，也可能是几个渐进的子任务所组成的另一种循环，例如：表 6.4 的项目包括“气体发生部分”与“气囊和穿戴附件”的分步设计与制作；案例 6.1 的三个

子任务的四站循环，各个子任务之间的逻辑相当清晰。

2. 依据设计思维流程规划学习任务

设计思维（design thinking）最早出自西蒙（H. A. Simon）1969 年出版的《人工科学》（*The Sciences of the Artificial*）一书。设计思维是以解决实际问题为最终目标的，以动手实践为具体手段，学习者通过独立思考，依靠团队合作来达到这一目标。设计思维需要经历一定的过程，在这个过程中，学生发挥想象力，寻求创造性解决问题的方案，并通过测试不断优化方案，高效完成学习任务。较为经典的设计思维模型包含五个步骤，分别是同理心（共情）、定义问题、构思、原型、测试。

例如，项目“温暖校园”的驱动性问题是“在学校基础设施更新升级之际，如何优化设计某些设施，让校园更加温暖而美好”。作为一个设计项目，教师规划了五步任务。先让学生在校园生活观察中发现问题，有同学发现校门口放学时很拥堵，家长等待时很疲惫，于是提出设计一个家长等候区的设想，方便家长在接送等待时休息与交流。然后按照设计思维的流程展开任务进程（见图 6.5）。

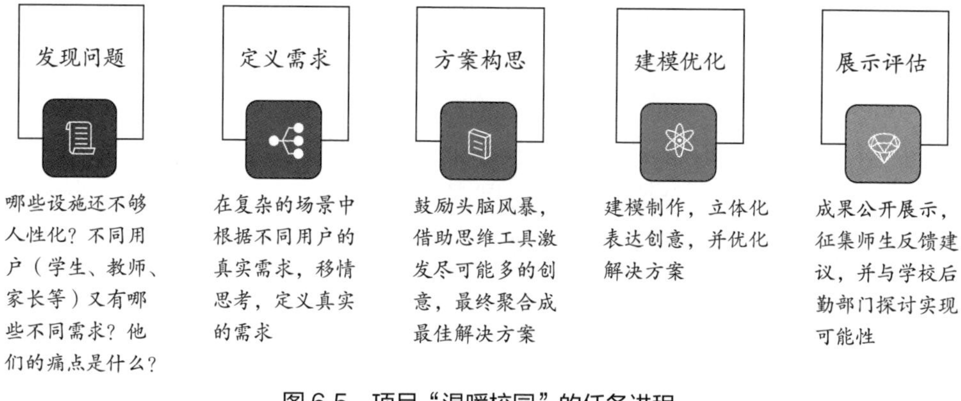

图 6.5　项目“温暖校园”的任务进程

3. 依据计算思维流程规划学习任务

依据《普通高中信息技术课程标准（2017 年版 2020 年修订）》，计算思维是指“个体运用计算机科学领域的思想方法，在形成问题解决方案的过程中产生的一系列思维活动”。计算思维通过约简、嵌入、转化和仿真等方法，把一个看似困难的问题重新阐释成一个人们易知如何解决的问题。它采用抽象和分解来控制庞杂的任务的方法，是一种选择合适方式去陈述问题，或通过对某一问题的相关方面进行建模并使其易于处理的思维方法。计算思维的流程见图 6.6。

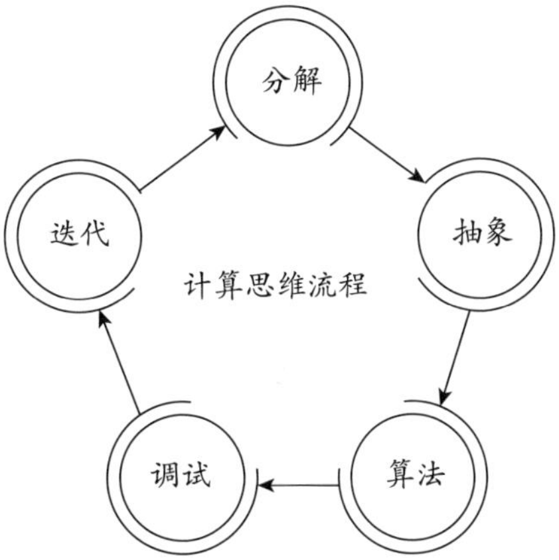

图 6.6　计算思维流程

例如让学生通过机器人实现“变脸”的探索，学习如何进行机器人搭建与程序设计时，教师根据计算思维流程规划了如下学习任务（见表 6.5）。

表 6.5　根据计算思维流程设计学习任务

阶段	学习任务
分解	机器人“变脸”，可分解为绘制脸谱、积木搭建、积木套件配套的编程
抽象	如何搭建积木结构，实现“变脸”运动？ 脸谱与机器人如何组装？ 如何编写变脸程序？
算法	①组装脸谱与积木机器人（设计脸谱与机器人组装方案→画出脸谱并制作相关结构→组装脸谱与积木机器人） ②搭建机器人及“变脸”结构（了解积木套件→根据视频学习积木转动的原理→搭建机器人及“变脸”结构） ③编写变脸程序（画出变脸流程图→熟悉编程软件功能→编写变脸程序）
调试	学生将平板电脑与机器人进行连接，进行测试
迭代	发现问题，修改后再次测试，不断迭代和完善

（四）学习活动策划：多类型学习活动的组合

在任务进程规划的后期，须进行学习活动的策划，从整体到具体，在“枝”的构架的基础上，从具体实施的角度，将核心任务具体化，思考“叶”的展开。任务进程的规划其实也是多类型学习活动的合理组合。常见的学习活动类型有：信息收集活动、分析加工活动、情境实践活动、分享展示活动以及支持性活动。有一些学习项目会将情境实践环节提前，让学生在实践的基础上，再主动搜索与阅读。

1. 信息收集活动

信息的获取是学习的基础。项目化学习注重学生多途径地主动获取信息。如文本阅读、视频观看、文献检索阅读、访谈、咨询、讨论、参观、调查以及实践等。这一过程的目的是尽可能获得事实性材料，并据此确定问题。有些途径所获得的是间接的信息，而有些途径所获得的是直接的信息；有些途径所获得的是明确的信息，而有些途径所获得的却是需要再体会、再加工的信息。在项目化学习设计中，教师应创造机会，鼓励学生应用技术扩大信息获取的渠道，增加具有真切感的体验性的实践学习活动。

2. 分析加工活动

面对收集到的信息，学生要进行分析与讨论，形成有意义的信息整体，再对这些信息进行综合、整理，以形成新的思想，构建问题解决的蓝本。在这个过程中，可能经历大脑风暴的讨论，可能需要协调相冲突的数据，可能需要采用图示、列表、模型化的方式组织信息，可能需要通过数据信息运算并可视化呈现，可能需要再去追加收集信息，可能需要提出并支持自己的主张，可能需要通过联系或隐喻，以形成对已有信息的新颖的审视。这样的分析加工过程往往会有几轮螺旋式的深入，并更多地体现高阶学习的特征。

3. 情境实践活动

在项目化学习中，强调学生“做中学”，在真实实践中解决问题。它不拘泥于问题的确定性结论，不局限在课堂这一规定的学习时空，而鼓励学生走出教室，回归生活，参与社会，深入实践。

基于情境的真实实践是项目化学习中最重要的学习活动。其主要类型有三种：一是调研分析，这是在信息收集和加工的基础上，关于现象的调查、梳理、判断与揭示，是对事实性知识的建构；二是实验探究，这是基于假设，通过搜集实证以研究事物之间的相互联系的过程，是对规律性知识的建构；三是设计实施（或制作），这可能是关于问题解决方案的制定、实施以及评估改进的过程，也可能是关于产品的“设计—制作—测试—改进”的迭代发展过程，是对问题解决的策略性知识的建构。

在一般的核心任务中，这三种学习实践往往只出现一种。而在一个完整的项目中，它们可能会并存且先后经历。它们分别反映了调查揭示机制、探究发现机制、设计实现机制等三种学习机制。

案例 6.5

樱桃溪水系生物监测

——户外实践活动

观察水系生物。教师组织四年级小学生来到美丽的樱桃溪边。教师颇有技巧地统一孩子们的行为，并拿出一个上面与侧面均有放大镜的透明器皿，告诉孩子们观察的要领。孩子们轮流尝试从上面和侧面进行观察，通过活动前的观察，初步了解他们将要捕捉的水生动物的样子。

捕捉水系生物。在教师进行安全教育，并告知下水捕捞和观察记录的要求后，穿着专业的防水衣的学生们下水寻找捕捉水生动物。在小溪的不同位置，有教师时刻关注和保护着孩子们，他们只负责收集学生捕捉到的生物以及保护学生的安全，不负责帮学生捕捉生物。整个过程大概 15 分钟。

学习了解生物多样性与水质的关系。学生上岸后，教师把动物放到观察器中，借助无脊椎动物识别信息表讲解生物的多样性与水质的关系。

信息表上有四类不同组别的水生动物，这些动物的存在反映了它所生长的水域是否干净。如果有一个水域中，四种类型的动物都有，便具有了生物多样性。一个水域生物多样性的情况越多越复杂，那么这片水域质量越好。我们可以通过计算水域的生物多样性来了解水域的水质情况。

识别与统计水生动物，计算水质污染。教师将学生采集到的生物样本放入透明器皿中，学生依次观察并识别动物类别，教师就易错动物进行辨析。教师拿出生物监控数据表，和学生一起清点统计所采集的生物，并计算水质污染指标。

案例 6.5 是我们很少看到的户外实践活动。教师让学生亲身经历观察、捕捉与分类统计的过程，学生逐步了解这些水生生物的特征，通过特征观察理解生物的类型，逐渐理解“生物多样性”这一核心概念，以及生物多样性与水体质量的关系，并运用这一关系进行水质评估。在解决“如何通过水系生物的调查来监测水质状况”这一问题的项目化学习过程中，学生经历了信息收集活动、分析加工活动以及情境实践活动，每一类活动都是必不可少的。我们能够体会到，只有当学生在有意义的情境中获得信息，并将其与先前的知识经验建立起关联的时候，他们才能得到更深入的理解与迁移应用的能力。（Blumenfeld et al.，1991）

4. 分享展示活动

在每一项核心任务的小结时，往往需要通过分享展示以表示知识建构的阶段完成。因为在阐述展示的过程中，学生又将经历“输出”意义的学习，这是与“输入”学习同等重要的，甚至更为高级的学习活动。

在这一过程中，首先是观点与方案的综合定稿，再是演示呈现的设计，其间还要经历自我评价的审视，然后是分享报告与相关的研讨辩论。无论是关于观点还是方案，都可以将展示活动策划成有助于伙伴更深入参与的研讨。

5. 支持性活动

支持性活动通常是一些生动活泼的游戏，参与性很强。学生在参与的过程中，体会与习得许多说教方式难以达成的目标。

支持性活动通常分为三类：一是对提高学习效率有帮助，但并非必需的支持性活动，如注意力与反应能力的训练、增进团队成员相互了解的活动等；二是初次实践时必需，但重复实践时不一定需要的支持性活动，如建立课堂规则、建立同伴关系、开展协作式谈话、掌握分享要领等活动；三是项目实施所必需的专业铺垫的支持性活动，如工程设计过程的体验与学习、问题解决一般过程的体验与学习、设计思维的体验与学习、工程设计多样性的体验与学习等涉及专业思维的实践活动。

多数支持性活动安排在项目起始阶段进行。初次开展项目化学习，需考虑四方面的基础条件：一是建立课堂规则，培育民主有序的课堂文化，为后续的合作学习与课堂秩序奠定基础；二是组织“破冰游戏”，培育合作信任的团队文化，促进师生、生生相互了解，形成合作关系；三是开展专题能力训练，通过生动活泼的游戏，锻炼学生的思辨、表达、沟通、交流、反思等能力，促进社会性学习；四是体验专业实践，学习工程设计、问题解决等过程，逐步形成专业思维。

在支持性活动中还常引入支持性的学习工具，教师提供实验报告单、任务清单、项目学习手册等，帮助学生高效解决问题，掌握思考问题的成熟范式。

四、嵌于支持性学习工具中的任务

在项目化学习中，教师的介入与指导方式与传统的讲授教学有较大的区别。在学生遇到困难与问题时，教师往往不直接给出解决办法，而是选择提供支持性的学习工具，让学生自己循着支架提示，从困难中突围。这些基于实践研制得较为成熟的思维工具与组织工具，成为学习的支架，将教师的临场指导化为简明清晰的思考提示。伴随着一组具有方法意义的追问与“任务链”，学生在解决问题的同时，形成可以迁移的思考问题的基本模式。

支持性学习工具类型非常丰富，主要可分为促进个体独立思考的思维工具与促进合作交流的组织工具。教师采用简明的图表、问题单、任务链等工具，帮助学生进入学习情境，梳理问题思路，明确实施方向，解决分析困难，形成合作交流，启发自我评价。支持性学习工具的选择与运用，也是学习任务设计的灵活手法，它将一些具体方法意义的学习任务组块嵌入学习过程中。这里以 4 个典型案例介绍嵌于支持性学习工具中的任务。选择与运用适合的学习工具的过程也是一种任务设计。

（一）问题单与问题整理

在教学中，教师常会提供一组简明的问题，启发学生梳理思路、聚焦分析、发散思维，提升思考的能力。如评价学生是否深度解读文本时，教师提供由 4 个自我设问组成的思维工具（见本书第 194 页）。

除直接提供问题单外，引导学生进行问题整理也是重要的指导策略。在项目化学习中，教师可以进一步放手，引导学生在实践过程中，就某一主题或事件，将所能想到的问题按照分类全部列出，形成初步的问题清单；再围绕焦点问题，就提出的问题进行交流、合并、分类、汇总，整理形成问题清单；还可将问题清单按照症结点的联系，画成“问题树”，指导后继学习过程，它是学生小组合作学习的依托，也是学生解决问题过程中深入思考的展现。

案例 6.6

项目“过山车”中的问题思考支架[①]

在实验中发现问题，请按以下步骤思考：（1）描述遇到的现象；（2）分析现象产生的原因；（3）提出要解决的问题；（4）提出改进方案。

在项目“过山车”中，出现了有些小车不能正常行驶的现象，如脱轨、卡在轨道上等。根据实验思考的“问题清单”，学生在实际制作中，基于最终目标列举出如下问题。

（1）我观察到哪些异常行驶的现象？（脱轨、卡在轨道上……）

（2）导致异常行驶的原因可能有哪些？（车轮不稳定、轮距太窄、连接处松动……）

（3）我想先研究解决哪个影响因素？（先解决连接处的松动问题）然后再解决哪个影响因素？（摩擦力大小）

（4）我的改进方案是什么？是否还有其他改进方案？

（二）STW 工具

STW 工具通过观察（see）、思考（think）、提问（wonder）的步步推进，引导学生仔细观察与深度思考，激发好奇心，鼓励主动探究。

先要引导学生观察，说说你看到了什么；再启发学生思考，对于你所看到的、观察到的事，说说你的想法；然后尝试提问，面对所看到的信息，你已有一些自己的想法，说说你还有哪些疑问与好奇。这样三步的思考与讨论任务常是学生破解困难的“利器”。其操作流程如下。

（1）创设观察与思考的场景：以学生能尽可能全面详细地观察的方式呈现图

① 案例引自：陈素平，缪旭春．基于学科的项目化学习设计与实施样态［J］．上海教育科研，2019（10）：38-43. 有改动。

像、视频或真实场景。可以投射在白板上，或者每个团队都有一个阅读副本，或者直接进入现场。要让学生有较为从容的观察时间，没有任何谈话或讨论，以便独立思考，并将观察与思考记录下来。

（2）陈述所见：让学生陈述他们观察到了什么，他们注意到哪些细节。只需分享他们所见，不要给出任何解释。

（3）陈述所思：提问学生“你们认为在图片中发生了什么”，让学生就自己所观察到的事，尝试做推断或解释。以“你认为是什么让你这么说”回应学生的回答，引导他们进行更深入的思考。

（4）提出自己的好奇：根据学生所见与所思，再问他们“你们还想知道什么”，分享疑问与好奇，引导学生思考更广泛的问题，推动学生超越原来的解释，打开思路。

在步步深入的任务推进中，要提醒学生以任务单记录独立思考，通过小组合作讨论丰富视角，促进深度参与。

案例 6.7

项目“设计电动自行车停车场”中 STW 工具的应用[①]

在项目“设计电动自行车停车场”中，教师利用 STW 工具，组织学生就学校现有的电动自行车停车场进行问题分析。

（1）陈述所见。在学生的记录中，能看到他们在现有停车场中发现了许多问题。如停车间距不一、摆放凌乱、充电插座太少以及消防安全隐患等。有的同学还注意到不充电的车占据充电车位，导致使用需求难以满足的现象。

（2）陈述所思。就如何利用这些信息，如何解决这些问题，学生进行思考分析，提出建议。例如，学生建议在新停车场中，可以划分区域、规划合理间距、增加储物空间等。

（3）提出自己的好奇。在分析问题后，学生应明晰接下来应该做什么、还需要了解哪些，将自己的想法表达出来。例如，有学生想知道场地的大小、骑电动

① 案例由浙江省杭州市育才京杭小学陈佳静、胡培进老师提供，有改动。

自行车的老师人数以及电动自行车的充电频率等信息，同时根据自己的需求去设计相应的调查问卷，研究就此开始。

（三）AEIOU 观察表

AEIOU 观察表（见图 6.7）是解释观察的探索性分析方法与框架。在设计类学习项目中应用较多，是帮助设计者真正站在用户需求的角度去思考、洞察、发现，提出有价值的问题的思维工具。它基于一定的真实场景，引导学生从五个要素——活动或行为（activities）、环境或场景（environments）、交互（interactions）、物品（objects）、用户（users）去分解观察场景，尽可能多地记录场景信息，通过分析比对，发现具有深度意义的信息。这个工具使得学生观察场景的维度更加宽阔，有利于发现更多潜在信息，以更好地站在用户角度去发现需求，提出更有价值的问题。

A.E.I.O.U
观察记录表格

观察场景描述：这是一个什么样的场景？

______

______

信息备注：

记录者 ______

记录时间 ______

Activities 活动 某一具体活动或行为（注意：一行只写一个）	Environments 环境 描述该活动或行为周围的环境	Interactions 交互 描述该活动或行为相关的人与人/人与物/物与物之间的互动	Objects 物品 描述该活动或行为中具体涉及的物品及特征	Users 用户 描述该活动或行为对应的人
一个男生正在喝水	一楼靠近出口的直饮水处，地面有些潮湿	男生站着，一只手扶着饮水机出水口，一只手搭在饮水机上	饮水机：金属制品，被固定在地面上，高度比男生身高略低，约1米	男生：大约十岁，身穿运动套装，脚上穿着旅游鞋

图 6.7　AEIOU 观察表样式

案例 6.8

项目“校园新设计”中 AEIOU 观察表的应用[①]

在项目“校园新设计”的起始课上，教师提供放学时学校校门口场景图，希望学生基于这一场景发现真实问题，从而精确找准“客户”的需求。

在 AEIOU 观察表使用之前，学生基于场景信息只能发现诸如“校门口拥堵”“家长等待焦虑疲惫”“秩序比较混乱”“存在安全隐患”等较为宽泛的问题。应用 AEIOU 观察表后，教师引导学生将习以为常的场景进行分解，有序梳理看到的现象和细节，分析不同角色在情境中的心态和表现，从用户角度体验其真实需求。

基于这一工具，学生展开有结构性的更细致的学习任务，学生就不再是大而化之地提问，而是基于家长、教师、学生、保安、路人等不同个体，分析他们面临的真实“困境”和“需求”，从而提出许多脑洞大开的项目驱动性问题，如为家长设计“便捷板凳”“移动太阳能充电器”，为保安设计“秩序管理遥控器”“智能安保语音话筒”，还有学生想设计“家长等候区”等。图 6.8 展示了学生采用 AEIOU 观察表记录的信息。

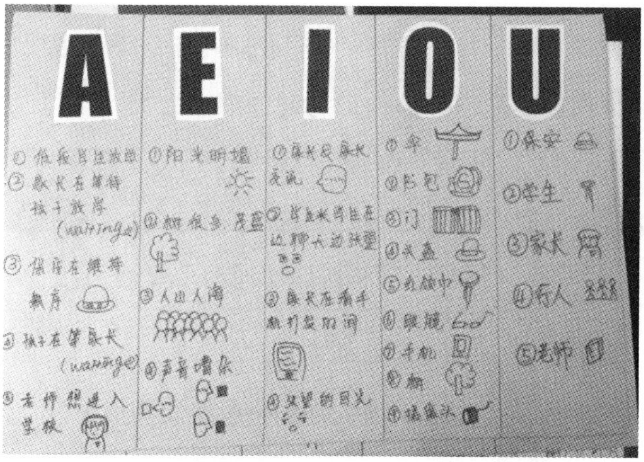

图 6.8　学生采用 AEIOU 观察表记录信息

AEIOU 观察表能够帮助学生在没有头绪的情况下找到观察的方法，根据环境

① 案例由浙江省杭州市绿城育华亲亲学校陈燕燕老师提供，有改动。

中的物品联想到人与物品的关系，学会换位思考，找到需要解决的问题，明确探究的方向。在实际应用中，教师还可根据项目的具体情况对 AEIOU 表格做适当改动，产生不同的变式（见图 6.9），以更具针对性的样式服务于学生。

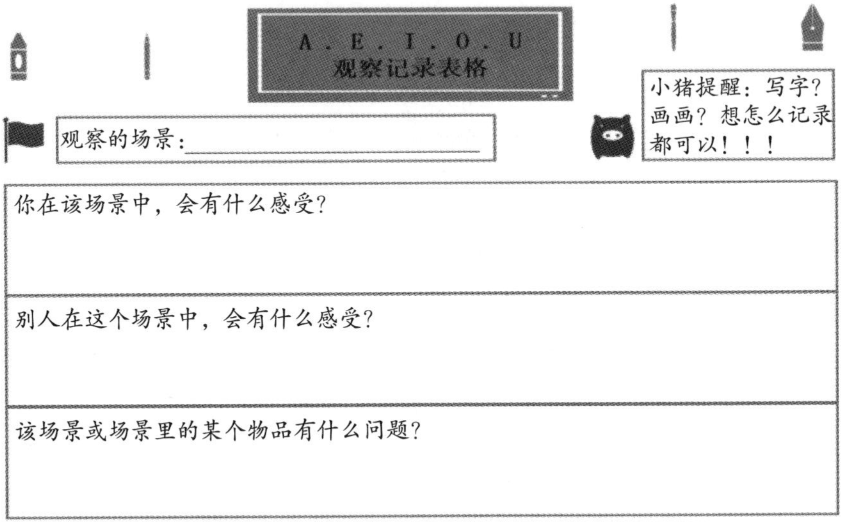

图 6.9　AEIOU 观察表的一例变式

（四）角色扮演圆桌会议

真实问题解决需兼顾多方立场。在项目化学习中，学生常要先进行多方调查，再进行信息分享与观点碰撞，寻求共识与问题解决方案。角色扮演圆桌会议就是一种组织工具，让学生以全员平等的圆桌会议的形式，表达不同角色的需求与意见。教师可以在讨论过程中，引导问题发现与立场融合，同时指导学生沟通交流的原则与方法，帮助学生在体验中理解协作沟通的重要性。

案例 6.9

项目“生态小水池”中的角色扮演圆桌会议

该项目是浙江省杭州市学军小学“小河长”系列的项目课程，在“小河长”系列活动的影响下，细心的学生发现校园水池存在许多问题，建议学校进行改造。学校将问题还给学生，请学生一起来筹划改造方案。

学生首先通过小组讨论、交流确定水池的利益相关方，如校长、学生、教师、访客、家长、换水师傅、后勤师傅等，接着进一步思考这些相关方与水池之间的关系。于是学生在采访利益相关方后，组织并召开角色扮演圆桌会议。该活动共分为四个环节。

第一个环节是开展角色分析。教师引导学生进行问题分析，明确与问题相关的角色代表，如保安、环卫工人、校长、科学老师、体育老师、家长等。尝试分析不同角色与问题的不同关联，组织学生设计采访提纲等，为调查访谈做准备。

第二个环节是开展多方调查。学生基于前期提炼的若干问题，对相应角色进行采访，记录各方提出的需求。（见表 6.6）

表6.6　不同角色关于校园水池的关注角度调查表

	保安	后勤师傅	学生	家长	环保专家	校长
水质	臭气、影响心情				换水复杂，循环水	
安全	一年级学生玩耍不安全	学生好奇，太靠近水池	感觉危险			
能源		费时费力，希望智能化			换水浪费水，污水是否可以再利用	考虑成本
生态	学生活动会影响水中生物			生物不够多，生机不够	植物净化水质，生物自行净水	
外观	太美会增加不安全因素			太旧，需要翻新		

第三个环节是组织圆桌讨论。这是该学习支架运用过程中的重点环节。学生根据调查采访所收集到的信息及相关角色所表达的诉求，在圆桌会议上，扮演不同角色阐述观点，就存在争议的问题展开讨论。教师可通过下列问题，帮助学生加深对人物和事件的分析理解：

（1）这个角色能观察或注意到什么？

（2）这个角色能理解或相信什么？

（3）这个角色真正关心的是什么？

（4）这个角色好奇或顾虑的是什么？

第四个环节是精制驱动性问题。在教师的引导下，学生对不同角色的需求进行提炼总结，并分析解决问题的约束条件，梳理出“不同角色关注水池哪些方面的问题比较多”“要解决这些问题可以采用哪些措施”等问题，最终聚焦“水质”“安全”“能源”“生态”和“外观”这五个重要维度，总结出驱动性问题。

五、表现性评价的设计

项目化学习是典型的素养导向的学习方式。它并不单纯指向某一具体的、特定的知识目标，而是将素养评价融合其中，使评价成为重要的学生自我指导环节。项目化学习的评价的意义主要在于：借助学习评价指向学生跨学科学习，实现素养可视化；支持学生“像专家一样思考”，实现思维方式专业化；促进学生个体和团队“双赢”，促进成长社会化。（陈素平，2020）

项目化学习的评价应是表现性评价，其方式有很多种。例如，学生手稿、图示呈现、课程观察、自我报告、组内互评、反思日志等形成性评价，也有纸笔测验、访谈、成果展示等总结性评价。指向成果的评价，是过去较为重视的评价方式。而对于项目的问题理解、知识探究、设计制作过程、小组创新协作能力等的过程性评价更为重要，因为它更像是对项目化学习的指导。

其实，项目化学习的表现性评价也是体现学习目标的学习任务。评价设计有两类：一是关于合作能力、创造性等共通素养的评价，常会选择成熟的、通用的评价工具；二是与具体项目有关的评价内容，选择与任务和目标相匹配的评价方式，并专门设计适切的评价工具。

评价设计前置是项目化学习的重要特点。教师在明确核心任务与学习目标后，即进行评价方式与评价工具的设计，明确学习过程中的关注点和要求。有时教师直接告知学生，有时教师采用与学生协商的方式帮助学生理解。评价工具也称量规，是一种具体罗列评价维度与评分标准的“评分工具”。其作用是保证评估与学习的一致性，将成绩划分成一定的技能标准，帮助教师识别学生提高的情况，并给学生提供反馈。量规包含评价维度、维度界定、等级及表现描述等方面，是规范引导学习进程的常见工具，被广泛地使用在不同的项目中。

在项目化学习活动中，教师要整体关注学生的过程参与、思维发展以及成果展示，因此同一项目也会设计多样的量规，以支持与促进学生的学习。

（一）关于过程参与的评价工具

项目化学习活动中，应同时重视学生的独立学习与合作学习。独立学习主要反映学生的思维发展，合作学习更多地体现学生的社会性成长。

譬如在课堂观察中发现，教师带着一年级小朋友制作纸链（paper chain）。教师明确告知学生，本课学习评价重点关注倾听、合作、问题解决、赞美同伴四个关键技能（见图6.10）。因为学生年龄较小，体会与理解评价维度比量规的评鉴更重要。

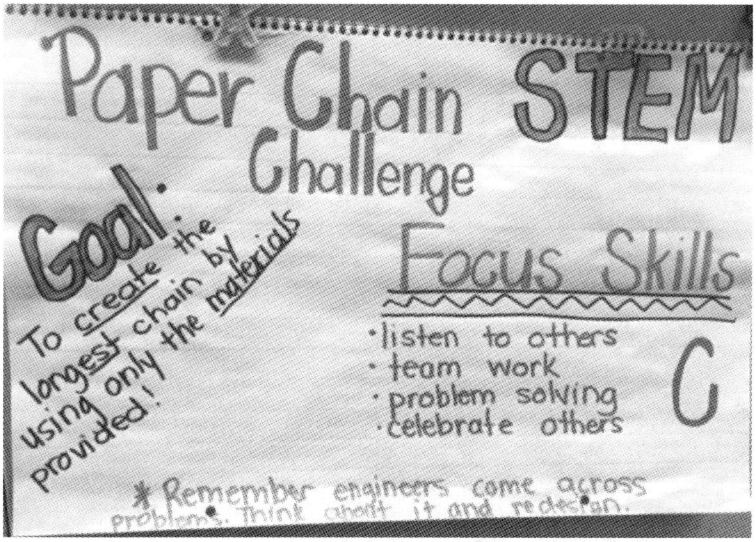

图 6.10 “纸链”一课的学习目标

表 6.7 是一例关于初中学生的合作能力的评价工具，它从组内贡献、作品质量、时间管理、准备工作、与他人合作等维度评价学生在学习过程中的参与情况。学生能在各得分等级的表现描述中清晰地看到每个水平的差异，知道自己应该如何做才能达到教师的期望。

表 6.7　学生合作能力的评价工具（供学生互评）

维度	得分			
	4 分	3 分	2 分	1 分
组内贡献	同伴习惯性地在组间或班级讨论中提供想法	同伴经常在组间或班级讨论中提供想法	同伴有时在组间或班级讨论中提供想法	同伴很少在组间或班级讨论中提供想法
作品质量	同伴提供最高质量的工作	同伴提供高质量的工作	同伴提供的工作有时需要其他组员检查才能确保质量	同伴提供的工作经常需要其他组员检查才能确保质量
时间管理	同伴总能在规定时间内确保任务都完成；小组不会因为我调整截止期限以及工作责任分配	同伴基本能保证在规定时间内完成各项任务；小组不会因为我调整截止期限以及工作责任分配	同伴会拖延但还能够在最后期限内完成所有任务；小组不会因为我调整截止期限以及工作责任分配	同伴很少能够在期限内完成任务；小组会因为我不适当的时间管理调整截止期限或者工作责任分配
准备工作	同伴总会准备好课堂材料，为工作做好准备	同伴基本上会准备好课堂材料，并为工作做好准备	同伴基本上会准备好课堂材料，但有时需要静心后再投入工作	同伴经常忘记准备材料，也很少为工作做好准备
与他人合作	同伴始终能够倾听他人意见并且乐于分享，支持别人的努力；我试着保持和人们一起愉快地工作的状态	同伴惯常地能够倾听他人意见并且乐于分享，支持别人的努力；我不会在组里制造波澜	同伴基本能够倾听他人意见并且乐于分享，支持别人的努力；有时我不是一个很好的组员	同伴鲜有倾听和分享，或支持他人的努力；我经常不是一个好的组员

在实际运用中，还有一种变通的设计（见表 6.8）。它关注学生参与、沟通、合作、创见、共识等过程中的具体表现，促进学习者综合素养的发展。

表 6.8　学习过程评价表（供学生自评与互评）

评价项目	积极参与	愿意沟通	综合考虑	形成共识
评价标准	积极做好自己的分工任务	在合作中愿意沟通交流，参与讨论	能在项目实施中综合考虑，提出想法	能在意见不一致时通过商量做出团队统一的决定

续表

分值	每次都是（4分）；大部分时间是（3分）；少部分时间是（2分）；几乎不是（1分）			
组员姓名	组员得分			
我				

说明：每个人独立反思，对自己和队友在整个项目中的表现进行如实评价。

在学习过程的评价中，要坚持激励性原则，不进行学生之间的横向比较，要以“你是怎样运用团队精神的”“你为你的设计感到骄傲的理由有哪些”等问题，引导学生进行激励意义的“反思”。

（二）关于思维发展的评价工具

促进学生思维发展是项目化学习的主要目的，经历专业实践是项目化学习的重要特点。如何通过项目化学习的评价设计，丰富学生解决问题的思维模式？

一是要通过工具观察学生理解与实践能力的发展，评价学生提出问题的能力、调查设计的能力、收集与处理信息的能力、做出解释的能力，以评估更高水平的认知。

二是要借助评价工具，还原专家解决问题的过程，让学生经历严格规范的步骤，逐步形成像专家一样的思考方式，促进学生科学思维、工程思维、批判性思维等的发展。表 6.9 就是关于工程设计思维的评价量表。

表 6.9　工程设计思维的评价量表

评价维度	入门级工程师（未达到标准，或者工作不到位）	成长中的工程师（基本能够达到标准，但还有改进余地）	熟练工程师（准确达到标准）	模范工程师（严格准确达到标准，并是同学们的典范）
提问（通过问答来定义挑战内容和限制因素）				
想象（能够集思广益，并与同行合作，提出多种构建设计的方法）				
计划（选择一种设计并制订计划）				
创造（设计要符合评价标准，也要在限制条件之内；需要制作模型）				
改进（经过深思熟虑来进行反思，并提出改进建议）				
测试（用模型进行试验并记录准确的结果）				

这种“专家思考”模型的量规的引导性明显，一方面学生清楚专业要求，另一方面教师在每一环节记录学生的相应表现（写在相应层级的空格中）。这样就能从教师的记录中，将学生的理解可视化呈现出来，形成对学生专业思考状态与思维发展的评价。

（三）关于成果展示的评价工具

项目化学习强调公开的成果。在其评价中，常会要求学生在实物模型演示的基础上，辅以展板、幻灯片、视频等，多途径、多方式地展示成果，展示项目进展的重要过程；还要从研究报告角度，对问题情境、问题分析、解决方案、实施过程、成果成效、问题与展望等方面做综合分析、梳理并表达；有时还会要求学生基于作品，解释分析其原理，反思和讨论学习过程中的收获和启示。

成果展示环节是项目化学习的小结，是更为深刻的高级学习的展示交流。教师既要在成果或制品中评价学生知识运用与思维发展的水平，又要评价学生团队在成果展示中表现的专门能力和综合表现。表 6.10 是关于成果展示的一例评价工具。它从组织、内容（研究深度与准确度）、创造性、图表使用、展示（公共演讲能力、观众互动）等方面评价学生团队的表现。评价设计相对聚焦，操作性良好。

表 6.10　团队成果展示综合评价表（供学生自评与教师评价）

标准	精熟掌握	熟练	成长中	初学
组织（5分）	组织得很好；以准确的结论结束陈述，显示出对与此主题相关的科学的深思熟虑和深刻理解（5分）	组织良好；以准确的结论结束陈述，显示出对与此主题相关的科学的一般性理解（4分）	有点组织；以一个总结或结论结束陈述，只有有限的证据表明对与这个主题相关的科学有所了解（3分）	较差或没有组织；在陈述中没有包含足够的结论（2分）
内容：研究深度与准确度（15分）	包括广泛的研究，并以准确且规范的方式解释研究；引入演示性的想法、材料和信息来增强演示效果（15分）	包括详尽的研究，并以准确且规范的方式解释研究；尽可能地利用可用的资源和材料（13分）	包括有限的研究，以准确的但不规范的方式解释研究；有利用可用的资源和材料（10分）	包含基本研究，没有以准确且规范的方式解释研究；有利用可用的资源和材料（7分）
创造性（5分）	创造性显而易见；聪明的；引人入胜；利用各种独特的材料/媒体（5分）	创造性较为明显；有时聪明；利用多样的材料/媒体（4分）	缺乏创造力；有一些原创的东西；利用各种材料/媒体来呈现不多（3分）	平淡的、可预测的，缺乏整合；展示缺乏多样性，缺乏创造性（2分）

续表

标准	精熟掌握	熟练	成长中	初学
图表使用（5分）	图表或视频能很好地辅助展示的内容，观众能很好地理解（5分）	图表或视频能较好地辅助展示的内容（4分）	图表或视频不能辅助理解，缺少和展示内容的关联（3分）	图表或视频和展示内容完全无关（2分）
展示：公共演讲能力（5分）	沉着、清晰的发音；适当的音量，稳定的速度；热情，自信，听众感受很舒服（5分）	发音清晰但不沉着；声音较轻；部分展示时间表现不错，听众感受有时不佳（4分）	观众很难听清楚发音；总体感受不舒服（3分）	展示的时候很紧张，不能听清楚声音，支支吾吾（2分）
展示：观众互动（5分）	自信、准确、恰当地回答所有听众的问题，展示对主题的广泛了解（5分）	准确、恰当地回答所有听众的问题，对主题基本了解（4分）	准确地回答部分听众的问题，对主题有所了解（3分）	不准确、不恰当地回答听众的问题，对主题不了解（2分）

对于成果展示活动的评价，既要全面考虑，又要重点聚焦；既要具体到位，又要简明可行。并且要将工具的设计与运用的设计联系起来，让评价工具的运用适切且灵活。项目化学习评价中，要重视和鼓励学生开展自我评价，发挥评价工具的学习引导作用。在实际课堂中，同时存在教师评价工具与学生自我评价工具。教师可以将评价工具适当简化后，变成学生个体与小组的自我评价量规，让学生在自我评价的过程中做一些反思性的记录。将这些记录与教师即时采证的描述性记录相结合，可以为学习改进提供有价值的信息。

开展项目化学习的目的是帮助学生摆脱填鸭式的被动状态，让他们主动投入积极的社会交往与知识建构、表达与创新中，学会使用认知工具，通过创建有形的产品向他人展示自己所学。让学生亲历这种与传统学习模式差异巨大的学习实践，就好比帮助学生打开“认识学习之门”。其价值未必在于课程项目中的具体内容，而是对学习的这种理解的建立对于学生终身发展的意义，促使学生对于学习的理解产生持续意义的改变，从而成为学生未来的学习行为范式。

与前述的学习设计模型相比，项目化学习任务的综合设计的主要特点体现在：素养取向的学习目标越来越突出，学习目标综合化；学习任务复合化，出现层次关系与递进关系的机制多样的任务，从驱动性问题，到任务流程、支持性学习工具中的任务，再到表现性评价任务；学习材料呈开放态势，内容与形式多元多样，供学生主动选择获取；教师的学习组织与学习指导有些隐身，进一步赋权学生，鼓励学生自我指导学习；学习评价的视角与形式更加丰富，并融入学习任务设计中。

参考文献

一、中文文献

埃特默，纽比，2006. 行为主义、认知主义和建构主义：从教学设计的视角比较关键特征［M］. 盛群力，译//盛群力，马兰. 现代教学原理、策略与设计. 杭州：浙江教育出版社：195–214.

安德森，2018. 提高教师教学效能［M］. 盛群力，刘徽，杜丹丹，译. 福州：福建教育出版社.

安德森，等，2008. 学习、教学与评估的分类学：布卢姆教育目标分类学修订版：简缩本［M］. 皮连生，主译. 上海：华东师范大学出版社.

安德森，帕肯，2018. 任务教学与学习：提高经济不利地位学生的教育质量［M］//安德森. 提高教师教学效能. 盛群力，刘徽，杜丹丹，译. 福州：福建教育出版社：1–19.

ARTER J，MCTIGHE J，2005. 课堂教学评分规则：用表现性评价准则提高学生成绩［M］. 国家基础教育课程改革“促进教师发展与学生成长的评价研究”项目组，译. 北京：中国轻工业出版社.

巴班斯基，1980. 多种教学方法的合理结合［J］. 邓鲁萍，译. 全球教育展望（2）：59–62.

邦克，2011. 世界是开放的：网络技术如何变革教育［M］. 焦建利，主译. 上海：华东师范大学出版社：46.

BERMAN S，2004. 多元智能与项目学习：活动设计指导［M］. 夏惠贤，等译. 北京：中国轻工业出版社：1.

曹东云，邱婷，2017. 设计型学习：内涵、价值及应用模式［J］. 课程·教

材 · 教法（12）：31–36.

曹培英，2010. 小学生空间观念的形成与发展有什么特点［J］. 小学数学教育（4）：2–4.

陈素平，2020. 让评价支持和促进学习：美国 STEM 项目学习评价的观察与启示［J］. 上海教育科研（4）：18–22.

陈素平，缪旭春，2019. 基于学科的项目化学习设计与实施样态［J］. 上海教育科研（10）：38–43.

陈晓晶，张丰，2016a. Question Matrix：基于问题分类促进深层思考的阅读教学［J］. 基础教育课程（19）：76–84.

陈晓晶，张丰，2016b. Success Criteria：学生主导的学习任务评估［J］. 基础教育课程（1）：82–88.

陈佑清，2011. 教学论新编［M］. 北京：人民教育出版社.

崔允漷，2009. 有效教学［M］. 上海：华东师范大学出版社.

丁萍萍，李如密，2019. 课堂上的假性学习：表现、原因及对策［J］. 上海教育科研（6）：77–80.

杜威，1981. 杜威教育论著选［M］. 赵祥麟，王承绪，编译. 上海：华东师范大学出版社：4.

杜祖贻，2012. 社会科学的科学本质［M］. 洪光磊，李敏谊，译. 上海：上海辞书出版社：1.

段鸿，高正玲，1999. 教学论应重视学生作业问题研究［J］. 固原师专学报（2）：58–61.

范梅里恩伯尔，基尔希纳，2012. 综合学习设计：四元素十步骤系统方法［M］. 盛群力，陈丽，王文智，译. 福州：福建教育出版社.

范梅里恩伯尔，基尔希纳，2015. 综合学习设计：四元素十步骤系统方法［M］. 盛群力，陈丽，王文智，等译. 2 版. 福州：福建教育出版社.

弗兰卡，2018. 任务中心教学原理：上［J］. 吴新静，盛群力，译. 数字教育（1）：87–92.

弗兰卡，加德纳，2018. 基于任务学习模式的分析［J］. 钟丽佳，盛群力，译．课程教学研究（2）：4−12.

傅种孙，2005. 傅种孙数学教育文选［M］. 李仲来，主编 . 北京：人民教育出版社 .

高慎英，刘良华，2005. 新课程中学习方式的转变［M］// 余文森，吴刚平，刘良华 . 解读教与学的意义 . 上海：华东师范大学出版社：105−107.

高文，2011. 教学设计研究的昨天、今天和明天［M］// 赖格卢斯 . 教学设计的理论与模型：教学理论的新范式：第 2 卷 . 裴新宁，郑太年，赵健，主译 . 北京：教育科学出版社：1−27.

管光海，周晓青，2019. STEM 学习与指导：项目与评析［M］. 杭州：浙江教育出版社 .

郭华，2018. 学校不可以“学”代“教”［N］. 中国教育报，2018−02−14（3）.

哈蒙德，2010. 高效学习：我们所知道的理解性教学［M］. 冯锐，等译 . 上海：华东师范大学出版社 .

HART D，2004. 真实性评价：教师指导手册［M］. 国家基础教育课程改革“促进教师发展与学生成长的评价研究”项目组，译 . 北京：中国轻工业出版社：23−24.

黄显华，霍秉坤，徐慧璇，2014. 现代学习与教学论：性质、关系和研究［M］. 北京：人民教育出版社 .

加涅，韦杰，戈勒斯，等，2007. 教学设计原理：第五版［M］. 王小明，庞维国，陈保华，等译 . 上海：华东师范大学出版社：4.

靳玉乐，2005. 自主学习［M］. 成都：四川教育出版社 .

靖国平，2017. 论学习的本质属性及其意蕴［J］. 课程 · 教材 · 教法（3）：12−17.

凯洛夫，1951. 教育学：上册［M］. 沈颖，等译 . 北京：人民教育出版社 .

克拉斯克，布卢门菲尔德，2010. 基于项目的学习［M］// 索耶 . 剑桥学习科学手册 . 徐晓东，等译 . 北京：教育科学出版社：369−388.

李晖，2016. 卢仲衡自学辅导教学模式述评［J］. 课程 · 教材 · 教法（8）：

114-121.

李坤崇，1999. 多元化教学评量［M］. 台北：心理出版社 .

李松林，2012. 论课堂教学改革向纵深推进的着力点［J］. 中国教育学刊（2）：28-31.

联合国教科文组织国际教育发展委员会，1996. 学会生存：教育世界的今天和明天［M］. 北京：教育科学出版社：166.

林奇贤，2017a. 新世代的创新学习模式：互联网+PBL 理论与实施策略［M］. 台北：高等教育出版社 .

林奇贤，2017b. 项目式学习课程中的 5A 元素［J］. 中小学信息技术教育（4）：9-12.

陆伯鸿，2018. 学科单元教学设计的研究和应用［J］. 上海课程教学研究（4）：8-15.

吕林海，程可拉，2004. 探索中的理解性学习与教学：对美国哈佛大学零点计划 LTFU 项目研究的思考［J］. 教育探索（12）：40-43.

罗伦德，1997. 设计与教学设计［J］. 高文，编译 . 外国教育资料（2）：18-23.

马朝宏，2016. “这是一次难忘的走心之旅”：第四届全国中小学课堂教学创新成果博览会侧记［N］. 中国教师报，2016-10-26（2）.

马兰，2012. 整体化有序设计单元教学探讨［J］. 课程 · 教材 · 教法（2）：23-31.

MARZANO R J，PICKERING D J，POLLOCK J E，2003. 有效课堂：提高学生成绩的实用策略［M］. 张新立，译 . 北京：中国轻工业出版社 .

梅里尔，2016. 首要教学原理［M］. 盛群力，钟丽佳，等译 . 福州：福建教育出版社 .

梅耶，2016. 应用学习科学：心理学大师给教师的建议［M］. 盛群力，丁旭，钟丽佳，译 . 北京：中国轻工业出版社 .

美国心理学会教育事务局专门小组，2006. “以学习者为中心”的心理学原理：重构和改革学校的架构［M］. 盛群力，译 // 盛群力，马兰 . 现代教学原理、策略与设计 . 杭州：浙江教育出版社：113-121.

帕斯，范梅里恩伯尔，范高歌，2015. 面向当代学习环境设计教学［M］. 钟丽佳，译 // 盛群力，魏戈 . 聚焦五星教学 . 福州：福建教育出版社：292–314.

庞维国，2010. 论学习方式［J］. 课程 · 教材 · 教法（5）：13–19.

裴娣娜，2009. 中国教学论学科的当代形态及发展路径［J］. 教育研究（3）：37–47.

裴新宁，2005. 面向学习者的教学设计［M］. 北京：教育科学出版社 .

乔纳森，兰德，2015. 学习环境的理论基础：第二版［M］. 徐世猛，李洁，周小勇，译 . 上海：华东师范大学出版社 .

秦洪，2019. 论课堂中的虚假合作及其超越［J］. 基础教育课程（6）：34–39.

申克，2012. 学习理论：第六版［M］. 何一希，钱冬梅，古海波，译 . 南京：江苏教育出版社 .

盛群力，2010. 现代教学设计论［M］. 杭州：浙江教育出版社 .

盛群力，丁旭，滕梅芳，2017. 参与就是能力："ICAP 学习方式分类学"研究述要与价值分析［J］. 开放教育研究（2）：46–54.

盛群力，魏戈，2015. 聚焦五星教学［M］. 福州：福建教育出版社 .

施良方，崔允漷，1999. 教学理论：课堂教学的原理、策略与研究［M］. 上海：华东师范大学出版社 .

STIGGINS R J，2005. 促进学习的学生参与式课堂评价：第四版［M］. 国家基础教育课程改革"促进教师发展与学生成长的评价研究"项目组，译 . 北京：中国轻工业出版社 .

苏霍姆林斯基，1984. 给教师的建议［M］. 杜殿坤，编译 . 北京：教育科学出版社：28.

孙卫华，2006. 新加坡微型课程计划述评［J］. 中小学信息技术教育（5）：68–70.

TORP L，SAGE S，2004. 基于问题的学习：让学习变得轻松而有趣［M］. 刘孝群，李小平，译 . 北京：中国轻工业出版社 .

王道俊，郭文安，2005. 主体教育论［M］. 北京：人民教育出版社 .

王永，2012. 正视学生学习能力的客观发展：对"先学后教"内核的分析与反思［J］. 人民教育（17）：38.

王月芬，2017. 赫尔巴特作业思想评析［J］. 基础教育课程（8）：20–22.

王月芬，2019. 单元作业设计：价值、特征与基本要求［J］. 上海教育（13）：33–35.

王月芬，张新宇，等，2014. 透析作业：基于 30000 份数据的研究［M］. 上海：华东师范大学出版社 .

威金斯，麦克泰，2018. 理解为先模式：单元教学设计指南：一［M］. 盛群力，郑祖芸，柳丰，等译 . 福州：福建教育出版社 .

韦钰，2012. 十年“做中学”为了说明什么：以科学研究为基础的教学改革之路［M］. 北京：中国科学技术出版社 .

WIGGINS G，2005. 教育性评价［M］. 国家基础教育课程改革“促进教师发展与学生成长的评价研究”项目组，译 . 北京：中国轻工业出版社：101.

吴刚平，2018. 课堂教学从记中学转向做中学与悟中学的认识基础［J］. 上海课程教学研究（3）：13–18.

吴亚萍，庞庆举，2011. 学校转型中的教学改革［M］. 北京：教育科学出版社 .

吴永军，2005. 新课程学习方式［M］. 南京：南京师范大学出版社：17.

吴永军，2011. 关于“导学案”的一些理性思考［J］. 教育发展研究（20）：6–10.

夏雪梅，2017. 跨学科素养与儿童学习：真实情境中的建构［J］. 上海教育科研（1）：5–9.

夏雪梅，2018. 项目化学习设计：学习素养视角下的国际与本土实践［M］. 北京：教育科学出版社 .

项洋洋，2018. 真实性学习：提升学生解决真实问题的能力［J］. 上海教育（16）：61–63.

叶澜，1997. 让课堂焕发出生命活力：论中小学教学改革的深化［J］. 教育研究（9）：3–8.

叶澜，2009. 我对课堂教学本质的思考［J］. 基础教育课程（1）：86–90.

殷明，刘电芝，2015. 身心融合学习：具身认知及其教育意蕴［J］. 课程 · 教材·教法（7）：57–65.

尹后庆，2013. 见证变革：站在上海基础教育转折点上［M］. 上海：上海教育出版社：248.

余文森，2011. 课堂有效教学的理论与实践［M］. 北京：北京师范大学出版社.

余文森，2012. 学生自主学习要培养三种核心能力［N］. 中国教育报，2012–12–06（7）.

余文森，2017. 核心素养导向的课堂教学［M］. 上海：上海教育出版社.

余文森，2018. 能力导向的课堂有效教学［J］. 全球教育展望，47（1）：21–34.

曾文婕，2018. 从“教学目标”到“学习目标”：论学习为本课程的目标转化原理［J］. 全球教育展望（4）：11–19.

曾文婕，黄甫全，2013. 课程改革与研究的新动向：彰显学习为本［J］. 课程·教材·教法（7）：3–10.

张丰，2002. 任务学习与作业改革［J］. 上海教育科研（5）：12–15.

张丰，2017.“学为中心”教学改革的浙江实践［M］. 杭州：浙江教育出版社.

张丰，2019. 学习设计与作业设计：融汇“教”“学”全过程［J］. 人民教育（23）：47–51.

张丰，方凌雁，何丽红，2021. 促进学习的真实发生［M］. 杭州：浙江教育出版社.

赵楠，裴新宁，2019. 问题式学习和项目式学习［J］. 上海教育（3）：72–74.

钟启泉，2016. 基于核心素养的课程发展：挑战与课题［J］. 全球教育展望（1）：3–25.

钟启泉，2017.“协同学习”的意涵及其设计［J］. 上海课程教学研究（1）：3–10.

钟启泉，2019. 从学习科学看“有效学习”的本质与课题：透视课程理论发展的百年轨迹［J］. 全球教育展望，48（1）：23–43.

周文叶，2014. 中小学表现性评价的理论与技术［M］. 上海：华东师范大学出版社.

佐藤正夫，1996. 教学论原理［M］. 钟启泉，译. 北京：人民教育出版社：145.

二、外文文献

BARROWS H S, 1996. Problem-based learning in medicine and beyond: a brief overview［J］. New Directions for Teaching and Learning（68）: 3–12.

BLUMENFELD P C, SOLOWAY E, MARX R W, et al., 1991. Motivating project-based learning: sustaining the doing, supporting the learning［J］. Educational Psychologist, 26（3–4）: 369–398.

BROOKHART S M, 1999. The art and science of classroom assessment: the missing part of pedagogy［M］. Washington D. C.: George Washington University.

BRUNER J S, 1961. The act of discovery［J］. Harvard Educational Review，31（1）: 21–32.

BRUNER J S, 1966. Toward a theory of instruction［M］. New York: Norton.

COLLINS A, BROWN J S, HOLUM A, 1991. Cognitive apprenticeship: making thinking visible［J］. American Educator, 15（3）: 6–11.

EPSTEIN J L, VAN VOORHIS F L, 2001. More than minutes: teachers' roles in designing homework［J］. Educational Psychologist, 36（3）: 181–193.

FRANCOM G M, 2017. Principles for task-centered instruction［M］// REIGELUTH C M, BEATTY B J, MYERS R D. Instructional-design theories and models: the learner-centered paradigm of education. New York: Routledge: 65–92.

FRANCOM G M, GARDNER J L, 2013. How task-centered learning differs from problem-based learning: epistemological influences, goals, and prescriptions［J］. Educational Technology, 53（3）: 33–38.

FRANCOM G M, GARDNER J L, 2014. What is task-centered learning［J］.Tech Trends, 58（5）: 27–35.

FREEBODY P, LUKE A, 1990. Literacies program: debates and demands in cultural context［J］. Prospect，5（3）: 7–16.

GAGNE R M, 1965. The conditions of learning [M] . New York: Holt, Rinehart and Winston.

GAGNE R M, BRIGGS L J, WAGER W W, 1992. Principles of instructional design [M] . 4th ed. New York: Holt, Rinehart and Winston.

HANNAFIN M J, LAND S M, 1997. The foundations and assumptions of technology-enhanced student-centered learning environments [J] . Instructional Science, 25 (3) : 167–202.

HOFER B K, YU S L, PINTRICH P R, 1998. Teaching college students to be self-regulated learners [M] //SCHUNK D H, ZIMMERMAN B J. Self-regulated learning: from teaching to self-reflective practice.New York: Guilford Publications: 57–85.

JONASSEN D H, 2011. Learning to solve problems: a handbook for designing problem-solving learning environments [M] . New York: Routledge.

KOLODNER J L, 2002. Learning by design: iterations of design challenges for better learning of science skills [J] . Cognitive Studies (9) : 338–350.

MARKHAM T, LARMER J, RAVITZ J, 2003. Project-based learning handbook [M] . Novato, CA: Buck Institute for Education.

MERRILL M D, 2008. A task-centered instructional strategy [J] . Journal of Research on Technology in Education, 40 (1) : 5–22.

MERRILL M D, 2009. First principles of instruction [M] //REIGELUTH C M, CARR-CHELLMAN A A. Instructional-design theories and models: building a common knowledge base. 3rd ed. New York: Routledge: 41–56.

MERRILL M D, DRAKE L, LACY M J, et al., 1996. Reclaiming instructional design [J] . Educational Technology, 36 (5) : 5–7.

REIGELUTH C M, 1983. Instructional-design theories and models: an overview of their current status [M] . Hillsdale, NJ: Lawrence Erlbaum.

REIGELUTH C M, 2012. Instructional theory and technology for the new paradigm of education [J] . Revista de Educación a Distancia (32) : 1–18.

REIGELUTH C M, BEATTY B J, MYERS R D, 2017. Instructional-design theories and models: the learner-centered paradigm of education［M］. New York: Routledge.

REIGELUTH C M, KARNOPP J R, 2013. Reinventing schools: it's time to break the mold［M］. Lanham, MD: Rowman & Littlefield Education.

STIGGINS R J, 2001. Student-involved classroom assessment［M］. 3rd ed. New York: Merrill.

TIERNEY R, 1991. Portfolio assessment in the reading-writing classroom［M］. Urbana, IL: NCTE.

VAN MERRIËNBOER J J G, KESTER L, 2008. Whole-task models in education［M］// Handbook of research on educational communications and technology. 3rd ed. New York: Taylor and Francis: 441–456.

后　记

研究课堂教学改革的故事

在本书付梓之时，我回想起这些年来所经历的研究事件与足迹。我深度卷入课堂教学改革研究始于2009年1月的一次会议。教育部基础教育课程教材发展中心在山东潍坊召开深化教育教学改革的主题调研会，余文森教授在听取十多所学校的课堂变革经验介绍后，将这些经验的核心概括为“先学后教”原则。他认为，在把学习权还给学生后，学生对学习才能有真正意义的责任感。这次会议的重要意义，是从改变学教关系切入讨论课堂教学改革。

一、从重新认识学教关系开始

潍坊会议后，我开始关注课堂教学改革，发现浙江也有类似的变革性实践，如杭州市勇进中学、台州市路桥区第二中学等校改变课堂结构，鼓励学生“亮羽”，勇敢展开深度变革。我为课堂上的变化而欣喜，也被老师们的热情所感染。2009年12月听的“蒸发”一课，让我思若泉涌。2009—2010年，我发表《先学后教：课堂教学改革的突破方向》和《关于教与学的关系：从“觉醒”到“行动”》等文章，将自己的观察与思考表达出来。

一边是顽强惯性的涛声依旧，一边是面对荆棘的决然前行，是什么力量使人们在这一分歧点产生截然不同的信念与行动？那是我们对“学生如何实现学习”的机制的认识有了转变，对教与学的关系有所觉醒。学生是被教师教会的，还是自己学会的？哪一种“会”更有价值？“先学后教”并不是新事物，我国20世纪的许多教改实验也都基于这一主张。重提“先学后教”，是对重教轻学、教多学少、一讲到底的课堂现实的反思，其关键在于扭转广大教师习以为常的关于学习的基本假设。“先学后教”其实是触及学生学习机制的返璞归真。

当时，我总结了课堂变革的五方面操作要素：自学在学习过程中的比重与地位、支持学生有效自学的具体措施、促进学生学习交流的机制与环境、教师在学习进展中的指导作用及指导方式、学习进展的及时评价与反馈。在今天看来，当时的概括还比较粗放，但对于课堂学习环节和教师行为的描述已有显著变化。因为课堂正在从“教为主”向“学为主”转变。对于学教关系的认识是课堂教学改革的基础。

尽管“先学后教”后来被一些学者质疑或批评，但它确实是实践突破的重要引子，辩证理解“先学后教”很有必要。我们认为，“先学后教”是凸显学生学习自主性的教学方式。它与其他教学方式的合理成分是不相排斥的。因为学生的独立学习能力既是“先学后教”的条件，也是“先学后教”的期待目标。“先学后教”需要“从扶到放”的过渡。在学生不善自学时，不能消极地等待，而应主动地促进，促成学生从依赖到独立的渐变。“先学后教”意在引导教师关注学生的学习活动，体现“教为学服务”的基本逻辑。我们不能简单地将“先学后教”视为时间先后的教学程序之变，而应将之视为逻辑先后的教学机制之变。

二、聚焦任务实践：把握课堂变革的核心要素

在多数人仍以“教”为“学”的前提与基础时，越来越多的学校由着朴素的理解，积极自发地展开变革性的实践。如宁波国家高新区外国语学校的“课堂学案板板练、四人小组讲题理”，同质分组与异质分组相结合，将“一间教室”上成“两个课堂”；还有湖州市长兴县实验中学的“全程助学单”和宁波市宁海县西店镇初级中学的“课堂工作纸”等。在与老师们一起解析课堂学理、研讨导学设计的过程中，我对课堂变革的认识愈益丰满。“教师在课堂中最重要的任务不是讲课，而是组织学习”就是当时蹦出的“金句”。

2011年7月，我发表《课堂变革：从“对话中心的课堂”到“任务中心的课堂”》一文，试图基于基层学校的草根实践与学理路向的整体实验的简要综述，概

括当时大江南北兴起的课堂教学改革的共同特征；并通过课例分析“以任务承载学习”的教学道理，倡导课堂从“以言语对话为中心”向“以任务实践为中心”转型。那篇专版文章引发基层教师的强烈共鸣。站在十几年后的今天来看，这篇有启蒙意义的文章在当时还是颇有前瞻性的。

2012 年 5 月，我率高中校长团赴美学习，在研究美国高中课程制度的同时，我发现许多体现“让教于学”的课堂镜头。于是，我在《人民教育》上发表《站在学生身后的教师——美国课堂给我们的启示》一文，以 6 个朴素而真实的课堂案例，帮助老师们理解课堂教学改革的意义与实质。其中最典型的“德国史”一课与前述的“蒸发”被我视为东西方课堂教学改革异曲同工的例证。教师备课的重点在于“资源 + 支架”，这是本书“课堂学习活动的简明设计”（学习任务 + 学习资源）的最早雏形。教师的功夫在课前，而课堂的主人是学生；教师的智慧在于对学生学习的预见、策划与组织；“方法立意”的课堂期待“方法立意”的评价。那组案例的另一个重要启示是教师在学生课堂学习中的指导作为。这些启示与前期研究相结合，以一条线索将学习任务的设计、学习组织的设计、学习指导的设计、学习评价的设计串在一起，成为“课堂教学过程的系统设计”。

打开视野看课堂后，我们回到浙江实践，思考课堂教学改革的共同特征与“浙江基因”。我们相信，浙江实践一定是我国教学改革“万花筒”中的重要一脉，其关键特征在于强调基于任务实现学习，以作业撬动学生学习方式的转变。本书的聚焦点正是在那个时期逐渐清晰起来的。

三、从“模式推进”走向“要素推进”的变式发展之路

2011 年 11 月，我被任命为浙江省教育厅教研室副主任，负责“中小学教学改革试点项目”。这是一个指向人才培养模式改革、推广实施“轻负高质”课堂教学的省级教育改革项目。项目得到全省各地的积极响应，全省 45% 的区县参与了项目。但如何改？如何推进改？这是一项需要系统筹划的工作，也是需要基层创造性实践的事业。

2012 年春，我们赴湖州市安吉县与台州市路桥区调研，肯定两地课堂教学改

革实践的积极贡献。他们推进基于导学案的小组合作学习模式，较好地将课堂教学改革与唤醒学生内驱力相结合。两地均从一所勇于创新的初中学校开始，先借鉴移植，再“星火燎原”。特别是地处偏僻山村的安吉县昆铜中学的实践，帮助一批在传统教学方式上没有优势的普通教师，迅速提高了常态课堂的教学质量。

不过，这些变革意义的实践也引发热议与批评。有些批评是合理的，也有些批评缘于理念分歧。大家争议的焦点在于“课堂教学改革是否要以模式推进”，特别在似有农村气质的课堂模式催动城市课堂改革时，对学生自主学习尚不放心的家长和在传统教学方式上有优势的教师成为反对的力量。

面对争论，我们以积极和理性的态度回应课堂教学改革的“模式之辩”。2012年12月，在教学改革项目的西湖会议上，我们提出“从‘模式推进’走向‘要素推进’”的口号；课堂教学模式反映的是教学活动的程序结构，它只是一个阶段的“路标”，而非最后的目标；要明确教学活动的操作要素，以要素的组合替代划一的结构；要尊重课程性质、尊重学习目标的不同类型，将统一的“大模”分化为体现学科特点的“小模”。也正是西湖会议上提出的“四个尊重”（尊重课程性质、尊重学习目标的不同类型、尊重教师教学风格、尊重学生学情），及时且建设性地回应了“模式之辩”，扩大了课堂教学改革的共识与队伍。

我们希望老师们能从实践本质去理解课堂教学改革，从变换教学模式到转变学习方式。课堂教学改革的发展可能有“四个台阶”：从形变（教学行为的形式改变）到质变（完善性研究），再到多变（适应性研究），最后嬗变为“无招胜有招”的“教无定法”。当然，我们还是需要有一个浙江教学改革的标识。2012年，我们采用“学为中心”的提法，得到较多的赞同。但这究竟是“学习中心”（learning-centered）还是“学生中心”（learner-centered）呢？在一次课题讨论中，我忽然意识到学生立场应该是当前课堂教学改革的重要特征。于是“学为中心”教学改革更应被称为“学习中心”教学改革，它是坚持学生立场，强调学生在学习活动中的主体性的教学实践。

2013年10月，在教学改革项目的南湖会议上，东道主的“学导课堂的多元实践”受到关注。南湖实践与我们的期待较为吻合。他们坚持实践的本质，以学生学习力发展为目标，着力让探究学习与自主学习、合作学习一样成为学习的常态；

尊重学科的特点，各学科教研团队全面参与，从学科特征、关键要素、学教结构、实施建议、关键技术与适用性等方面总结整理系列化的学教方式实践路径；强调学教方式多元化，根据学科的性质、课型的需要以及学习内容的特点，进行课堂教学活动的变式设计；重视教师的作用，既强调“让学”，也研究“助学”，更要发挥教师“导学”作用。处理好“学”与“导”的关系，成为深化课堂教学改革的关键。

四、学习设计与作业设计：融汇“教”“学”全过程

推进课堂教学改革，不只要在课堂用力，还需要整个教育教学实践、课程建设、教学管理和教师研修的结合。特别是作业研究、过程性评价、学习方法指导等都应该聚力促进“学习中心”。作业设计与学习设计有很大的“交集”。

说到作业研究，我回忆起自己 2000 年在台州组织开展小学作业改革的往事。当时通过“作业改进与创新设计案例”征集活动，引导教师开展作业设计的案例研究，一大批小学教师的创造性被激活。2003 年，我提出“从作业功能的研究切入，提高作业有效性”的思路，从学生学习活动的整体视角来研究作业的功能，构建了“以学习者为中心的作业新体系”。

2010 年，我开始关注“导学案”，将之视作预习作业的设计与课堂运用，从课堂变革的学习任务的视角回归作业研究。此后，我就“导学任务”的功能与设计展开深入研究，将作业视作促使课堂体现自主、合作、探究等学习方式的载体。2014 年和 2016 年，在湖州吴兴和杭州拱墅召开的两届作业改革研讨会引导基层更深入地理解作业的意义，推进了更广泛的作业研究。

2015 年起草《浙江省教育厅办公室关于改进与加强中小学作业管理的指导意见》时，我们提出：“作业是教师引导学生开展自主学习，承载学习内容、体现学习方式、实施过程性评价的载体。”这一对“作业”的重新定义，标示了作业研究的新阶段。

2019 年，我在《人民教育》上发表《学习设计与作业设计：融汇“教”“学”全过程》一文，针对当前课堂学习与作业相脱节的问题，提出整体设计预学任务、

随堂任务、巩固任务与拓展任务，打通课前、课中与课后的作业设计思路。这一课内外学习任务整体设计的思路将作业设计与学习设计联通起来，推动教师备课从方便自己实施的角度（教学流程取向）转变为方便学生整体学习实践的角度（学习活动取向）。

在作业改革探索中，还有一类特殊的作业受到关注，那就是项目化作业。它鼓励学生在真实问题的解决中主动学习，基于持续探究完成任务，这既是作业改革的探索，也是课堂教学改革的深化。从有限的45分钟的教室内的学习向突破时空的真实学习、深度学习发展，成为教学改革的新的挑战。

五、项目化学习：以灵动的学习促进学生完整的成长

2015年，我们曾中肯地反思课堂教学改革进展中的问题。课堂上“让教于学”“以学为主”已有进步，但很多还停留于知识识记等浅层学习，没有充分启发学生思维，培养学生应用知识解决问题的能力。当时我们提出“以思维的深刻性与面向实践的应用性作为教学改进的要点”。促使以知识积累为主要特征的学习转化为基于理解的思维发展，转化为面向实践的问题解决，从而展开真实的探究，是当时我们对教学改革方向的研判。

这一主张在2016年浙江STEM教育兴起后得到验证。STEM教育是转变学生学习方式、推进课程整合实施的重要抓手；是转变育人方式，落实核心素养，促进认知学习与社会性成长相结合的实践。我们认为STEM教育与“学习中心”教学改革一脉相承，要从基础教育改革与发展的整体意义来理解STEM教育，推动项目化学习实践。

当然，项目化学习不是唯一的“钥匙”，但它是帮助开启学习变革之门的较好切入点。素养导向的学习将在以下三方面有显著改变：一是综合性，引导学生开展基于真实情境的、跨学科的学习，促进学以致用，提高学生解决真实问题的能力；二是实践性，鼓励学生在实践应用中贯通所学的知识，在亲身经历中增进体验学习，获得直接经验；三是研究性，开展以项目为单位，重视结果更关注过程的，关注开放性思考甚于确定性结论的“长时学习”。这与《义务教育课程方案

（2022 年版）》所倡导的“强化学科实践”“推进综合学习”是一致的。

2020 年 10 月，我们在温州召开浙江省第三届 STEM 教育大会。我做了题为“以灵动的学习促进学生完整的成长”的大会小结。这便是我对项目化学习意义的理解。将项目化学习纳入学习设计研究的视域，结合 STEM 教育，探索项目化学习任务的综合设计，是对“重新定义学习”的实践回应。

本书最后通过这段叙事，陈述我所经历的课堂改革发展的线索与轨迹，以纪念这些年来深化实践变革，探求学理支撑的努力。虽然本书脱胎于我个人的学位论文，是个人的学术成果，但我必须真诚感谢所有曾经相拥、曾经握手、曾经智慧交锋的一起奋斗的同仁！

出 版 人　郑豪杰
策划编辑　池春燕
责任编辑　柯　彤
版式设计　孙欢欢
责任校对　贾静芳
责任印制　叶小峰

图书在版编目（CIP）数据

聚焦任务的学习设计：作业改革新视角 / 张丰著.—北京：教育科学出版社，2023.7（2023.10重印）
ISBN 978-7-5191-3491-4

Ⅰ.①聚…　Ⅱ.①张…　Ⅲ.①学生作业－教学设计－研究－中小学　Ⅳ.①G632.46

中国国家版本馆CIP数据核字（2023）第088667号

聚焦任务的学习设计——作业改革新视角
JUJIAO RENWU DE XUEXI SHEJI——ZUOYE GAIGE XIN SHIJIAO

出版发行	教育科学出版社		
社　　址	北京·朝阳区安慧北里安园甲9号	**邮　　编**	100101
总编室电话	010-64981290	**编辑部电话**	010-64981265
出版部电话	010-64989487	**市场部电话**	010-64989009
传　　真	010-64891796	**网　　址**	http://www.esph.com.cn
经　　销	各地新华书店		
制　　作	北京京久科创文化有限公司		
印　　刷	三河市兴达印务有限公司		
开　　本	720毫米×1020毫米　1/16	**版　　次**	2023年7月第1版
印　　张	16.25	**印　　次**	2023年10月第3次印刷
字　　数	244千	**定　　价**	56.00元